Wilhelm Boeger

Der Leihbeamte kehrt zurück

Neue Berichte aus Deutsch-Deutschland

Mitteldeutscher Verlag

Dieses Buch widme ich in Dankbarkeit meiner Frau,
die mir Mut und Kraft verliehen hat, es zu schreiben.

Jemand sah Weintrinker mit den Gläsern anstoßen und fragte verwundert nach dem Grund. Der Befragte erwiderte: »Ein altes Sprichwort sagt: Im Wein ist Wahrheit. Und mit der Wahrheit stößt man überall an.«

Nach Johann Peter Hebel

Inhaltsverzeichnis

I. Ein Bericht in der Zeitung / Der Chronist erinnert sich

Nach dem Erscheinen des »Leihbeamten« zur Leipziger Messe im Jahre 1998 führen mich Lesereisen kreuz und quer durch den Osten. In Mecklenburg-Vorpommern ist das Interesse in der Bevölkerung besonders groß. Das ist nicht verwunderlich: Prora auf Rügen und die Landeshauptstadt Schwerin kommen in dem Buch häufig vor, weil ich dort im Jahre 1991 als Aufbauhelfer Ost eingesetzt war. In Mecklenburg-Vorpommern wird der »Leihbeamte« in den Buchhandlungen oft verlangt: Vier Wochen lang hält er auf der Bücherbestseller-Liste der »Schweriner Volkszeitung« einen respektablen dritten Platz.

Im Oktober lädt mich das Städtische Kulturamt in Schwerin zur Lesung im Schleswig-Holstein-Haus ein. Dort aufzutreten ist für mich nicht unproblematisch. Das ND spricht das in seinem Bericht deutlich aus, wenn es unter der Überschrift »Die Rückkehr des Leihbeamten« schreibt: »Der Leihbeamte ist noch einmal zurückgekehrt. Nach Schwerin nämlich, wohin es ihn nach der Wende verschlagen hatte, wie viele andere, um beim Aufbau Ost zu helfen. Allerdings kam er dieser Tage nur zur Lesung. Ins Schleswig-Holstein-Haus – woanders hätten sie ihn womöglich gar nicht hereingelassen. So mancher aus dem damals für den Ausgeliehenen zuständigen Ministerium in der Landeshauptstadt fühlt sich heute noch beleidigt. Denn Wilhelm Boeger hat aufgeschrieben, was er als Beamter erlebt hat in diversen Provinzstädten, in Bonn und Düsseldorf und in Schwerin eben auch ...«

Zwischen der Lesung in Schwerin und der Rückkehr an meinen Schreibtisch in Bonn im Jahre 1992 liegen sechs arbeitsreiche Jahre. Wie schnell die vergangen sind. Am Tage vor der Veranstaltung im Schleswig-Holstein-Haus blättere ich im Zeitungsarchiv in Schwerin, gleichsam »Auf der Suche

nach der verlorenen Zeit«. Mein nostalgischer Blick bleibt an einem Bericht haften, den Waldtraut Lewin in der »Neuen Zeit«, einer inzwischen eingestellten überregionalen Tageszeitung aus der Verlagsgruppe der Frankfurter Allgemeinen GmbH, in der Ausgabe vom 5. Juni 1993 veröffentlicht hat. Er ist überschrieben: »Die Zuversichtlichen von Klingenthal.« Frau Lewin unterrichtet die Leser über zwei Kolloquien: 1992 in Prora und 1993 in Klingenthal im Elsaß:
»Manchmal kommt es vor, daß jemand einen Traum hat und ihn mit sanfter Hartnäckigkeit und geduldiger Zähigkeit zu realisieren versucht, und siehe da, ein bißchen davon gelingt. Wilhelm Boeger, Ministerialrat im Ministerium für Bildung und Wissenschaft in Bonn und aus Vorwendezeiten engagierter Connaisseur von DDR-Literatur, einfach, weil er ein Büchernarr ist, gehört zu dieser raren Spezies. Bereits zum zweiten Mal ist es ihm gelungen, nicht nur seinen Dienstherrn zu motivieren, etwas für den Konnex von Bildung und Literatur zu tun, sondern auch – und das ist eine weitaus schwierigere Aufgabe – Autoren aus Ost und West über ein Thema an einem Tisch zu vereinen.
Das erste Mal geschah das im vorigen Herbst in Prora, und die alten Kraft-durch-Freude-Mauern, danach von der Nationalen Volksarmee genutzt, erlebten nun mal etwas ganz anderes. Ganz undoktriniert stritt man sich über die geistig-kulturelle Wiedervereinigung. Der größte Erfolg dieses Treffens war, daß alle sitzen geblieben sind. Keiner, obwohl die Wellen des gegenseitigen Miß- und Unverständnisses hochschlugen und erst einmal alles an Verbitterung, Enttäuschung und lang angestauten Frustrationen ausgespuckt werden mußte, nahm seinen Hut und ging. Und man wollte weitermachen, sich erneut treffen, neue wichtige Themen zum Anlaß der Begegnung finden.
Es war alsdann das Thema Literatur und Umwelt, bei dem man sich zum zweiten Mal zusammenfinden wollte und schließlich fand. Wieder hatte Boeger, der Rührige, Interessenten geworben und Gelder aufgetrieben, und gemeinsam

mit der Katholischen Akademie Hamburg und dem Goethe-Institut zeichnete sein Ministerium verantwortlich für den Kongreß, der auf Schloß Klingenthal im Elsaß stattfand. Kongreß ist eigentlich hochgestapelt. Ein Kolloquium es zu nennen, stünde der Sache wohl besser an, vielleicht reicht auch Begegnung – und das ist schon viel. Wer begegnet sich schon noch, und wo?

Wissenschaftler und Schriftsteller, Philosophen und Ökologen, Naturschützer und Literaturkritiker und last, but not least natürlich Pädagogen trafen sich da auf engstem Raum, um im Keller eines schönen Schlosses zu debattieren, sich näherzukommen oder sich auseinanderzureden, zuzuhören oder einfach nicht hinzugehen. Ganz wichtig an dieser Begegnung war, daß es auch Teilnehmer aus Polen und aus Rußland gab, daß wir mit unseren Problemen nicht so beängstigend unter uns blieben, wie mir das in Prora zum Teil der Fall zu sein schien. Aber vielleicht geht die geistige Wiedervereinigung der Deutschen wirklich nur sie selbst was an? ›Umwelt-Roman‹, das hört sich so an wie ›Frauen-Roman‹ – äußerte eine Teilnehmerin im Abseits des offiziellen Tagungsablaufs. Wenn das Lia Pirskawetz gehört hätte! Sie, die Verfasserin des Buches ›Der stille Grund‹, das eben ob seiner Umwelt-Thematik Aufsehen erregte, teilte, besessen von ihrem – unserem Problem, in ihrem Vortrag existierende Literatur ein in zwei Kategorien: solche, die Umwelt thematisieren, hinter deren Werken steht ein lobenswertes Engagement für die Welt; und solche, die dies nicht tun. Dabei kommt dann freilich Volker Braun mit seiner ›Beton-Lyrik‹ (Zitat Pirskawetz) schlechter weg als irgendein Quiddam, der sich für den Erhalt der Heideflora engagiert. Hinter solchen streitbaren Verlautbarungen steckt der gute alte Glaube an die erzieherische Wirkung der Kunst.

Daß die Wirkungen von Kunst, wenn sie denn überhaupt eine zeitigt, nie unmittelbar, sondern über ein verschlungenes Gefüge von Verweisungen, Bildern, uralten Anspielungen und Bewegungen eintreten, daß es also eigentlich gar keine Umwelt-Literatur, sondern nur Literatur geben kann, die freilich, so sie Heutiges abbildet, immer auch mit der zerstörten Welt zu tun hat, die nun wieder nur ein Spiegel der zerstörten Gesellschaft, des zerstörten Humanum ist, vertraten andere in Klingenthal.

Stoff genug, sich in die Haare zu geraten. Da war dem einen die Darstellung von Aktivitäten in Sachen Umwelt aus den Zeiten des DDR-Schriftstellerverbandes zu sehr ›besonnte Vergangenheit‹, da riet man dem Philosophen Michael Brie, der ein – zugegeben recht verschwommenens – globales Zukunftskonzept zu entwickeln sich bemühte, er solle doch lieber still sein. Faseleien von Leuten wie ihm würden gar nichts nützen, wo doch die Barbaren vor der Tür ständen! Wer immer diese Barbaren auch sein mögen – Zweck solcher Zusammenkünfte sollte eigentlich nicht sein, einander den Mund zu verbieten. Außer den Barbaren vor der Tür gibt es auch noch die Barbarei im eigenen Haus. Zum Glück blieben die abendlichen Dichterlesungen unkommentiert, Texte standen einfach im Raum, wirkten für sich. Wie zu erwarten, waren die am stärksten, die sich dem Thema des Zusammenseins in mittelbarer Form, undidaktisch und durch die Person des Poeten gebrochen, zuwandten.

Daß man durch Miteinanderreden etwas bewegen kann – in diesem stillen Glauben werden solche Begegnungen ausgerichtet, in dieser Hoffnung fahren schließlich aus allen Ecken des Landes und darüber hinaus die Diskursanten herbei. Irgendwo steckt selbst in dem, der im Grunde nur abfackeln will, was ihn dereinst und heut verbitterte, das Bedürfnis, eine Gemeinsamkeit zu finden. Sonst könnte er ja auch zu Hause bleiben. Der Mensch ist gut, zitierte Dieter Meichsner den Simplizissmus, aber die Leit' san a G'sindel. In Klingenthal schien man sich mehr an den ersten Teil dieses Verdikts halten zu wollen, und selbst der Pessimistischste glaubte noch irgendwie daran, daß in der Geschichte so was wie Gerechtigkeit waltet. Kurt Drawert fand das beeindruckende Bild von den Vergangenheits-Dingen, die sich

einfach nicht vernichten lassen. Das alte Nazi-Zeugs, das der Junge ins Wasser wirft, kommt immer wieder hoch. Es läßt sich auch nicht vergraben oder verbrennen. Semper aliquid haeret.
Ja, schön wär's. Als ob wir nicht wüßten, daß die Muse der Geschichte eine fürchterliche Schlampe ist. Schon heute weiß keiner mehr so recht, was vor drei Jahren wirklich war. Daß man in Klingenthal gegen dieses grausige Vergessen anredete, daß man vom Schriftsteller forderte, so etwas wie ein Menschheitsgewissen zu sein, das war, bei aller Vordergründigkeit so mancher Ansicht, das Buchenswerte dieser Tagung.«

Der Bericht in der Zeitung erinnert mich an die Zeit, in der ich mich entschloß, einen zweiten Anlauf zu nehmen, für den Osten Aufbauhilfe zu leisten. Dieser Versuch war nicht so kurzlebig wie der auf Rügen, er dauert heute noch an. Wie die Wende noch andauert. Mit ihrem Schicksal ist er aufs engste verknüpft.
Da die schnellebige Zeit rasch alle Erinnerung tilgt, möchte ich als Chronist gern festhalten, wie damals in Bonn alles begann.

1. Das Prinzip Hoffnung / Mit dem »Katerfrühstück« geht der »Aufbau Ost« für den »Leihbeamten« in die zweite Phase

»Katerfrühstück« heißt ein Roman von Erich Loest, der im April des Jahres 1992 erschien. Der Autor hat mir den Titel erläutert: »Als ich diesen Roman schrieb, da war der Sekt der Einheitsfeiern reichlich geflossen. Das habe ich beschrieben und den Kater danach, der schmerzlich war. Aber nun kommt das Wesentliche: Das Katerfrühstück. Man setzt sich zusammen und geht die Probleme gemeinsam an. Der

Verlag hat das auf der Rückseite des Umschlages mit den Worten ausgedrückt: »Zubeißen soll Kraft bringen.«
Der Roman vermittelt die positive Grundhaltung des Autors: »Keine Sorge, wir werden uns rasch zusammenraufen.« Diese Botschaft des »Katerfrühstücks« vernehme ich schon, allein mir fehlt der Glaube. Den Optimismus des Autors hätte ich zwar gern geteilt, doch ich blieb skeptisch. Daran mochten die üblen Erfahrungen meiner einjährigen Zeit als Aufbauhelfer in Schwerin und auf Rügen schuld sein, wo hochdotierte »Westimporte« verhinderten, daß die NVA-Kasernen in Prora die Chance bekamen, in blühende Landschaft verwandelt zu werden. Aber auch wenn ich von eigenen Erlebnissen im Osten absah, überwog die Skepsis: Es mehrten sich die Stimmen, die stritten, wie der Einigungsprozeß besser hätte vollzogen werden können. Es kamen Fragen auf, wer schuld sei an Mißwirtschaft und Fehlentwicklungen. Klagen über den »Einigungsfrust« wurden laut. Kritische Beobachter sprachen von einem wachsenden Desinteresse der Bevölkerung in Ost- und Westdeutschland, einander kennenzulernen und einander zu verstehen.
Durfte da ein engagierter Bürger abseits stehen und tatenlos zu- oder gar wegsehen? Ich dachte, nein. Also griff ich zum Telefonhörer und wählte die Nummer von Dr. Simonis in Speyer. Warum? Dieser Herr war damals Chef des Landesinstitutes für Lehrerfortbildung in Rheinland-Pfalz. Alle Länder haben solche Institute. Mit ihnen allen habe ich viele Jahre zusammengearbeitet. Joint Venture nennt man das heute wohl. Doch mit dem Institut in Speyer verbinden mich besonders starke Erinnerungen.
Dr. Simonis ist sofort im Bilde: »Schön von Ihnen zu hören. Ein Projekt für den Osten? Da mache ich gern mit. Ich habe gewisse Pläne. Nur mit dem Geld gab es bisher Schwierigkeiten. Gut, wenn der Bund den Ländern auch hierbei hilft.« Wir beschließen ein Treffen in Bonn, um ein Grundkonzept abzusprechen. Das ist für uns nichts Neues. Schon vor Jahren haben wir zusammen mit der Krebshilfe

von Frau Dr. Scheel und Klaus Nöldner, dem Hauptgeschäftsführer des Hartmannbundes, der Vereinigung freipraktizierender Ärzte, Funk- und Fernsehkollegs ersonnen und finanziert. Damals wurden die Lehrer und Eltern über die Ursachen von Lehrstörungen und Leistungsabfall, von krankhaften Verhaltensweisen und Schulmüdigkeit durch Fachleute aufgeklärt und befähigt, Symptome rechtzeitig zu erkennen und rasch eine erforderliche Therapie einzuleiten. Der Erfolg des Fernsehkollegs war frappierend. Vielleicht haben wir dabei auch etwas über Kommunikationsstörungen und darüber, wie man sie behebt, gelernt und können das Gelernte jetzt nutzen. Natürlich mit aller Vorsicht.

Sicher aber können wir auf unsere Erfahrungen in Teamarbeit zurückgreifen: wie man sich zusammenrauft, die Arbeit teilt und gemeinsam das Ergebnis kritisch bewertet. Ich habe mich nicht getäuscht: Beim Treffen in Bonn sind wir uns einig. Wir wollen Schriftsteller in ganz Deutschland um Texte zu zeitgenössischen Problemen bitten. Die Textsammlung soll die Befindlichkeiten im vereinten Deutschland widerspiegeln und die Grundlage für den notwendigen deutsch-deutschen Dialog bilden, zunächst mit den Lehrern, dann im Unterricht mit Lehrern und Schülern und schließlich in den Volkshochschulen hüben und drüben mit allen interessierten Bürgern.

Eine gute Basis für das Projekt war gegeben: Als Literaturfreunde hatten meine Frau und ich Schriftstellerinnen und Schriftsteller aufgesucht und sie zur Wende und deren Folgen befragt. Wir hatten vor, hierüber zu veröffentlichen, waren aber auch bereit, diese privaten Arbeiten in das Projekt mit einzubringen. Sozusagen als Sonderbeitrag zur Förderung der geistig-kulturellen Identität im wiedervereinigten Deutschland.

Was würden die Kollegen in den anderen Bundesländern zu unserem Vorschlag sagen? Würden sie sich anschließen? Die Antworten erwarteten wir auf einer Fachtagung, die rasch angesetzt wurde. Dort habe ich auch über die Begegnungen mit Schriftstellern berichtet, zum Beispiel mit Ulrich Plenzdorf.

2. Liebe im Gerichtssaal? / Die Kollegen erfahren von einem Besuch bei Ulrich Plenzdorf

Schwierig war es, zunächst die Anschrift herauszubekommen, Ulrich Plenzdorf ans Telefon zu bekommen und mit ihm einen Termin zu machen. »Wo ich wohne? Ganz leicht zu finden. Sind Sie mit dem Auto? Nein? Dann nehmen Sie die U-Bahn, steigen am Rosa-Luxemburg-Platz aus und stehen nach ein paar Schritten schon vor dem Haus am Wilhelm-Pieck-Ring – nach dem alten Präsidenten benannt.« Vor dem Haus erlebe ich eine ausgedehnte Baustelle mit einem Lärm, der schon einen normalen Menschen aus dem Gleichgewicht bringt. Und was macht ein Schriftsteller? »Nicht so schlimm,« meint Ulrich Plenzdorf, »den Krach höre ich kaum noch. Natürlich bei geschlossenem Fenster. Und dann läßt das Gehör allmählich nach. Das hat auch manche Vorteile.« Wie es denn bei Lesungen gehe. Ob die Verständigung mit den Besuchern funktioniere. »Meistens ganz gut«, lautet die Antwort, »ich weiß ja so in etwa, was die Leute wissen wollen.« Er überlegt: »Das ließe sich gewiß verbessern. Sehen Sie«, der Autor lächelt, »solche Verbesserungen, die sind möglich. Damit kann ich dienen.« Ich schlage ihm ein Hörrohr vor. Wäre doch ganz originell. Vor allem praktisch. »Wieso praktisch? Was meinen Sie damit?« Das ist leicht erklärt: »Bei diesen kleinen elektrischen Hörhilfen ist die Batterie im Nu verbraucht. Man muß andauernd ab- und anschalten. Je nach Bedarf. Wir hatten in Düsseldorf im Sozialministerium einen Justitiar. Mit dem war ich als junger Assessor mal beim Verwaltungsgericht. Ich könne viel lernen bei so einer Verhandlung. Praxis sei überhaupt alles. Als der Richter zum Schluß einen Vergleichsvorschlag machte und den ellenlang und gelehrt begründete, hat der Justitiar ganz abwesend nur mit dem Kopf genickt. Auf dem Nachhauseweg hat er mir gebeichtet: ›Ich habe kein Wort verstanden, was der Richter da genuschelt hat.‹ Wie sich herausstellte, war der Mann schwerhörig, und die Batterie der Hörhilfe war abgelaufen.« »Dann schon lieber ein Hörrohr«, sagt Plenzdorf überzeugt.

»So, so«, meint Ulrich Plenzdorf, »Sie wollen einen Kongreß machen mit Schriftstellern, womöglich da oben in Prora. Da kenne ich mich aus. Das ist eine ganz schöne Strecke von Berlin aus. Geht das nicht ein bißchen näher?«

Ich erzählte ihm von der NVA-Anlage, daß ich dort als Aufbauhelfer gearbeitet habe. »Ein gelungener Kongreß in den Räumlichkeiten würde zeigen, wie gut man dort tagen kann. Es würde die Zauderer und Zweifler in der Landesregierung überzeugen. Die geben sich zufrieden mit ein paar Kursen für Arbeitslose.« Plenzdorf findet das keine schlechte Idee. Aber: »Ich habe einfach keine Zeit dazu. Seitdem ich für's Fernsehen schreibe, ist die Zeit knapp geworden wie nie zuvor.« Mehr zu sich selbst, überlegend: »Natürlich könnte ich mir einen Mercedes kaufen, um schneller hinzukommen. Aber das verträgt sich nicht mit meinen Selbstverständnis.« Er würde lieber den Trabbi benutzen, »Der paßt besser zu mir. Damit kennt mich jeder.«

Mit dem Fernsehen würde er am liebsten Schluß machen: »Eine schlimme Fron. Die wollen für die Serie von mir täglich 30 oder 40 Seiten. Unvorstellbar. Überhaupt diese ewigen Gerichtsszenen. Ich habe gar nicht gewußt, worauf ich mich einlasse.« Die Serie ist »Liebling Kreuzberg« mit Manfred Krug. Jurek Becker, der zunächst die Texte geschrieben hat, tritt jetzt kürzer. »Er hat mich gefragt, ob ich mitmachen wollte. So bin ich ins Geschäft gekommen.« Ob er nicht die Hälfte zurückgeben könne. »Hab' ich alles versucht. Aber denkste. Vertrag ist Vertrag, höre ich in Babels-

berg. Die rufen mich sogar vom Schreiben weg zu ihnen raus, wenn die Regie nicht klappt. Und ich einspringen muß. Stände alles so im Vertrag. Ich muß mir den mal genau ansehen.«
Mitten im Gespräch klagt er über den öden Stoff der Serie: »Immer nur Szenen bei Gericht. Das ist für mich ein langweiliges Zeug. Das wirkliche Leben spielt sich doch draußen ab. Vor den Gerichtstoren. Im Gerichtssaal gibt es nur Reparaturschlosserei.«
Das muß nicht sein. So einseitig kann ich das nicht sehen. »Na, dann schlagen Sie doch mal was vor. Sie sind doch Jurist, wie ich gehört habe.« Auch das noch. Gleich kramt er noch eine Akte aus der Schublade. Mir kommt ein verwegener Gedanke: »Wie wäre es denn mit ein bißchen Liebe? Das mögen die Leute. Und Spaß beim Schreiben macht es einem selbst auch.« Plenzdorf blickt skeptisch drein. »Liebe vorm Kadi? Gibt's denn sowas? Ich denke, die wollen ihren Prozeß gewinnen und verschwenden keinen unnötigeren Gedanken an Liebe und solche Sachen.« Ich meine: »Für Angeklagte und ausgefuchste Prozessierer mag das gelten. Aber Richter, Verteidiger, Staatsanwälte und Amtsboten sind doch ganz normale Menschen. Für die ist das Gericht eine Arbeitsstelle wie für die Tiefbauarbeiter draußen vor der Tür die Baustelle. Die geben doch ihre Gefühle nicht zu Arbeitsbeginn beim Pförtner oder beim Polier ab und holen sie sich zurück, wenn Schichtschluß ist.« Das überzeugt den Dichter. »Ich will mal darüber nachdenken.« Wir verplaudern noch eine Weile. Beim Abschied fragt Ulrich Plenzdorf. »Das mit der Liebe bei Gericht, meinten Sie das ernst oder war das ein bloßer Scherz wie die amüsante Geschichte mit Ihrem tauben Justitiar und dem defekten Hörgerät?« Na, sowas. Er hat mich doch glatt mißverstanden. »Beides stimmt. So eine Liebe zwischen einem Anwalt – meinetwegen Manfred Krug – und einer Staatsanwältin oder einem weiblichen Urkundsbeamten der Geschäftsstelle, so was gibt's tatsächlich, das wäre doch nicht von vornherein abwegig. Übrigens: Das Hörgerät war nicht defekt. Die Batterie mußte erneuert wer-

den. Sonst nichts. Das kann jeder selber.« Der Autor nickt ergeben: »Ich werd's mir merken. Beides.« Seitdem ist es mit der Liebe in der Serie »Liebling Kreuzberg« bergauf gegangen. Sehen Sie sich ruhig mal die Sendung an. Ob der Autor sich auch ein funktionierendes Hörgerät zugelegt hat, daß müßte man ihn gelegentlich fragen.
Jetzt will ich auch noch ein Interview von ihm. »Sie wollen wissen, wie es mir nach der Vereinigung beruflich geht und was sich verbessern ließe? Na, ein paar Takte habe ich ja schon dazu gesagt. Und sonst: Alles dreht sich ums Geld. Das dürfte wohl das Grundübel sein von allem. Wie soll das jemand verbessern? Alle anderen Probleme hängen mit dem Zustand der Medien zusammen, für die ich ja – bis auf weiteres – im wesentlichen arbeite.« Und jetzt noch zwei weitere Fragen: »Wie schätzen Sie die Solidarität unter deutschen Schriftstellern ein? Und zum Schluß, die letzte Frage: Was stellten Sie sich zu Beginn der Vereinigung als Zukunft vor – was wurde daraus?« Ulrich Plenzdorf überlegt. »Wissen Sie, ich werde mir die Antworten mal durch den Kopf gehen lassen. Sie wollen ja auch noch einen Text von mir, wenn ich richtig verstanden habe. Etwas für die Schule. Mal sehen, ob ich was Passendes finde. Ich schicke Ihnen dann alles mit der Post. Einverstanden?« Na klar, wenn das so unproblematisch bei allen Autoren geht, kann ich zufrieden sein.
Wie versprochen, hat Ulrich Plenzdorf einen Brief geschickt mit den ausstehenden Antworten auf die beiden Fragen. Er schreibt: »Schriftstellersolidarität könnte z. B. Schreibstreik für Medien heißen. Undenkbar. Dafür ist gesorgt. Schriftsteller sind unter einen Hut nicht zu bringen – auch nicht den der Solidarität. Ebensowenig wie ihre Vorstellungen von dem, was nach der Vereinigung kommen sollte. Ich kenne jedenfalls keinen, der sich das gleiche vorgestellt hätte, wie ich – wenn ich mir denn was vorgestellt habe. Eher nicht, denke ich. Auch dazu ging alles zu schnell. Und jetzt haben wir den Salat.«

3. Neue Helfer braucht das Land / Alle Bundesländer machen mit

Die Kollegen finden diese Art, den Schriftstellern zu begegnen, für das Vorhaben nützlich. Sie haben verstanden, daß es nicht darum geht, literarisch zu werten, sondern allein darum, miteinander ins Gespräch zu kommen, eine Vertrauensbasis aufzubauen, die es ermöglicht, die Schriftsteller für das Vorhaben zu gewinnen und sie zur Mitarbeit zu motivieren. Dazu muß man sich zunächst kennenlernen. Als Mensch und Mitbürger.

Es ist den Kollegen anzumerken, daß sie mit ganzem Herzen bei der Sache sind. Und ich weiß, daß ich mit ihnen die richtige Wahl getroffen habe.

Der Unterschied ist gewaltig: Als Aufbauhelfer in Prora hatten mir arrivierte Kollegen aus dem Westen Hürden aufgebaut; Stolpersteine in den Weg gelegt, manchmal ganze Felsblöcke, und Fallstricke gespannt: Meister ihres Faches. Auf der Tagung mit den Fachleuten aus den Bundesländern bestimmten Sachkompetenz, fairer Umgang miteinander und Hilfsbereitschaft das Arbeitsklima. Der Vorschlag fand Zustimmung: Mit einer Sammlung zeitgenössischer Texte einen deutsch-deutschen Dialog einzuleiten, der Vorurteile abbaut, die aktuellen Probleme der Menschen aufgreift und zum Nachdenken, auch über eigene Fehler, anregt.

Jemand, neu in der Runde, möchte wissen, was der Bund mit so einer Textsammlung zu schaffen habe. Ob ich schon mal von der Kulturhoheit der Länder gehört habe.

Ich nehme die Gelegenheit wahr, nochmal auf die Grundzüge des Programmes aufmerksam zu machen: Kein Lesebuch für den Deutschunterricht wäre unser Ziel. Texte der deutschen Gegenwartsliteratur sollten gleichsam das Vehikel sein, die »Befindlichkeit« der Menschen in Ost und West zu vermitteln. Die Texte sollten zwar auch im Deutschunterricht nützlich sein. Aber am stärksten wäre vermutlich der Nutzen für den Geschichts- und Politikunterricht und für die Sozialkunde. Der Bund sehe darin eine gesamtstaatliche Aufgabe und werde personelle und finanzielle Hilfe leisten. Es wird gebeten, beim nächsten Treffen ein paar Probetexte mitzubringen, damit man sich eine Vorstellung machen könne.

4. Eine »Blütenlese« ohne Zensuren und ohne Zensur / Was von den Autoren erwartet wird

Beim nächsten Treffen werden einige Kernfragen gestellt, ehe man die Details bespricht.
Jemand erkundigt sich, warum man sich ausgerechnet an Schriftsteller wende. Das sei bekanntermaßen eine schwierige Klientel. Viele Eigenbrötler, zur Teamarbeit ungeeignet. In ihren Auffassungen oft extrem subjektiv und einseitig. Und dann voller Vorurteile gegen Beamte. Sagen die Lehrer.
Antwort: Man möge bedenken, daß die Autoren eine besondere Verantwortung für die Gesellschaft haben, da sie die sprachliche und geistige Kompetenz besitzen, das zu formulieren, was dem Bürger am stärksten am Herzen liegt. Sicher könne Literatur für sich keine Politik machen, fügte jemand aus der Runde hinzu. Sie könne aber als Sprachrohr der Bevölkerung auf die Politik einwirken.
Im übrigen seien die meisten Schriftsteller geeignet, mitzuarbeiten. Der Eigenbrötler komme mehr in der Karikatur als im wirklichem Leben vor.
Auch mit der Abneigung gegen Staatsdiener sei es nicht weit her, sage ich. Mir fällt spontan ein sehr bekannter Autor aus Leipzig ein. Der ist Schulrat.
Jemand wirft ein, ob wohl wirklich genug Autoren zu gewinnen seien. Sonst habe man keinen repräsentativen Querschnitt. Ob es Erfahrungen gäbe.
Hierzu konnte ich von den Besuchen bei Autoren berichten.

Und dann noch eine letzte Frage: »Gibt es Auswahlkriterien für die Schriftsteller, auf die wir uns einigen können?« Die Fachleute erklären: Für die Auswahl sollen allein gesellschaftliches Engagement und literarische Qualität der Maßstab sein. Keinesfalls dürfen als Kriterien gelten Lebensanschauung, Parteizugehörigkeit oder sonstige außerliterarischen Merkmale.
Jemand glaubt, eine Vielzahl einander widersprechender Texte, höchst unterschiedliche Auffassungen über ein und denselben Gegenstand seien für Schüler doch eher verwirrend. Dieser Meinung wird vehement widersprochen: Es könne nichts Besseres passieren. Gerade am Widerspruch lerne der Schüler Kritik und erlange die Fähigkeit, sich ein eigenes Urteil zu bilden. Die als »Kostprobe« mitgebrachten Texte finden Zustimmung.
Ein Teilnehmer drückt das Empfinden aller aus: »Eine wahre Blütenlese.« Stellt lächelnd ein Germanist richtig: »Dann schon lieber Anthologie.« Damit hatte die Textsammlung ihren Namen. Zumindest ihren Arbeitstitel.
Es wurde beschlossen: Der Bund soll an den Materialien weiterarbeiten. Parallel dazu findet ein Treffen statt. Mit Lehrern, Schriftstellern und Wissenschaftlern aus Ost und West. Wenn wir schon gemeinsam ein Programm entwerfen, damit die Bürger einander näherkommen, dann ist es wohl angebracht, daß wir uns zunächst einmal selber untereinander kennenlernen. In Prora.
Ich bin stolz auf die Kollegen, die so bereitwillig mitmachen. Keine Abstauber, sondern Beamte, die für diese Sonderaufgabe für die Abend- und Wochenstunden keinen Stundenerlaß, keine Ermäßigung der wöchentlichen Arbeitszeit, keine Beförderung und nicht einmal ein Lob erwarten dürfen. Sie handeln aus dem Engagement des Bürgers, der sich für die Gesellschaft mitverantwortlich fühlt, in der er lebt. Davon sollten sich einige hochdotierte Aufbauhelfer im Osten eine dicke Scheibe abschneiden.
Besonders freut mich, daß wir uns nicht mit Zensuren und

Zensur belasten müssen. Manche vermuten, das Ministerium in Bonn habe mir freie Hand gelassen, damit ich einige Kenntnisse von Praktiken hochgestellter Politiker und von Spitzenbeamten bei mir unter Verschluß halte. Aber die Großzügigkeit, die es mir erlaubt, ohne Auflagen an die Arbeit mit der »Anthologie« zu gehen, verdanke ich ganz gewiß auch dem Umstand, daß damals der kleine Koalitionspartner die Leitung des finanzschwachen und kompetenzarmen Bildungsressorts erhalten hat, der Koalitionspartner, bei dem das Wort »Toleranz« immer noch mit großen Buchstaben geschrieben wird.
So liberal ging es nicht überall in Deutschland zu. Das habe ich am eigenen Leib erfahren.

5. Toleranz wird mitunter klein geschrieben / In Weimar: Für »Ketzer« ist kein Platz im Saal

Die Bundesregierung hatte mich kurz nach der Wende zu einem Kongreß »Literatur und Verwaltung« oder so ähnlich nach Weimar geschickt, als offiziellen Teilnehmer für das Bildungsministerium. Veranstalter war eine bekannte Stiftung. Die hatte sich bei mir sogar telefonisch bedankt, als meine Anmeldung bei ihr eingetroffen war:
»Wir freuen uns auf Sie, Herr Boeger. Endlich mal ein neues Gesicht. Sonst kommen immer dieselben Leute. Bevor die den Mund aufmachen, weiß man schon, was die sagen werden. Wir wünschen Ihnen eine gute Anreise.«
Na, das sind aber freundliche Gastgeber.
Doch die Vorschußlorbeeren halten nicht lange. Es ist kaum zu glauben, aber kurz vor der Reise nach Weimar werde ich offiziell ausgeladen. Ich bekomme einen Anruf vom Veranstalter: »Sie können leider nicht kommen. Wir haben für Sie kein Zimmer zum Übernachten kriegen können. Auch nicht in der Umgebung. Alles belegt.« Ich habe

den Anrufer beruhigt: »Das Zimmer habe ich mir schon längst besorgt. Nicht nur am Ort, nein sogar direkt im Tagungshotel. Sehr zu empfehlen, bei meiner Gehbehinderung. Sie brauchen sich keine unnötigen Gedanken zu machen.« Die Sekretärin schweigt. Dann höre ich: »Einen Augenblick mal. Ich bin gleich wieder da.« Nach einer Weile teilt sie mir, deutlich genervt, mit: »Es gibt außerdem auch keinen Platz mehr für Sie im Tagungsraum. Der sei proppenvoll. Das soll ich Ihnen ausrichten.« Ich überlege nicht lange: »Dann nehme ich eben den Klappstuhl meiner Großmutter mit. Der ist leichter zu transportieren als eine Matratze, die ich bräuchte, wenn ich kein Zimmer erhalten hätte.«

Um es kurz zu machen: Ich wende mich im Ministerium an einen Vorgesetzten, der der Partei angehört, die in der Stiftung besonders geschätzt wird: »Ich habe eine Empfehlung für die Zeitungslektüre am Wochenende. Lesen Sie besonders aufmerksam den Generalanzeiger. Da finden Sie eine Glosse, wenn alles gut geht. Warum ein Regierungsvertreter in Weimar von der Adenauer-Stiftung ausgeladen wird. Da sollen die Leser mal drüber nachdenken.« Der Beamte wirkt beunruhigt. »Das hat sicher politische Gründe. Die werdc ich schon herauskriegen. Kommen Sie doch am Montag früh zu mir. Dann sehen wir weiter. Bis dahin bitte Waffenstille. Keine Presse.« Ich habe mich an die Abmachung gehalten und zu hören bekommen: »Da ist ein fataler Irrtum passiert. Die Leute in der Stiftung haben Sie für einen Sozialdemokraten gehalten. Die haben die Liste mit den eingeladenen Gästen an die Parteizentrale geschickt, und dort hat man sortiert. Nach deren Unterlagen war der Leiter des Referates für Kunstfragen Sozialdemokrat. Der Name war nicht näher bekannt. Das genügte, die Einladung für den Gast aus dem Bildungsministerium zu annullieren.« »Und wie haben Sie reagiert?« frage ich den hilfreichen Vorgesetzten.

Der lächelt verschmitzt. Ein alter, erfahrener Fuchs: »Na

wie schon. Ich habe gesagt, der Herr Boeger ist doch gar nicht der Leiter des Referates für Kunstfragen. Der übernimmt nur ab und an Sonderaufgaben, für die wir vertrauenswürdige Fachleute mit ganz spezieller Sachkunde brauchen. Herr Boeger arbeitet an einem Projekt zur deutschen Gegenwartsliteratur. Der sollte schon nach Weimar fahren.« Ich habe am Kongreß teilgenommen. Mit einer ganz persönlichen schriftlichen Einladung in der Tasche, um die ich aus Sicherheitsgründen gebeten hatte. Für alle Fälle. Nach dem ganzen Zirkus wäre ich am liebsten in Bonn geblieben, wenn nur die Tagung nicht so wichtig gewesen wäre. Wenn die Leute in der Stiftung immer noch sortieren sollten, rate ich ihnen, die Spreu vom Weizen zu trennen, bevor sie ihre Einladungen herausschicken. Dann brauchen sie keinen Gast auszuladen oder einen ausgeladenen wieder einzuladen. Und keiner hat Grund, sich darüber zu beschweren.

II. Der harte Weg zu kultureller Gemeinsamkeit / Wie sich Dichter und Experten aus Ost und West zusammenrauften

Die Idee, mit Autoren und Experten aus Schulen und Hochschulen ein Modell zu entwerfen, wie Ost und West im Dialog Fremdheit überwinden, die gemeinsamen kulturellen Wurzeln wiederfinden und eine gemeinsame Zukunft gestalten können, wurde in einer Reihe von Fachtagungen vertieft. Diese bauten aufeinander auf.

In Prora beherrschten die Autoren die Szene, da deren Bereitschaft, mit ihren Texten als Sprachrohr der Bürger deren Stimmungslage zu vermitteln, die Grundlage für das ganze Programm war. Klingenthal erweiterte durch die Konzentration auf ein Sachthema von globalem Interesse – den Umweltschutz – die in Prora noch stark biographisch geprägte Thematik. Katlenburg veranschaulichte den unglimpflichen Umgang mit der kulturellen Vergangenheit der neuen Bundesländer. In Wannsee wurde die wohl unvermeindliche Stasidebatte eingeleitet, ohne das Projekt ernsthaft zu gefährden. Eine Fachtagung in der bayrischen Akademie Dillingen präsentierte Schülerarbeiten sächsischer Schulklassen, die sich in Form von Plastiken und Collagen mit Texten der Anthologie auseinandersetzten. Die länderübergreifende Bedeutung des Projektes zeigte sich auch in der Mitwirkung der Hochschule für Kunst und Design in Halle.

Bei einer Fachtagung in Weimar führten Schüler des Musikgymnasiums eigene Kompositionen vor, die aus der Lektüre zeitgenössischer Texte hervorgegangen waren. Auf Fachtagungen in Mecklenburg-Vorpommern, Brandenburg und Schleswig-Holstein wurden Modelle fachübergreifenden Unterrichts diskutiert, wie auch in Work-

shops neue Formen der Textrezeption gemeinsam mit den Autoren erprobt wurden.
Auf einer Tagung an der Universität Halle wurden die Hochschulen in das Projekt eingebunden; in Seminaren auf dem Germanistentag in Bochum konnte sich die Fachwelt von ersten Ergebnissen überzeugen.
Mit konstruktiven Vorschlägen beteiligte sich der Germanisten-Verband. Die Träger der Erwachsenenbildung wurden auf einer gesonderten Fachtagung für eine partnerschaftliche Mitarbeit gewonnen, so daß die Hoffnung auf eine Wirkung der Arbeiten in der Bevölkerung berechtigt ist.

Im folgenden beleuchten ein paar Streiflichter exemplarisch, was sich auf den Tagungen und in ihrem Umfeld begeben hat.

1. Das Treffen in Prora: »Hahnenkämpfe« und »brüderlicher Streit« / Doch keiner nahm seinen Hut und ging

Prora als Ort der Veranstaltung war nicht ohne Bedacht gewählt. In der Eröffnungsansprache hat der Vertreter des Bildungsministerium hierzu gesagt: »Das ehemalige Erholungsheim der Nationalen Volksarmee hier in Prora erscheint in hervorragender Weise geeignet, den Rahmen für ein dauerhaftes Kulturbegegnungszentrum zu geben. Dieser Ort ist aufgrund seiner geografischen Lage und seiner natürlichen Voraussetzungen geradezu prädestiniert, als Erholungs- und Kulturzentrum zu dienen. Es wäre wünschenswert, daß es nicht bei dem heutigen deutsch-deutschen Kongreß bleibt, sondern daß dies der Beginn ist einer engen Zusammenarbeit und eines kontinuierlichen geistigen und kulturellen Austausches mit unseren Nachbarn im Osten und im Norden Europas.«
Das Bildungsministerium hat als weitere Begründung für

die Wahl von Prora als Ort der Veranstaltung ausgeführt: »Dieses Gelände hier in Prora hat jahrzehntelang rein militärischen Zwecken gedient. Wenn an dieser Stelle eine Stätte der Begegnung und der Völkerverständigung entstehen könnte, wäre dies ein konkreter Beitrag zu der Forderung, aus Schwertern Pflugscharen zu machen ...«
Ich hätte mir gewünscht, daß die Parlamentarier der Region und die sonst so regen Spitzenbeamten aus Schwerin sich gemeldet und die Bundesregierung beim Wort genommen hätten. Die war ja noch Eigentümer der Anlage. So weit ich mich erinnere, hatte nur Angela Merkel einen Brief geschickt. Sie ließ mitteilen, daß die Vielzahl der Termine eine Teilnahme nicht zulasse. Auch habe sie an den Vorbereitungen nicht mitgewirkt. Schade, wir haben damals jede Hand gebraucht. Vielleicht hätte sie bei der Gästeliste geholfen.

Die Tagung selbst war lebhaft. Jeder konnte aufgestauten Frust loswerden. »Hahnenkämpfe« nannte Frau Hempel-Soos aus Bonn den Streit der Männer. Und Gerhard Zwerenz gab den Kampfhähnen eine Empfehlung, die unwidersprochen blieb: »Aber das ist etwas, was wir lernen müssen, lernen sollten, und man kann vielleicht anfangen an einem solchen Tag, indem man gewesene Feindschaften nicht begräbt, sondern indem man versucht, über gewesene Feindschaften brückenhaft hinwegzugehen.« Und er fügte versöhnlich hinzu: »Soweit wir unter den Autoren bleiben, wollen wir versuchen, weil wir gezwungen sind, miteinander auszukommen.«
Die Stimmungslage dieses ersten Dichtertreffens gibt ein Artikel in der »Neuen Zeit« vom 28. September 1992 wieder. Dort heißt es unter der Überschrift: »Blümchen suchen nach einem Waldbrand?«:
»Das Motto ›Chancen für eine menschliche Gesellschaft‹ deutet noch nicht auf ein Schriftstellertreffen. Aber schließlich hat jeder – und nicht zuletzt der Schriftsteller

als Wegbegleiter und auch Wegbereiter der Gesellschaft – ›das Recht und die Pflicht, sich einzumischen, wenn es um die Zukunft geht‹, wie die Moderatorin Therese Hörnigk sagte ... Frust, Egozentrik, eitle Selbstdarstellung, linke Nostalgie artikulieren sich. Erik Neutsch fühlte sich gar als Verfolgter: ›Hier läuft Rache ab!‹ Er mußte sich von Gerhard Zwerenz fragen lassen, ›Wie sähe wohl eure Rache aus, wenn die DDR nicht gescheitert wäre?‹ Aber von diesem einst in der DDR so heftig befehdeten ›Renegaten‹ kam auch das versöhnliche Angebot, ›zu versuchen, miteinander auszukommen, notfalls im brüderlichen Streit‹ ... Als ein Experte des Vergessens präsentierte sich wieder einmal Hermann Kant in eloquenter ›Bagatellisierungs-Ironie‹ (Zwerenz) ...

Das Wunder der Vereinigung habe stattgefunden, jetzt brauche es offenbar weitere Wunder, so der Schriftsteller Otto Jägersberg. ›Wir sollten mit der Sprache so umgehen, daß wir kleine Wunder vollbringen‹ ...

Vor allem Frauen in der Runde, wie die in der Sprache hochsensible, in der Haltung sehr entschiedene Helga Königsdorf, mahnten, zu lernen und nicht zu verdrängen, die große Möglichkeit einer friedvollen und menschlichen Zukunftsgestaltung zu nutzen. Entscheidend sei eine Sinngebung, denn auch an deren Mangel sei letztlich die DDR gescheitert. Die junge Dresdener Autorin Mirijam Margraf führte die Krawalle der vielgeschmähten Jugendlichen auf Orientierungslosigkeit zurück. Wolf Spillner, Autor von Jugendbüchern, fürchtet die Ohnmacht des geschriebenen Wortes und fragte sich besorgt, ob unter den Steinewerfern vielleicht auch seine Leser wären.

Helga Schubert und Reinhard Lettau beklagten ein unterentwickeltes Nationalgefühl. Lettau, der in Erfurt geboren wurde und mehr als drei Jahrzehnte in den Vereinigten Staaten lebte, versuchte gewissermaßen den Draufblick des Außenstehenden, aber innerlich Beteiligten: Die Probleme, die uns heute zu schaffen machen, hätten 1933 angefangen ...

Die Frage, was heute an die Stelle von Utopien oder Ideologien treten könne, bewegte viele. Kerstin Hensel meinte, in der DDR sei ein geistiges Vakuum durch Mangel an Religion entstanden, das erkläre eine jetzt zu beoachtende Sucht nach Wertvorstellungen, die aus Glauben, aus Religion kämen. Der Mecklenburger Heiko Lietz meinte Ähnliches, wenn er von der Vernachlässigung des Spirituellen, von der fehlenden Dimension sprach. Helga Königsdorf plädierte für mehr Menschlichkeit, vermißte geistige Angebote zur Orientierungshilfe und sprach den bezeichnenden Satz: ›Ich möchte aber niemanden bevormunden, das hatten wir hier zu lange.‹
Ein gebrochenes Geschichtsbewußtsein, vielfach ein gestörtes Verhältnis zur eigenen Biographie (Einblick in die Stasi-Akte sei eine neue Form von Biographie, hatte Karl-Heinz Jakobs mit origineller Bitterkeit formuliert), schließlich die bange Frage beim Blick zurück: Was bleibt? Gewiß war DDR-Literatur nicht bloß ›belletristische Verkleidung der großen Lehre‹, wie Joachim Walther feststellte. Doch dann zitierte er einen ›altbundesbürgerlichen Großkritiker‹, der all jene, die jetzt den Nachlaß sichteten, mit Leuten verglich, die Blümchen suchten nach einem Waldbrand.
Irgendwann in dem Disput wurde das Bild gebraucht von einem, der vorwärts schreite mit dem Blick nach hinten. Diese Art der Fortbewegung verspricht wenig Effektivität. Die Begegnung von Prora, angeregt und ausgerichtet vom Bundesministerium für Bildung und Wissenschaft, hat zumindest Versuche erkennen lassen, nach vorn zu blicken.«
Daß dies Treffen Barrieren wenn nicht abgebaut, so doch erschüttert hat, zumal in den vielen persönlichen Gesprächen am Rande der Tagung, das habe ich mehrfach erlebt.
Spektakuläre Ergebnisse waren von niemandem erwartet worden. Diese erste Begegnung von Autoren aus Ost und West hatten sich die Fachleute als eine Bestandsaufnahme und Bestandssicherung von Literaten und Autoren vorge-

stellt, wie es Dieter Wellershoff aus Köln formuliert hatte. Und diese Aufgabe hatte das Treffen erfüllt. Die Schulexperten aus den Länderinstituten hatten den Ablauf aufmerksam verfolgt, nahmen die Gelegenheit wahr, Autoren im Gespräch näher kennenzulernen. Ihre Einstellung: Das Treffen sei ein guter Anfang. Man müsse den Dialog weiterführen. Ein weiteres Treffen wäre nötig.
Das griff auch die Presse auf, der Nordkurier berichtete am 28. September: »Unbestritten ist die positive Bilanz der zweitägigen Diskussion, die die Co-Moderatorin Therese Hörnigk zieht, denn es ist der schwierige Dialog in Gang gekommen, den nicht wenige deutsche Dichter bisher scheuten. Die Veranstalter kündigten an, die Reihe derartiger Autorenkonferenzen bereits im kommenden Frühjahr fortzusetzen.«
Und Waldtraut Lewin hatte in der »Neuen Zeit« geschrieben: »Der größte Erfolg dieses Treffens war, daß alle sitzen geblieben sind. Keiner ... nahm seinen Hut und ging.«
Das war in Klingenthal nicht so.

2. Klingenthal: Die armen Hunde vom Ententeich / Sisyphus im Elsaß

Das Schlößchen in Klingenthal, die Tagungsstätte, ist leicht zu finden. Es liegt am Eingang des kleinen Ortes.
Das Betreten des Grundstücks ist schon schwieriger: Hinter einem hohen, schmiedeeisernen Tor haben zwei kläffende Jagdhunde Aufstellung genommen. Jemand kommt, öffnet das Tor und beruhigt die Torwächter. Die wedeln, sie haben verstanden: Dieser Besucher ist willkommen. Die beiden Hunde widmen sich wieder ihrer eigentlichen Aufgabe: Zum weitläufigen Areal gehört ein großer Teich mit vielen Enten. Für diese fühlen sich die Jagdhunde verantwortlich. Sie umkreisen hechelnd und

leichtfüßig unentwegt den Teich und beobachten ihre Schutzbefohlenen.
Die Hingebung und Sorgfalt, die sie auf ihre Aufgabe verwenden, läßt Schäferhunde unter ihren Ahnen vermuten.
Und dann passiert das Unbegreifliche: Die Enten wählen die Freiheit. Sie erheben sich in die Lüfte und fliegen schnatternd fort. Nein, nicht alle auf einmal, sondern nach und nach. Mal in kleineren, mal in größeren Verbänden. Individualisten auch schon mal allein. Härter könnte es die Hunde nicht treffen. So kommt der Schock für die Wächter schubweise, immer wieder. Der Schrecken ist wohl dosiert von dem tückischen Federvieh.
Nach einiger Zeit kehren die Enten zurück. Aber die Wächter dürfen nicht aufatmen. Der Vorgang wiederholt sich. Mehrmals am Tage.
Sisyphus fällt mir ein, der immer wieder vergeblich versucht, ein Felsstück auf den Gipfel eines steilen Berges zu wälzen.
In Klingenthal lerne ich: Sisyphus ist nicht nur ein Sinnbild für die Vergeblichkeit menschlichen Tuns. Diese Botschaft gilt auch für unschuldige Tiere, die sich zu sehr mit dem Menschen einlassen. Für seinen größten Freund: den Hund.

Der Ausflug nach Straßburg / Im Elsaß gilt ein Zloty nichts

Die Tage in Klingenthal sind gefüllt mit Referaten, Aussprachen, Statements. Für Atempausen sieht das Arbeitsprogramm keine Zeit vor. Erst abends haben wir Gelegenheit, zu entspannen. Bei Dichterlesungen.
Heute ist als seltene Ausnahme ein Ausflug nach Straßburg vorgesehen. Zur Stärkung des europäischen Gedankens und zum Besuch des Münsters. Nach dem Frühstück steht ein Bus bereit. Wir steigen ein und haben noch nicht Platz genommen, da nimmt uns schon der redefreudige Reiseführer in Beschlag.
Die ganze Fahrt spricht er unentwegt auf uns ein, ohne ab-

zusetzen. Noch dazu einen Text, der vielleicht für eine Schulklasse mit jungen und unwissenden Schülern gewünscht würde. Unsere gemischte Gesellschaft aus Pädagogen, Autoren, Journalisten und Ökologen ist nicht an so vielen, dafür an ganz speziellen Informationen interessiert. Das überfordert den Cicerone. Kurt Drawert hält ihn für ein medizinisches Wunder: »Der nimmt sich nicht einmal die Zeit, Luft zu holen. Wie habe ich das nur verdient. Nicht einmal eine kleine Verschnaufpause an der frischen Luft ist erlaubt.« »Das Europäische Parlament hat nicht rund um die Uhr geöffnet, und auch die Zeiten für die Besichtigung des Münsters sind begrenzt«, erfahren wir. Strapaziert, aber noch rechtzeitig erreichen wir Straßburg. Streß auch beim Stadtbummel, der eine beschleunigte Gangart verlangt, wenn er sich denn gelohnt haben soll. »Um zwölf müssen alle wieder am Bus sein. Wer zu spät kommt, sieht den Bus abfahren, oder überhaupt nicht mehr.«
Ich komme ein wenig zu spät. Vermutlich habe ich das Wort Stadt b u m m e l zu wörtlich genommen. Mit mir ist noch ein Nachzügler: Kurt Drawert, dem ebenso wie mir alles viel zu überhastet war.
Wir nehmen uns ein Taxi und kommen gerade noch rechtzeitig in Klingenthal zum nächsten Vortrag an.
Aber da fehlt doch noch jemand. Beunruhigt stellen wir nach Vortrag und Diskussion fest, der Schriftsteller Bromislaw Slomka, unser Gast aus Polen, weilt nicht mehr unter uns. »Aber seien wir getrost«, meint Dr. Gorschenek von der Katholischen Akademie Hamburg, der Gastgeber, »der Herr Slomka steht als Chefredakteur einer bedeutenden Zeitung mit beiden Beinen im Leben. Der ist nicht zum ersten Mal im Ausland. Da wird er sich auch im Elsaß zu helfen wissen.«
Als der Vermißte jedoch nicht zum Abendessen erscheint und auch nicht in seinem Zimmer angetroffen wird, werden ernste Nachforschungen beschlossen.

Die letzten verzehren gerade ihren Nachtisch, da geht die Tür auf und eintritt der Herr Slomka, ganz außer Atem. Der wird doch nicht die ganze Strecke gelaufen sein?
Nach herzlicher Begrüßung fragt der Spätheimkehrer besorgt: »Wird wohl eine Portion vom Abendessen übrig sein, wenn auch nur eine kleine? Heute morgen habe ich zuletzt gegessen. Nur ein halbes Brötchen mit Marmelade. Sonst hätte ich den Bus nicht gekriegt.« Der Arme. »Wie sind Sie denn aus Straßburg zurückgekommen? Es fahren doch am Nachmittag gar keine Busse von Straßburg nach Klingenthal.« Bronislaw Slomka lächelt schmerzlich: »Ich weiß.« Er hat auch kein Taxi genommen. »Warum denn nicht? Wir hätten Ihnen die Kosten ersetzt. In diesem Ausnahmefall.« Der Gast aus Polen zuckt bedauernd mit den Schultern: »Die Banken in Straßburg hatten alle geschlossen. Am Mittwochnachmittag. Ich hatte doch nur Zloty in der Tasche. Und wer nimmt schon Zloty im Elsaß. Unter den Taxifahrern nicht einer. Ich habe sie alle gefragt. Nicht mal eine Stange Weißbrot habe ich mir für meine Zloty kaufen können.« »Aber wie sind Sie denn nun zurückgekommen?« Der Herr Slomka steht auf und macht eine typische Handbewegung: »Per Autostop. Bin vier- oder fünfmal umgestiegen. Waren alle Kurzstreckenfahrer, die ich erwischt habe. Demnächst kommt der Euro, vielleicht auch in Polen. Dann wird es leichter.«

Einer verläßt den Saal im Zorn

Was wir in Prora gerühmt haben: Keiner ist vorzeitig gegangen, trotz allen Streits und aller Hahnenkämpfe, das müssen wir in Klingenthal beklagen. Ein Teilnehmer packt abends seinen Koffer und bricht auf ins Bergische Land. Bei voller Dunkelheit.
Der Gastgeber Dr. Gorschenek fragt nach dem Grund. Ob die vorzeitige Abreise mit der Gesundheit zusammenhinge.

Da ließe sich schon eine Regelung finden. Man sei ja hier nicht in der Wüste.
»Über meine Gesundheit kann ich nicht klagen«, ist die Antwort. »Aber ich bin übel getäuscht worden. Die Dame, die hier das Büro führt, die Einladungen schreibt, mit uns abrechnet, kurzum die Seele des Symposiums, wußten Sie, daß die einen falschen Namen trägt? Die nennt sich Hilzheimer. In Wirklichkeit ist sie die Frau des Schriftstellers Günter Görlich, des bekannten Kommunisten. Das hätte man mir sagen müssen, rechtzeitig.« Der Gast aus dem Bergischen ist schon früh aus der damaligen DDR geflohen. Er ist sehr sensibel. Alle Versuche, ihn zu beruhigen, sind vergeblich. Auch daß Frau Hilzheimer ihren Mädchennamen trägt, unter dem sie auch veröffentlicht, stimmt ihn nicht um. Schade.
Ich erkenne daraus, daß die Wunden noch nicht verheilt sind, die wir durch die Trennung, durch Haß und Verfolgung erlitten haben. Manchmal brechen sie auf.
Damit müssen wir leben. Die Einigung löst nicht ohne weiteres auch mitmenschliche Probleme. Sonst könnten wir uns ja unser Programm für den inneren Frieden ersparen.

Wie fanden Sie die Lesung in Klingenthal? / Heinrich Heine und die Blumen, ein Defizit in seinen Werken

»Das will ich zugeben«, sagt Dr. Gorschenek beim Abschied, »beim Ausflug nach Straßburg ist einiges nicht so gelaufen, wie es sollte. Vielleicht habe ich auch zuviel Diziplin erwartet. Aber sonst war das Rahmenprogramm doch in Ordnung?« Das will ich ihm gerne bestätigen. Es gab auch komische Momente. Etwas zum Lachen. »Wenn Sie gestern abend bei der Lesung gewesen wären, hätten Sie ihren Spaß gehabt.« Dr. Gorschenek ist ganz Ohr. »Erzählen Sie mal.« Also: »Die Dame, die sich so engagiert um den Schutz der Umwelt kümmert und den Dichtern eine ganz besondere Rolle zuweist – Sie wissen

schon, wen ich meine – hat sich in der Diskussion die Klassiker vorgenommen. Sie hat deren Verhältnis zu Fauna und Flora untersucht. Dafür hat sie aufmerksam die Texte durchgesehen. Und wer, denken Sie, ist ihr unangenehm aufgefallen? Ausgerechnet mein Lieblingsdichter: Heinrich Heine. Der ist bei der Textprüfung ganz schlecht weggekommen. ›Denken Sie mal‹, hat die Dame geklagt, ›in seinen Gedichten, die ihn so berühmt gemacht haben, habe ich nur fünf verschiedene Blumen gefunden. Eigentlich ein Skandal.‹
Allgemeines Raunen im Saal. Man teilt die Empörung. Doch so eine Exegese ist ungewohnt. Da kommt aus der Runde eine Anregung: ›Haben Sie auch die Prosa von Heine nach Blumen abgeklopft? Nein? Da kommt eine Hyazinthe vor. Sie wird häufiger erwähnt. In den Reisebildern, genau: In den Bädern von Lucca. Da haben wir schon mal sechs Blumen. Auch nicht viel. Aber immerhin.‹ Einige Teilnehmer schmunzeln. Andere möchten wissen, warum. Zu Hause habe ich nachgelesen. In den Reisebildern. Da ist Hyazinth gar keine Blume. Sondern eine Person. Der Diener eines Bildungsreisenden, über den sich der Dichter belustigt.«
Dr. Gorschenek lächelt verhalten. Er droht scherzend, doch auch ein wenig bewegt, mit dem Zeigefinger: »Hoffentlich haben wir die Dame nicht verärgert.«

»Aber bitte kein linkes Geschreibsel!« / Eberhard Panitz erlebt Wunderliches auf der Rückreise nach Berlin

Kurze Zeit nach dem Symposium in Klingenthal begegne ich in Berlin dem Schriftsteller Eberhard Panitz, der im Elsaß mit von der Partie war. Ob ich Zeit für eine Tasse Kaffee hätte. Er hätte ein mitteilenswertes Erlebnis auf der Rückfahrt gehabt. Wir gehen ins Café Möhring, wo ich folgendes zu hören kriege: »Im Zug hatte ich zunächst ein Abteil für mich allein. So war ich ungestört und dachte darüber nach, ob ich mir künftig noch die Teilnahme an einem Symposium fern von Berlin erlauben kann. Mit An- und Abreise verliere ich vier volle Tage, an denen ich nichts schreiben kann. Bei mir zählt jeder Tag. Während ich solchen Gedanken nachhänge, bekomme ich Gesellschaft von einer noblen, älteren Dame. Ich erfahre von ihr, daß sie zur Familie derer von Prittwitz gehört, die ein Familientreffen auf ihrem Stammsitz Schloß Neuhardenberg feiern. Dort fährt auch sie hin. Von ihr erfahre ich die Geschichte des Schlosses, das bis zum Jahre 1801 im Besitz der Familie von Prittwitz war, dann bis auf die Grundmauern abbrannte und der Krone zurückgegeben wurde. Den Besitzern fehlte damals das Geld für den Wiederaufbau. König Friedrich Wilhelm III habe es dann an seinen Staatskanzler von Hardenberg weiterverschenkt.« Ich bin mir nicht sicher, ob mir die Geschichte gefällt. An alten Schlössern und ihren wechselnden Besitzern bin ich nur ganz mäßig interessiert.

»Was finden Sie an Ihrem Erlebnis so bemerkenswert?« frage ich den Dichter. Der Kaffee ist inzwischen gekommen.

»Warten Sie noch einen Moment. Nur keine Ungeduld. Das Beste haben Sie noch vor sich«, sagt Eberhard Panitz. »Ich bin nämlich zum Familientreffen eingeladen worden.« »Und sind Sie hingegangen?« »Nicht nur das. Ich bin zum Hofberichterstatter avanciert. Als sie hörten, ich sei Schriftsteller, sagte das Oberhaupt der Familie: ›Also Reporter. Sie wissen, wir wollen kein linkes Geschreibsel‹, nein, das auf keinen Fall. Wie finden Sie das?«

»Ein Knüller«, sage ich, »Journalisten nennen sowas einen Knüller.« Überlegen Sie mal, was das für ein Schriftsteller ist, von dem verlangt wird, er möge kein linkes Geschreibsel produzieren: Eberhard Panitz gehörte zu den meistgelesenen Schriftstellern der DDR. Er hat in drei Jahrzehnten 25 Bücher verfaßt, von denen mehrere verfilmt sind. Jedes Kind im Osten kannte diesen Autor. Und jeder seiner Leser wußte, daß er überzeugter Kommunist

ist, der sich in seinen Romanen und Erzählungen mit Zielproblemen aus sozialistischer Sicht auseinandersetzt. Eines seiner bekanntesten und stärksten Bücher ist der biographische Bericht »Der Weg zum Rio Grande«, der ein eindrucksvolles Portrait der Revolutionärin Tamara Bunke aus Ostberlin zeichnet, die an der Seite Che Guevaras in den bolivianischen Wäldern den Tod fand.
Ich finde das schon urkomisch: Die Prittwitzens, alter Adel aus dem Osten, dem sie sich verbunden fühlen, feiern in einem Schloß im Osten, das ihnen seit fast 200 Jahren nicht mehr gehört, ein Familientreffen. Und suchen sich ausgerechnet einen engagierten Kommunisten, der auch nach der Wende kein Wendehals geworden ist, für die Hofberichterstattung aus. Die Geschichte könnte hier zu Ende sein. Aber Panitz legt noch zu:
»Eigentlich wollte der adlige Clan in einem Schloß in Polen feiern. Warum? Sie kennen doch den alten Kupferstich, ich glaube von Chodewiecki, auf dem der Alte Fritz dargestellt ist, wie er nach der verlorenen Schlacht von Kunersdorf den Tod oder schmähliche Gefangenschaft erwartet. Und da kommt zufällig der Ahnherr der Prittwitzens vorbeigeritten, läßt seinen König aufsitzen und bringt ihn in Sicherheit. Die Prittwitzens handeln sich für den verlorenen Stammsitz ein schuldenfreies Grundstück im eroberten Schlesien ein, die einstige Probstei Kasimir. Da möchten Sie in nicht allzu ferner Zukunft ihre Familienfeste feiern. Und wer weiß: Die Hardenbergs haben inzwischen ihr Schloß zurückerhalten. Warum soll es denn den Prittwitzens schlechter gehen mit ihrem schönen Anwesen. In Schlesien, Verzeihung, Polen.«
»Dieses Erlebnis müssen sie unbedingt aufschreiben«, sagte ich beeindruckt: »Mit dem passenden Kommentar natürlich. Dann hat sich Klingenthal für Sie auch wirtschaftlich gelohnt. Sie hatten damit doch Ihre Probleme.«
Panitz nickt. Wir zahlen unsere Zeche und gehen auseinander. Später erhalte ich eine Zeitung, die im Osten erscheint.

Ich schlage auf. Eine Erzählung von Eberhard Panitz ist abgedruckt. Über zwei ganze Seiten. Sie heißt: »Alter Adel wieder da.«
Wie ich den Autor kenne, wird er Klingenthal jetzt bestimmt nicht mehr vergessen.

3. Dichter im Nebel der Wendezeiten / Zu Gast in Pfarrer Weskotts Bücherscheune / Das Treffen in Katlenburg

Für die nächste Tagung wurde Katlenburg ausgewählt. Dort gibt es eine Bauernscheune voller Bücher, ein Phänomen, das man nicht glauben möchte, wenn man es nicht hautnah erlebt hat. Ein chinesisches Sprichwort sagt: »Es ist besser einmal zu sehen als hundertmal zu hören.«
Wie recht die Chinesen damit haben, erlebe ich, wenn ich von Pfarrer Weskotts Scheune erzähle. In ihr liegen bis an die Decke, häufig noch in Paketen verpackt, etwa 500 000 meist verlagsfrische Bücher aus Ostverlagen. Die sind im Zuge der Wende weggeworfen worden, weil die Westverlage das eigene Sortiment verkaufen wollten. Da störten die Bücher aus den Ostverlagen nur. Pfarrer Weskott hat sie von Schredderplätzen und Müllhalden in und um Leipzig mit einem klapprigen VW-Bus nach Katlenburg geholt.
Er sagt dazu: »Im Jahre 1991 entdeckte ich beim Zeitungsdurchblättern das Photo einer Müllhalde mit Büchern. Ich faßte den Entschluß, dorthin zu fahren. Bücher gehören doch nicht auf den Müll.«
Wenn ich davon erzähle, denken die Zuhörer, ich übertreibe. Sie glauben mir nicht, selbst wenn ich sage: »Ich habe die Bücherstapel selber gesehen. Einen ganzen Tag habe ich in der Scheune verbracht.« Vermutlich ist ein Berg, fast schon ein Gebirge, von einer halben Million Bücher schwer vorstellbar. Es ist schon ein unfaßlicher Skandal,

daß im Zuge der Wende achtlos wertvolle Bücherbestände in solchen Ausmaßen als Abfall weggeworfen worden sind. Am besten, der Zweifler fährt selbst hin und überzeugt sich. Ein Besuch lohnt sich immer, da Pfarrer Weskott seinen Gästen gegen eine Spende erlaubt, soviel von seinen Schätzen mitzunehmen, wie sie möchten.

Die Einnahmen stellt er »Brot für die Welt« zur Verfügung, bisher mehr als 130 000 DM. Von der Vielfalt der mit der Wende »entsorgten« Büchern erfahren die Leser aus Martin Weskotts Publikation: »Die Scheune als neuer literarischer Raum«. Karin Grossmann schreibt unter der Überschrift »An der Lagerstatt des Leselandes«:

»Unter freiem Himmel lag tschechische Lyrik mit Versen des Literaturnobelpreisträgers Jaroslav Seifert. Dem Regen waren ausgesetzt lateinische Fabeln von Phaedrus. Vom Schimmel bedroht waren Essays von Stefan Heym. Von Hitze gekrümmt der Bildband vom Dresdner Zwinger. Von Ratten benagt die Grabbe-Edition der Bibliothek der Klassik. Vom Winde zerstreut Kinder- und Jungendbücher. Als er Heinrich Manns Roman ›Im Schlaraffenland‹ entdeckte, sagte Weskott, habe er sich geschämt. Schon einmal war diesem Schriftsteller Unrecht angetan worden.«

Der Besucher aus Westdeutschland empfindet Scham und Zorn. Mancher ist geneigt, an die Bücherverbrennungen der Nazis zu denken. Der Vergleich hinkt. Die Nazis waren Fanatiker. Sie verfehmten Autoren und verbrannten ihre Bücher aus ideologischen Gründen. Ihre Enkel sind frei von Ideologie, ihnen geht es allein ums Geschäft. Die Autoren sind ihnen gleichgültig. Das wurde mir klar, als ich folgendes erfuhr:

Auf dem internationalen PEN-Kongreß in Hamburg 1988 sagte der damalige Bundespräsident von Weizäcker u. a.: »Die Welt bezeugt, daß Wort und Ehre deutscher Sprache durch die Literatur aus der DDR gemehrt werden. Alle Menschen, die zur Literatur deutscher Sprache eine eigene Beziehung haben, danken es ihnen.« Die Rede ist nachzulesen in einer Broschüre »Brücken zur Verständigung«. Zu erhalten bei Pfarrer Weskott. Er hat den größten Teil der Auflage, 1500 verlagsfrische, eingeschweißte Exemplare, auf einer Müllkippe entdeckt. Einziger Fehler der Broschüre: Sie war 1990 in einem ostdeutschen Verlag erschienen.

Für ein Kolloquium über »Literatur während der Wendezeit« ließ sich wohl kaum ein besserer Platz finden als ein Tagungsraum im Schatten der Bücherscheune von Katlenburg. Dort kamen im November 1994 Autoren, Pädagogen aus den Länderinstituten und Wissenschaftler aus Essen, Halle, Rostock, Osnabrück und Berlin zusammen. Unmittelbarer Anlaß war die Vorstellung der Textsammlung, die als mehrbändige Anthologie in den Druck gehen sollte. Waltraut Lewin schrieb in der Schweriner Volkszeitung am 24.11.1994 dazu: »Hier ist etwas Spektakuläres gelungen: Sage und schreibe einhundertunddrei Autoren stellten zumeist unveröffentlichte Texte zur Verfügung. Epik, Dramatik und Prosa, alles ist vorhanden und füllt so viele Seiten, daß es nun drei oder vier Bände werden müssen.

Prof. Christel Berger aus Berlin hatte es auf sich genommen, in relativ kurzer Zeit den Textberg zu lesen und den mit Spannung lauschenden Lehrerbildnern und Schriftstellern eine Art Wegweiser durch das Labyrinth zu geben, Querverbindungen herzustellen, Tendenzen herauszukristallisieren, Trends aufzuspüren und gleichsam als ›Vorkoster‹, durch Proben die Neugier zu erwecken.

Die neunzehn anwesenden Schriftsteller lasen aus ihren Manuskripten, und selten hat wohl ein derartiges Publikum seine vorgefaßte Meinung – falls es sie denn schon hatte, die meisten kannten gar nichts – über die angebliche Uniformität und den Provinzialismus der Ost-Literatur auf eine gründlichere und genußvollere Weise revidieren zu können als die Pädagogen, die hier als Zuhörer und künftige Mittler geladen waren.

Die Tage von Katlenburg waren für alle Teilnehmer, gleich, ob sie Produzierende oder Reproduzierende waren, von hohem Wert als Anregung und als Denkanstoß. Wünschen wir, daß die große Anthologie ihren Platz in der literarischen Bildung der Jugend einnehmen wird, so wie sie es verdient. Nie war dergleichen so notwendig wie heute.«

Der Schriftsteller Matthias Biskupek, ein Teilnehmer des Symposiums und als Mitarbeiter des »Eulenspiegels« bekannt für seine spitze Feder, beschreibt seine Eindrücke in der Thüringer Allgemeinen vom 23.11.1994 unter dem Titel »Dichter im Novembernebel / Ein Katlenburger Kolloquium zur ›Literatur in der Wendezeit‹ «:
»Kürzlich lud das Ministerium beteiligte Autoren sowie Germanisten aus Essen, Berlin, Halle und Leipzig, nebst Verantwortlichen für Lehrerweiterbildung auf die Katlenburg.
Der Ort war vom spiritus rector, Ministerialrat Wilhelm Boeger mit Bedacht gewählt. In Katlenburg residiert Martin Weskott, als Bücherpastor bekannt, der von den Kippen bei Leipzig Tausende von Büchern rettete, die im Einigungsprozeß auf der Halde landeten, Katlenburg ist Symbol, wie der Vertragsartikel ›Die kulturelle Substanz darf keinen Schaden erleiden‹ umgesetzt wurde. Zwiespältiges Symbol. Hie die willfährigen Buchverklapper; da der gute Mensch von Katlenburg. Hie die Ver-Rechner der Einheit, da Leser, die allsonntaglich in Katlenburg Bücher gegen eine Spende tauschen. Hie die Feuilletonisten großer Zeitungen, die nichts bleiben lassen wollten von den Schriften der DDR, da deutsche Autoren, die sich durch Katlenburg ermutigt fühlen.
Natürlich inspirierte der Ort: nur zu Beginn gab es eine heftige Kontroverse, als Professor Jochen Vogt seine Kenntnis deutschen Literaturlebens allein an den Namen Wolf, Schirrmacher und Greiner festmachen wollte. Später differenzierten die Professoren Schlenstedt, Mohr und Hartinger. Die Autoren hörten mit durchaus interessierten Mienen zu, meldeten sich aber lieber mit Lesungen aus eigenen, teils

vom Müll geklaubten Büchern. Somit hörten deutsche Lehrerbildner aus dem tiefen Westen und dem fernen Süden Deutschlands vielleicht zum ersten Mal Dichter wie Czechowski, Hüge und Kerstin Hensel, Schriftsteller wie Elfriede Brüning, Waltraud Lewin, Laabs oder Liersch. Aus Thüringen lasen unter anderem der Weimarer Wulf Kirsten aus ›Stimmenschotter‹ und die Erfurterin Gabriele Stötzer. Von der letzteren fand sich ihr Band ›zügel los‹ im Buchspeicher. Ein seltsamer Kontrast zum Novembernebel; jenem realen über der Burg, und jenem der sich derzeit nicht recht lichten will, über Disputanten deutscher Dichter-Einheit«.

Die Pädagogen in Katlenburg haben nur den Kopf geschüttelt und Bücher von guter literarischer Qualität ausgesucht, egal, wo und wann sie erschienen waren. Ihre Ausbeute der viertägigen Tagung beim »Bücherpastor« war ergiebig: Sie beschlossen spontan, in einer Arbeitsgruppe Kursangebote aus den Texten der Anthologie zu entwickeln und in den Schulen zu erproben.

Zum Beitrag von Matthias Biskupek wäre noch anzumerken, daß nicht nur der »entsorgte« Text von Gabriele Stötzer auf den Symposien gelesen und in die Anthologie aufgenommen worden ist, sondern auch ein Text von Reinhard Jirgl, der ebenfalls auf der Müllkippe gefunden wurde. Beides stammt aus einer Buchreihe, die im Aufbau Verlag unter dem Titel »Aufbau – außer der Reihe« kurz vor der Wende von Gerhard Wolf herausgegeben wurde. Die Bücher dieser Edition, die den begabten künstlerischen Nachwuchs fördern wollte, hatten in der Wende keine Chance. So hat es dem Buch von Reinhard Jirgl nichts genutzt, daß der Literaturwissenschaftler Professor Dieter Schlenstedt es im Vorwort »ein wichtiges Stück Literatur« nennt und dem Autor »ein starkes künstlerisches Talent« bescheinigt. Reinhard Jirgl, der von Heiner Müller zu

Lesungen ins Brecht-Ensemble eingeladen wurde, fand erst allgemeine Beachtung, als im Carl Hanser Verlag München sein Roman »Abschied von den Feinden« erschien, für den er ausgezeichnet wurde, u. a. mit dem Alfred-Döblin-Preis.

4. Eine böse Überraschung in Wannsee / »Durch wenige beherzte Eingriffe wären kostbare Seiten frei geworden.«

Im Jahre 1995 wurde die Anthologie im Rahmen eines »Symposiums in Wannsee« der Öffentlichkeit vorgestellt. Erstmals waren auch die Träger der Erwachsenenbildung eingeladen, die Interesse bekundet hatten, mit den Texten an den Volkhochschulen zu arbeiten. Sie wollten sich auf der Tagung mit Germanisten, Autoren und Pädagogen beraten.

Auch der Ort war mit Bedacht gewählt worden. Der berüchtigten Wannsee-Konferenz sollte eine Wannsee-Konferenz der Toleranz und gegenseitigen Achtung, ein humanes Gegenbild entgegengehalten werden. Doch es kam anders. Streit und Bruderzwist überschatteten die Tagung. Gleich zu Beginn wurde deutlich, daß Rheinland-Pfalz ausscherte. Ohne Ankündigung nahm es die Partnerschaft zurück. Der Kollege, der als Moderator für einige Diskussionen vorgesehen war, erschien nicht. Den Grund dafür erfuhr ich später, nicht offiziell. Er wurde mir so zwischen Tür und Angel ins Ohr geflüstert: Die neue Abteilungsleitung sei »DDR-geschädigt«. Was immer das bedeuten mag. Der könne man mit ostdeutschen Dichtern für ihre Schulen nicht kommen.

Ich habe nicht weiter nachgefragt. Warum sollte ich auch? Auch im Bundesministerium hatte es einen Wechsel gegeben: Ein neuer Minister zeigte keine Neigung, das von seinen Vorgängern begünstigte Projekt fortzusetzen. Da hatte

ich auf die Solidarität der Bundesländer für mein Projekt gehofft. Wäre nicht in Wannsee Ulrich Blasczyk aus dem Institut aus Soest in Westfalen beherzt und kollegial in die Bresche gesprungen, hätte er sich nicht diskret in die Tagungsleitung eingebracht, die Presse hätte schon jetzt einen Skandal melden können. Doch sie mußte sich gedulden.
Die Anthologie wurde von Pädagogen und Autoren zunächst in schöner Einmütigkeit begrüßt: Sie ermögliche Lehrern und Schülern eine Vielzahl literarischer Erlebnisse und lasse sie ganz unterschiedlichen Lebenserfahrungen und Lebenssichten begegnen.
Müller Finding aus Berlin sprach von Texten in schöner, schwieriger Pluralität und sein Kollege aus Sachsen von einem Ereignis für die neuen Bundesländer: Kein Bildungsminister der DDR hätte diese Breite an Ansichten und Handschriften für die Schule zugelassen und Lehrern so viel Entscheidungsfreiheit gewährt, selbst zu wählen. In den neuen Bundesländern, das zeigte die Diskussion deutlich, war die Erinnerung noch frisch, daß Gedichte und Texte unliebsamer Autoren im Unterricht nicht vorkamen. So wurden in den Lesebüchern durch Eingriffe des Staates freie Seiten für regimetreue Schriftsteller geschaffen.

Alle waren erstaunt, als der Kinderbuchautor Walther Petri, bis dahin ein engagierter Mitarbeiter, lauten Protest anmeldete, weil in den Kurzbiographien einzelner Autoren nicht von deren Spitzeltätigkeiten zu lesen sei. Er hätte lieber statt einiger Autoren, die ihm mißfallen, andere gesehen, die er bevorzugt: »Ich glaube nicht, daß man sie aus Gründen des Textumfanges nicht berücksichtigen konnte. Durch wenige beherzte Eingriffe wären kostbare Seiten frei geworden.«
Darauf war zu erwidern, daß es Ziel der Anthologie ist, dem Leser einen repräsentativen Querschnitt von dem reichen Angebot an zeitgenössischem Lesestoff mit aktuellen Fragestellungen zu geben. Damit ist den Ansprüchen der Fachdisziplinen genügt. Die Textsammlung sei für die

Hand des Lehrers bestimmt, der daraus Unterrichtsmodelle erarbeitet. Falls er dafür auch Angaben über die politische Vergangenheit eines Autors benötigt, weiß er, wo er diesen Kontext finden kann: Bei der Gauckbehörde und bei Joachim Walther, der die Vergangenheit seiner Schriftstellerkollegen überprüft hat.«
Herr Walther kennt sich besonders gut in der Anthologie aus, da er zu ihren Autoren gehört.
Der »Tagesspiegel« griff die Kritik von Petri auf (am 30. 9. und 1.10.1995) und gab ihm selbst Gelegenheit, in einer heftigen Polemik unsere Arbeit zu attackieren (am 2./3.10.1995). Dabei wurden auch die anderen Teilnehmer des Kolloquiums nicht verschont: »Ich frage mich, woher es kommt, daß sich ganz offensichtlich bei den Teilnehmern der Tagung ein Harmonieverlangen artikulierte, das nur zu geistig-kultureller Friedhofsstille führen kann, wie gehabt übrigens ...«
Dies war der Auftakt für eine nervtötende, bundesweite Kampagne, die es nach meinem Eindruck darauf anlegte, die weiteren Arbeiten zu unterbinden, die Restauflage der Anthologie aus dem Verkehr zu ziehen (Gerüchte sprachen vom »einstampfen« – vermutlich Zwischenlagerung in Pfarrer Weskotts Scheune), die von den Ländern als Unterrichtshilfe gewünschten Lesehefte mit Texten der Anthologie ungedruckt zu lassen und die Mittel für die Erprobung und den länderübergreifenden Austausch der Ergebnisse zu streichen. Dafür brachte man im Bildungsministerium in Bonn, das den Cornelsen-Verlag aufforderte, jede weitere verlegerische Mitarbeit zu unterlassen und alle Unterlagen abzugeben, große Sympathie auf. War das jetzt das »Aus« für Bund und Länder?
Um Loyalitätskonflikte dem ehemaligen Bundesminister gegenüber zu vermeiden und eine emotionslose Darstellung beizubehalten, sollen die Rangeleien und Kämpfe zwischen in jeder Hinsicht ungleichen Parteien aus der Sicht eines Unbeteiligten skizziert werden.

Der Schriftsteller Rolf Schneider hat darüber im »Freitag« vom 27.6.1997 folgendes geschrieben:
»... Boeger tat tatsächlich einiges, die Sache unter die Leute zu bringen, für die sie bestimmt war: Er arrangierte Treffen, Lesungen und Gespräche vor pädagogischem Personal. Eine unverdächtige Stimme, die ›Neue Zürcher Zeitung‹, wertete die Anthologie als eine Art Steinbruch, was sie auch ist.
Es gab noch andere Reaktionen. Im Auftrag der CDU-nahen Konrad-Adenauer-Stiftung verfaßte der Literaturwissenschaftler Klaus Michael ein ausführliches und ziemlich negatives Dossier. Die drei Bände enthielten ›unkorrekte Selbstauskünfte‹ (was immer das sei) und schrieben ›neue Opferrollen und diffuse Ängste fest‹. Das Dossier ging an das Bonner Bildungsministerium, wo es alsbald Unruhe erzeugte.
Dann druckte die ›Süddeutsche Zeitung‹ einen Verriß. Verena Auffermann, Frankfurter Kulturkorrespondentin des Blatts nannte Boegers Bände einen ›Skandal‹ und ein ›Lügenwerk‹; Begründung: das bekannte Buch von Joachim Walther über Literatur und Stasi entlarve mehrere von Boegers Beiträgern als IM. Sie zitierte Günter Kunert, der beklagte, mit ›unsäglichen Figuren, geistigen Nullen‹ in einem Bande vereint zu sein. Sie zitierte Hans Joachim Schädlich, der die Buchmacher ›geistige Einheitsbreiköche‹ nannte. Sarah Kirsch fühlte sich ›gelinkt‹, redete von ›Amtsmißbrauch‹ und hieß das Unternehmen eine ›Unterwanderung der anderen Art‹.
Der Autorenkreis der Bundesrepublik, ein Schriftstellerverein unterm Dach der Konrad-Adenauer-Stiftung, verfaßte einen Brief an den Minister Rüttgers. Man forderte eine Stellungnahme und die sofortige Einstellung aller finanziellen Mittel für das Projekt, das ein ›seltener Eingriff in die Wissenschaftsfreiheit‹ sei. ›Die Anthologie hätte ihrer Tendenz nach eher von der PDS als von einem Bundesministerium herausgegeben werden können.‹ Ein

Doppel des Protestes ging an die zur CDU konvertierte Abgeordnete Lengsfeld. Im Bildungsministerium verstärkte sich die Unruhe.
Wenigstens eines der Autorenkreismitglieder ist von dem Protest inzwischen wieder abgerückt. Es gab auch Erwiderungen; die ›Süddeutsche Zeitung‹ mußte sie spaltenlang drucken. Stasi-Opfer Gerhard Zwerenz hielt dafür, nicht ›die Besiegten fortwährend neu zu besiegen‹. Stasi-Opfer Wolfgang Ullmann lobte die Anthologie als ›Forum für verschwiegene Schriftsteller‹. Stasi-Opfer Rainer Kirsch wirft Boegers Kritikern ›japsende Häme‹ vor und ›ideologischen Bierernst‹. Andere erinnern daran, daß Walthers Stasi-Buch erst ein Jahr nach der Anthologie erschienen sei, Boeger es also habe nicht kennen können. Stasi-Opfer Chaim Noll redet von einem ›literarischen Bürgerkrieg‹ und ›Aufrechterhaltung eines gestrigen Feindbilds‹. Wieder war ein Jahr vergangen, wieder blühten die Krokusse, aber wenn ich nach Berlin kam, hörte ich ›Stasi, Stasi, Stasi‹ wie Gezisch in einer Schlangenfarm ...
Wer je mit literarischen Anthologien befaßt war, kann bestätigen, daß es die schlechthin vollkommene Zusammenstellung nicht gibt. Aufgeforderte Autoren verweigern sich, das Endprodukt entsteht aus Subjektivität und Zufall. ›Seit es Anthologien gibt, findet jeder darin lebende Versammelte unter hundert Mitbeiträgern allenfalls zehn, die ihm behagen, achtzig ihm Gleichgültige, und immer fünf bis zehn, die er für Sudler, ja für Schurken hält‹, notiert Rainer Kirsch.
Nimmt man Boegers drei Bände heute zur Hand, bieten sie so etwas wie eine seelische Bestandsaufnahme zu Beginn der neunziger Jahre. Das ist belangvoll jenseits aller Ästhetik und hat fast schon historischen Wert ...
Chaim Noll ist der Meinung, für die Literatur und deren Dokumentation sollten andere Kriterien gelten als für die Stasi-Akten. Ich selbst halte dafür, daß wir jenen Leuten, die uns zu stalinistischen Zeiten mit ihrer Intoleranz gepei-

nigt hatten, nicht unsererseits mit Intoleranz begegnen. Wir begäben uns sonst auf ihr Niveau.«
Wie sich letztlich doch noch alles zum Guten gewendet hat, lange bevor der Bildungsminister und seine Vertrauten abgewählt wurden, darf ich nicht verraten. Es würde auch den Umfang dieses Buches sprengen. Aber, bitte verstehen Sie, auch ein Pensionär sollte nicht alle »Innenansichten einer Behörde« schildern, auch wenn er dafür Verständnis hat, daß der Bürger gern darüber lesen möchte.
Eine gute Nachricht habe ich noch für den interessierten Leser: Die von langer Hand geplanten, zusammen mit Pädagogen erarbeiteten und kommentierten Lesehefte mit Texten der Anthologie und weiteren Texten neu hinzugewonnener Autoren sind inzwischen in einem Berliner Verlag erschienen.

Waltraud Lewin hat im Feuilleton der Zeitung »Neues Deutschland« vom 14.1.1998 vorgekostet:
»... Selektiert wurde nicht. Wer mitmachen wollte, durfte. Einige fühlten sich dann verarscht ob der Gesellschaft, in der sie sich befanden, und kündigten empört an, so hätten sie es sich nicht vorgestellt. Heiße Diskussionen, die ganze Literaturzeitschriften-Bände füllten. Pro und Contra von Liberalen und Radikalen, die ganze Literaturszene blubberte und gebar Schaumkronen, wie sie besser nicht hätten entstehen können. Jemand hatte in aller Unschuld ins Wespennest gepiekt, dabei wollte er doch nur Aufklärung, Miteinander, ja, Versöhnung. Versöhnung unter deutschen Literaten stiften zu wollen, ist freilich ein Unterfangen, gegen das im Meer mit dem Sieb Wasser zu holen eine aussichtsreiche Unternehmung ist.
Nun denn, sie schlugen sich, küßten sich wenig, und konnten doch nicht verhindern, zwischen Buchdeckeln vereint zu sein.
Dem von kompetenter Seite als ›Steinbruch‹ bezeichneten Anthologie-Mammut entnahmen nun kompetente Schul-Meister (schließlich ist's bei Cornelsen verlegt und gehört

in die Hand der Lehrer und Lernenden) drei Schülerleseheft-Texte, unter den Titeln ›Reden und Essays aus den Jahren 1989 bis 1997‹, ›Lebensläufe in Deutschland‹, ›Orte und Landschaften‹.
Ich bin beeindruckt. Beeindruckt von der sowohl differenzierten als auch weit gefächerten Auswahl, und von der – mir völlig fremden – Modalität des interpretatorischen Herangehens, wo ich, armer Schreibender, nur staunend sagen kann: Ach, so macht man so etwas im Unterricht ... Ich altes Weib bin richtig beglückt darüber, wie heutzutage offenbar an Schulen mit Texten umgegangen werden kann. Aber das ist natürlich nur das Staunen eines Laien.
Jedenfalls wünsche ich mir, in einem der nächsten Hefte auch vorzukommen, so wie in der Anthologie. Die ist gleichsam die Bibel, aber die Lesehefte sind der Katechismus. Deutsche Geschichte im deutschen Lesebuch, durch deutsche Poeten vermittelt. Was will man mehr? Wenn die Standpunkte der Autoren verschieden sind, nun, was für ein Glück. So erlernen die Jungen doch, daß Standpunkte nur Fixpunkte im Raum sind, aber keine ewigen Positionen. Was kann man besseres säen als Zweifel?
Viele kenntnisreiche Leute haben hier mitgearbeitet. Und sicher wäre ohne die Fachkunde von Christel Berger vieles unter den Tisch gefallen; sie firmiert hier nur als Beraterin. Dank an Boeger, den großen Literaturfreund auf dem Ministeriumssessel, dem besessenen Macher von Unmöglichkeiten. Ja, er weiß wie ich, daß einem so etwas nie gedankt wird ...«
Einen Dank von Politikern und Spitzenbeamten erwarte ich nicht. Der würde mich bedenklich machen. Den Dank zufriedener Leserinnen und Leser hingegen würde ich nicht zurückweisen.

III. Die Wende macht's möglich: Auch Autoren aus dem Osten lassen bitten / Der »Leihbeamte« findet offene Ohren und selbstlose Helfer

Das Vergnügen, ein gutes Buch zu lesen, kann noch gesteigert werden: Man geht zu einer Lesung des Autors. Ich habe stets erlebt, daß der Vortrag des Autors die Rezeption bereichert und verstärkt. Das geht auch anderen so. Wolf Spillner, der mir bei der Lesung in Schwerin als Moderator treu zur Seite stand, sagte mir beim Abschied: »Ich habe den ›Leihbeamten‹ zweimal gelesen, um einen genauen Eindruck zu bekommen. Aber jetzt, wo ich den Autor selbst lesen gehört habe, hat sich eine ganz neue Dimension eröffnet. Das hatte ich nicht erwartet.«
Da gibt es nur noch eine einzige Steigerung: ein Gespräch mit dem Autor in dessen vier Wänden, ohne Zeitdruck und ganz privat, ohne geschäftliche oder sonstige Absichten.
Ich habe anfangs, als ich nichts anderes als nur neugierig war, einfach angerufen und um einen Termin gebeten. Das war allerdings nur bei Autoren möglich, die im Westen lebten, wie etwa bei Günter Grass, Karl-Heinz Jakobs, Gerhard Zwerenz. Andere lernte ich auf Lesungen kennen, wie Heinrich Böll, Eugene Ionesco, Peter Härtling, Gabriele Wohmann, Peter Rühmkorf und Reiner Kunze – um nur einige Namen zu nennen.
Der Osten öffnete sich erst mit der Wende.
Zunächst hatte ich Hemmungen, im Osten Kontakte zu Schriftstellern zu suchen. Die hatten gewiß andere Sorgen, als sich mit einem Leser aus dem Westen zu unterhalten: Die meisten hatten durch die Wende ihren Verlag verloren. Ihre Bücher wurden nicht mehr angeboten, weil die Leser zunächst einmal neugierig auf die Produkte aus dem Westen waren, mit denen sich die Buchläden füllten. Und

dann fürchtete ich das Mißtrauen, für das ich Verständnis hatte.
Aber meine Befürchtungen waren übertrieben. Leichte Vorbehalte fand ich nur bei Dieter Noll. Bei meinem Anruf sagte er mir, er habe schlechte Erfahrungen mit Revolverjournalisten gemacht. Aber eingeladen hat er mich trotzdem.
Ich bin zu Stephan Hermlin gefahren, der zunächst skeptisch war, im Gespräch aber bald auftaute. Nun kenne ich die meisten Schriftsteller aus ihren Büchern, in denen sie sich offenbart haben. Das war für die Besuche wohl von Vorteil.
Ich habe mit Eva und Erwin Strittmatter auf dem Schulzenhof ein sehr langes, gutes Gespräch geführt. Dabei hat mich meine Frau stark unterstützt, die meine literarischen Interessen teilt. Meine Reisen zu den Schriftstellern waren ja privat, nach Feierabend oder am Wochenende. Meine Frau hat mich fast immer begleitet, trotz eigener Berufstätigkeit.
Rückblickend kann ich sagen, daß die Aufnahme überall gastlich war, meist sogar betont liebenswürdig. Und da ohne Rücksicht, ob ich nun mit leeren Händen, von rein privaten Interessen geleitet, sie aufsuchte oder ob ich den Besuch mit der Bitte um Mitarbeit bei unserem Vorhaben verbinden konnte.
Eins hat uns bei allen Besuchen tief beeindruckt: Die Selbstverständlichkeit, mit der jede Hilfe angeboten wurde, die zum Dialog zwischen Ost und West und damit zum besseren Verständnis füreinander führen kann. Und niemand hat sich danach erkundigt, was er dafür bekommt. Das war für mich eine gute, aber ganz neue Erfahrung. Für die ich sehr dankbar bin.

1. Stefan Heym: »Schöne Weihnachten für die ganze Familie« / Begegnung im Supermarkt

Lange vor der Wende lernte ich Stefan Heym kennen. Auf eine originelle Weise: Am letzten Tag einer Dienstreise nach Berlin, kurz vor dem Rückflug nach Bonn. Der Flug-

hafenbus nach Tegel fährt am Bahnhof Zoo ab. Es bleibt immer noch Zeit, etwas Proviant im Supermarkt Ulrich am Bahnhof Zoo einzukaufen. Man trifft dort häufig Rentner aus dem Osten, die für Westmark heimbringen, was in der DDR rar ist.
Heute sehe ich beim Einkauf einen älteren Herrn, vermutlich von »drüben«, der sich an einem hohen Regal nach einer Maggiflasche reckt. Doch vergeblich. Die Flaschen stehen für ihn zu hoch. Ich trete näher und reiche die Flasche dem Kunden. Dem ist gerade etwas auf den Boden gefallen, er hat sich tief gebückt, um es aufzulesen. Aus dieser Stellung blickt er zu mir auf. Donnerwetter, den kennst Du doch! Gerhard Hauptmann kommt mir in den Sinn. Der hatte doch solch eine Löwenmähne. Aber der liegt – wie jeder weiß – auf Hiddensee begraben. Stefan Heym fällt mir ein. Auch der sieht ähnlich aus. »Wenn ich Sie so anschaue, mein Herr, dann sehen Sie aus wie der Schriftsteller Stefan Heym aus Ostberlin.« Der ältere Herr guckt interessiert, äußert sich aber nicht. Ich fahre daher fort: »Aber den werden Sie wohl nicht kennen. Sie sollten mal ein Buch von ihm in die Hand nehmen. Das kann man auch im Westen kaufen. Der Mann ist clever. Denken Sie, der hat es geschafft, seine Bücher bei Ost- und Westverlagen unterzubringen.« Ob der mich wohl verstanden hat? Er lächelt und sagt kein einziges Wort. Offenbar habe ich ihn überfordert, weil er überhaupt keine Schriftsteller kennt. Ich will schon weitergehen, da höre ich hinter mir eine Stimme: »Was sagten Sie? Ob ich den Schriftsteller Stefan Heym aus Ostberlin kenne? Na klar, den kenne ich. Sogar sehr gut.« Ich staune. Der hat mich also ganz gut verstanden. Habe ich ihm nicht angemerkt. Jetzt sieht er mich mit listigen Augen, verschmitzt lächelnd, an: »Der bin ich doch selber! Wissen Sie, auf die Ähnlichkeit mit mir sprechen mich viele an. Das bin ich schon gewohnt.«
War mir das peinlich. Der Autor überspielt das liebenswürdig: »So, Sie schätzen meine Bücher, mein Herr. Das freut

mich aber. Gern will ich Sie Ihnen signieren, wenn Sie das möchten. Machen Sie ruhig ein Pakct. Das schicken Sie mir dann nach Ostberlin. Notieren Sie sich meine Adresse: Rabindranath-Tagore-Straße. Sie werden diesen Namen nicht kennen, ein berühmter indischer Autor. Den sollten Sie einmal lesen.«
Von diesem Dichter habe ich schon gelegentlich gehört und auch etwas gelesen. Aber was hat Stefan Heym gerade noch gesagt? Ich solle ein Paket machen mit seinen Büchern und ihm per Post schicken. Nach Ostberlin. Die kommen doch nie an. An der Grenze macht der Zoll das Paket auf und dann werden die Bücher alle beschlagnahmt. Heyms Bücher sind der Obrigkeit nicht sonderlich genehm.
»Haben Sie nicht erst neulich 10 000 Mark wegen eines Zollvergehens zahlen müssen?« »Die wollten mich kriminalisieren, weil ich im Westen bei Bertelsmann veröffentlicht habe, ohne sie um Erlaubnis zu fragen. Es hat dann aber nur ein Verfahren wegen Verstosses gegen die Zollgesetze stattgefunden. Und dann 10 000 Mark, Ostmark!«
Wenn wir uns jetzt nicht trennen, ist der letzte Bus weg. Wir verabschieden uns. Ich bin schon an der Kasse, da ruft mir der Autor mit lauter Stimme nach: »Und fröhliche Weihnachten für dic ganzc Familie!« Alle im Laden sind inzwischen aufmerksam geworden. Ich merke: Dem Dichter habe ich einen großen Auftritt verschafft. Stefan Heym liebt die Publicity.

Als ich zu Hause in Merzbach die Grüße ausrichte, so ganz nebenbei, als wäre es nichts besonderes, da haben meine Lieben ganz schön gestaunt.

Kurz nach der Wende treffe ich den Schriftsteller in Westberlin auf der Fasanenstraße. Er erinnert sich an die Begegnung im Supermarkt und fragt, ob er etwas für mich tun könne. »Wenn Sie mir ein ganz besonderes Buch signieren würden. Das habe ich soeben erworben. Eine Seltenheit:

Die amerikanische Ausgabe ›The Crusaders‹, die ›Kreuzfahrer von heute‹.« Stefan Heym ist überrascht. »Was, das gibt es noch? Das Buch wurde 1948 in Boston veröffentlicht.« Er zückt den Kugelschreiber, zögert und sagt: »Das muß ja nicht unbedingt hier auf der Straße sein. Wo es jetzt auch noch anfängt zu regnen.« Ich mache ihn darauf aufmerksam, daß auf der gegenüberliegenden Straßenseite ein Antiquar wohnt, der seine Bücher schätzt und sammelt. Da könnten wir uns gemütlich niederlassen. Aber heute wird aus dem Besuch nichts. Wir verabschieden uns, Stefan Heym lädt mich zu einer seiner Lesungen ein, und ich überquere die Straße. Der Antiquar hat ein Schild ins Fenster gehängt: »Bin speisen gegangen. Komme bald zurück. Manni Heckmann«. Ich treffe den Antiquar im Café Kempinski. Die verpaßte Gelegenheit tut ihm leid. »Schade, ich hätte den Schriftsteller gern persönlich kennengelernt. Bisher habe ich ihn nur im Fernsehen erlebt. Außerdem steht bei mir ein ganzes Regal, voll mit seinen Büchern. Die hätte Stefan Heym mir bestimmt bei einer guten Tasse Kaffee signiert. Vielleicht auch mal eine Widmung reingeschrieben.« Manche Leute können nicht verstehen, warum wir beide so gern eine persönliche Bemerkung des Autors in unseren Büchern haben. Ich las hierzu mal etwas Schönes: »Durch eine Widmung verliert ein Buch seinen Warencharakter und wird zu einer Art Fetisch.« Na, so schlimm ist es nicht bei mir. Mir fällt etwas ein, was Manni sicher interessieren wird: »Sie wissen doch, daß Stefan Heym nur ein Pseudonym ist? Der Dichter heißt mit bürgerlichem Namen Helmut Flieg. Als junger Mann mußte er – Jude und Antifaschist – vor den Nazis fliehen. Fort aus Berlin. Von Prag aus hat er den Eltern die Nachricht zukommen lassen, daß ihm die Flucht geglückt sei. Aber unter einem Decknamen, eben dem Pseudonym Heym. Und den hat er in seinem bewegten, abenteuerreichen Leben beibehalten.« Manni ist enttäuscht. »Den hätten Sie mir gar nicht in meinen Laden schleppen brauchen.« Und dann mit dem für ihn typischen Berliner Witz: »Einen falschen Namen kann ich mir auch selbst in meine Bücher reinschreiben.«

Später habe ich den Dichter in Berlin besucht, weit draußen in Grünau. Ein Kollege hat mich mit seinem Auto hingefahren. Der Hausherr fragt ihn: »Wo haben Sie denn Ihr Auto geparkt? Ich habe überhaupt kein Auto kommen hören.« »Draußen auf dem Weg, direkt am Gartentor.« Stefan Heym überzeugt sich, nickt und sagt: »Das ist genau die Stelle, wo ein Jahr lang jeden Tag das Auto der Staatssicherheit gestanden hat. Die haben jeden Schritt von uns belauert und, vermute ich, in ihren Akten notiert. Wenn Inge einkaufen ging, sind die langsam hinter ihr hergefahren. Das hat ganz schön an den Nerven gezerrt. Man hat ja nicht gewußt, ob sie einen plötzlich festnehmen. Das konnte täglich passieren. Ich habe mich in meinen Büchern freigeschrieben und die Furcht dadurch besiegt. Aber meine Frau hatte diesen Ausweg nicht. Sie hat viel mehr gelitten als ich.«
Nach der Lesung legen wir ihm die Anthologie vor, die außer einem Beitrag aus seinen Schriften auch eine Portraitzeichnung enthält. Stephan Heym blickt mißmutig auf das Portrait und sagt ärgerlich: »So eine scheußliche Abbildung. Die haben meine Feinde gemalt. Sie glauben doch wohl nicht, daß ich da meinen Namen hinschreibe.«
»Ja wissen Sie denn nicht, daß Klaus Ensikat das Portrait gezeichnet hat?« fragt meine Frau. »Der berühmte Zeichner Klaus Ensikat aus Ostberlin. Der nach der Wende eine Professur in Hamburg gekriegt hat. Das ist doch beileibe nicht Ihr Feind.«
Stephan Heym wirft kurz einen mißtrauischen Blick in die Runde. Ob jemand mitgehört hat. Das wäre ihm sichtlich unangenehm. »Na, ja wenn das der Ensikat gemalt hat, dann kann man das Bild natürlich akzeptieren.« Er signiert ohne weiteres Zaudern.

2. Dieter Noll: Der alte Mann am Krossin-See / Kein Wendehals

In den siebziger Jahren bin ich beim Stöbern im Antiquariat auf Bücher von Dieter Noll gestoßen. Das war im Westberliner Stadtteil Wedding.
Der Antiquar hat immer einen guten Rat für mich parat: »Den ›Werner Holt‹, den nehmen Sie ruhig mit nach Bonn. Es lohnt sich immer noch, ihn zu lesen. Das Buch ist drüben Pflichtlektüre in der Schule und in siebzehn oder mehr Sprachen übersetzt. Ich kann Ihnen beide Bände günstig überlassen.« Ich frage ihn, wie er an diese Bücher kommt. »Sie wissen doch, daß Rentner nach Westberlin dürfen. Da kenne ich einen, der bringt mir die DDR-Literatur. Meist einen ganzen Rucksack voll. Gelesene Bücher, aber immer gut erhalten. Für das Westgeld geht er dann einkaufen, was es sonst im Osten nicht gibt. Also, wollen Sie?«
Die Bücher liegen gut in der Hand, das richtige Format. Solider Leineneinband. Der Umschlag zeigt ein junges Paar, das voneinander Abschied nimmt. Der Titel lautet »Die Abenteuer des Werner Holt. Roman einer Jugend.«, erschienen im Aufbau Verlag im Jahre 1960. Der Klappentext weckt mein Interesse. Ich nehme beide Bücher mit nach Hause.

Meyers Taschenlexikon »Schriftsteller der DDR« informiert mich über den Autor: »Noll, Dieter, geb. 1927, Sohn eines Apothekers; seine Mutter wurde während der Nazizeit wegen ›nichtarischer Abstammung‹ verfolgt ... freischaffender Schriftsteller ... Der Durchbruch zum Romancier gelang ihm mit seinem ›Holt‹-Roman, in dem die Erfahrungen der noch zuletzt von den Nazis ›verheizten‹ Jugend aus sozialistischer Sicht dargestellt werden ...« Nachzutragen wäre noch: 1946 Eintritt in die KPD, u. a. Nationalpreis (1963), Mitglied der Akademie der Künste seit 1969.

Bei der Lektüre des Romans erfahre ich zum ersten Mal, was die jungen Leute erlebt haben, die – nur ein oder zwei Jahre älter als ich – kurz vor Kriegsende an die Front geschickt wurden. Verblendet, von den Lehrern im Geiste des Nationalsozialismus erzogen, haben wir sie, die den ›Endsieg erkämpfen durften‹ beneidet, während wir wohlbehütet in Bayern Lateinvokabeln büffelten und Mathematikformeln lernten. Daß wir Jüngeren durch ›die Gnade der späteren Geburt‹ vor einem grausamen Schicksal bewahrt wurden, haben wir erst viel später erfahren.
Verständlich, daß die literarische, packende Gestaltung des Themas durch Dieter Noll mir unter die Haut ging. Gern hätte ich den Autor kennengelernt, mich mit ihm unterhalten, ihm Fragen gestellt. Aber wie sollte das damals – lange vor dem Fall der Mauer – möglich sein? Ein im Osten angesehener Schriftsteller, praktizierender Kommunist, würde doch wohl kaum einen Beamten aus Bonn empfangen. Und wie sollte ich den Besuch im Ministerium motivieren? Schriftsteller gab es doch auch im Westen. Warum muß denn ausgerechnet jemand in die DDR fahren, um einen dieser Zunft zu treffen? Und dann ausgerechnet den Dieter Noll. Wäre es wenigstens Wolf Biermann gewesen. Da hätte man bestimmt mit sich reden lassen.

Fünfzehn Jahre später kam die Wende. Die Grenzen fielen. Doch ich hatte meine Wünsche nicht vergessen. In Bonn gab es keine Probleme, allenfalls Verwunderung. »Was wollen Sie denn in Ostberlin bei diesem Schriftsteller? Wie man hört, regimetreu auch heute noch. Mißtrauisch gegenüber Fremden.« So sagten die Kollegen. Ich dachte: Wieso eigentlich Fremde? Sprechen wir nicht dieselbe Sprache, lesen dieselben Klassiker? Sollen uns die letzten 45 Jahre denn so entfremdet haben, daß wir uns nicht mehr verstehen? Das und einiges mehr hätte ich gern herausbekommen. Also: Fragen wir doch einfach mal bei den Nolls nach, ob ihnen ein Westbesuch recht ist. Und wenn ja, wann.

Zunächst suche ich die Telefonnummer bei der Auskunft. Kein Problem, der Anschluß ist verzeichnet, der Ruf geht durch. Am anderen Ende eine männliche Stimme: »Ja, bitte?« Zuerst fand ich diese Reaktion schon etwas merkwürdig. Warum sagt man nicht einfach seinen Namen? Ich nenne brav meinen Namen und Wohnsitz. »Ich bin ein Leser des ›Werner Holt‹ und anderer Bücher, die Sie geschrieben haben. Ich möchte Sie gern näher kennenlernen und Sie daheim aufsuchen. Wann immer es Ihnen paßt. Für ein kurzes Plauderstündchen. Läßt sich das machen? Besondere Wünsche habe ich nicht.« Längere Pause. Ich fürchte, der drüben an der Leitung wird wohl einfach einhängen. Der Anrufer soll sich mal in seine Lage versetzen: Keine Privilegien mehr, die Altersrente ungewiß, kein Einkommen, die Bücher weggeworfen, auf Schredderplätzen und Müllkippen, Existenznot und Sorge ums tägliche Brot. Und da kommt ein Beamter aus Westdeutschland und ist nur neugierig. Ich sage mir: Du hättest besser vorher nachdenken sollen. Der Anruf wäre dann unterblieben. Ich will gerade aufgeben, da räuspert sich der Teilnehmer in Ostberlin. Sein Ton ist unverbindlich, eher ablehnend, aber höflich: »Nein, ich empfange keine Revolverjournalisten.« Die Antwort fordert mich heraus. Damit kann ich etwas anfangen. Was der Noll nicht weiß: Ich habe früher mal, als Pennäler und auch noch während des Studiums für Zeitungen gearbeitet. Reich kann man dabei nicht werden, aber eines habe ich gelernt: Hartnäckigkeit. Die hatte ich schon früh den Profis der Presse abgeguckt. Das kommt mir nun zugute. So entgegne ich fast automatisch, ohne langes Überlegen: »Das macht mich aber froh. Sehen Sie, ich habe keinen Revolver. Kann vermutlich auch gar nicht damit umgehen. Weißer Jahrgang. Und Journalist bin ich auch nicht. Na, wie sieht es jetzt aus mit dem Besuch?« Es folgt wieder eine Pause, diesmal noch länger. Dann, eher grämlich und genervt:

»Meinetwegen, aber keinesfalls länger als eine halbe

Stunde. Vielleicht treffen Sie mich auch gar nicht an. Das ist Ihr Risiko. Beklagen Sie sich nicht.« Ach richtig, die Adresse hätte ich gern gewußt. Dieter Noll, eine Spur freundlicher: »Ich wohne in Wernsdorf. Ganz weit draußen. Dort besitze ich ein kleines Häuschen, direkt am Wasser. Das ist leicht zu finden. Sie können jeden fragen, ich bin hier bekannt.« Da bin ich ganz sicher. Wir vereinbaren einen Termin. Natürlich, nicht länger als eine halbe Stunde. Geht in Ordnung. »Werfen Sie mich ruhig hinaus, wenn ich nicht rechtzeitig aufstehe.«

Als der Tag gekommen ist, setze ich mich mit meiner Frau in den Wagen und fahre los. Wernsdorf liegt wirklich ein ganzes Stück weit draußen, weit entfernt vom »Alex«, eine ruhige, ländliche Gegend. Wald, reichlich Wasser. Hier heißt es Krossin-See, der Ortsteil – ganz poetisch – Ziegenhals. In einer ausgedehnten Siedlung am See suchen wir die Nolls, zunächst vergeblich. Niemand von den Bewohnern will die Familie kennen. Man beäugt argwöhnisch das Nummernschild. »SU? Wo kommen Sie denn her? Was wollen Sie von den Leuten? Sind Sie angemeldet?« Endlich werden wir fündig. »Klar kenne ich den Dieter Noll. Seine Bücher haben wir doch alle schon in jungen Jahren gelesen.« Er beschreibt uns den Weg. Das letzte Haus vor dem See ist das Domizil Dieter Nolls. Na, dann wollen wir uns mal entschuldigen für die kräftige Verspätung: Mindestens eine Stunde, wenn nicht noch mehr. Frau Noll kommt uns entgegen und heißt uns herzlich willkommen. »Wir haben Sie schon eher erwartet. Sie hatten sicherlich Mühe, den Weg zu finden. Mein Mann erklärt immer so umständlich. Treten Sie ein.« Im Haus sind die Handwerker. Die Tapeten hängen lose von den Wänden. Aber der eigentliche Hammer kommt erst noch. Frau Noll sagt: »Es tut mir aufrichtig leid, mein Mann hat sich ins Bett gelegt. Er ist böse erkältet. Ich glaube, er mißt gerade Fieber. Ich sehe mal nach ihm.« Zunächst bringt sie uns aber in den Garten. Ein Paradies! Unmittelbar am See, mit eigenem Bootssteg. Auf der Terasse, im Schatten, sind Liegestühle aufgestellt. Natürlich auch für die Besucher. Frau Noll kocht Kaffee. Dazu wird Obstkuchen angeboten. Wir plaudern in angenehmer, fast familiärer Atmosphäre. Wenn nur der Hausherr bei uns sitzen könnte. Was wir nicht mehr erhofften: Nach gut 20 Minuten hält Dieter Noll nichts mehr im Bett. Er steht, leicht verschnupft, an der Tür. »Das Fieber ist weg. Ich wage es mal und setze mich einfach zu Ihnen. Das schöne Wetter sollte man nicht versäumen. Seien Sie auch mir herzlich willkommen.« Schon nach wenigen Sätzen sind Vorbehalte und Schranken gefallen. Der Dichter berichtet von seinen Existenzsorgen: »Im letzten Jahr habe ich aus meinen Büchern ganze 3,80 DM eingenommen. Gelebt haben wir von den Mieteinnahmen einer Ferienwohnung, mehr schlecht als recht. Ob es im nächsten Jahr wohl eine Rente geben wird? Einen Antrag habe ich gestellt. Für alle Fälle.« Besonders bedrückt den Autor das Verhältnis zu seinem Sohn Hans. Ich sage: »Den Hans kenne ich aus seinen Büchern. Auf den können Sie stolz sein. Das ist ein hochbegabter Mensch. Gerhard Zwerenz schreibt über ihn: ›Es ist so, als wäre der junge Heinrich Mann zurückgekehrt und wetzte seine Krallen scharf und schärfer an den versteinten Seelen von Berlin und darüber hinaus.‹« Dieter Noll lächelt flüchtig, schmerzlich: »Ja, der Hans kann schreiben. Ein Talent. Wie ich höre, lebt er in Italien. Wo genau, weiß ich nicht. Vielleicht in Rom. Er nennt sich heute Chaim statt Hans. Im Gedenken an seine jüdische Großmutter, die von den Nazis verfolgt wurde. Ein wilder Kerl. Schade, daß er nicht hier bei uns sein kann.« Wir wissen, daß Vater und Sohn völlig zerstritten sind: Der Sohn hat seinerzeit in der DDR den Wehrdienst verweigert und ist übel schikaniert worden. Um dem Gefängnis zu entgehen, hat er sich krank gestellt und ist in eine psychiatrische Klinik eingewiesen worden. Mit Einverständnis, zumindest aber mit Duldung des

Vaters, der als überzeugter SED-Genosse kein Verständnis für die Haltung des Sohnes aufbringen konnte. Dieser sagt, behutsam darauf angesprochen: »Sehen Sie, als Sohn eines Funktionärs konnte der Junge doch nicht mehr Rechte in Anspruch nehmen als der Sohn eines Genossen, der keine Funktion innehatte und daher auch keinen Einfluß auf die Staatsorgane nehmen konnte.« Eine achtbare Haltung, gewiß auch konsequent. Aber man bedenke die fatalen Folgen: Das Tischtuch zwischen Vater und Sohn ist seitdem zerschnitten. Darunter leidet Dieter Noll sehr: »Ich höre nichts von ihm. Er besucht mich nicht.«

Zum Abschied, als es bereits dunkelt, stelle ich eine letzte Frage: »Kann ich mit Ihnen rechnen, wenn demnächst eine Tagung zeitgenössischer Autoren aus Ost- und Westdeutschland stattfinden sollte?« Nein, Dieter Noll möchte nicht mehr an Tagungen teilnehmen. »Wissen Sie, meine Gesundheit ist nicht mehr die beste. Nach Rügen, wo Sie tagen wollen, ist es mir zu weit. Meine Asthmabeschwerden lassen solche weite Reisen nicht mehr zu. Und dann fürchte ich auch die Anfeindungen, denen ich wegen meiner Vergangenheit ausgesetzt sein würde. Nein, bitte haben Sie dafür Verständnis.« Ob er einen Text für die geplante Anthologie habe? »Aber sicher. Suchen Sie sich etwas Passendes aus dem Werner Holt aus. Vielleicht finde ich auf dem Boden noch ein unveröffentlichtes Kapitel. Das sollen Sie gern bekommen.« Wir bedanken uns für die freundliche Aufnahme und den verplauderten Nachmittag. Auf dem Nachhauseweg beschließen wir, den Sohn Hans aufzusuchen. Seine Essays über Deutschland, sein konsequenter Lebensweg – das alles hat uns neugierig gemacht, ihn kennenzulernen. Ein Beitrag für die Anthologie könnte von besonderem Reiz sein.

3. Chaim Noll: Wie der Sohn wieder zum Vater fand

Von Dieter Noll hatten meine Frau und ich erfahren, daß sein Sohn Chaim, inzwischen mit der Malerin Kahane verheiratet, der Tochter des bekannten Illustrators Werner Klemke, schon immer in Italien leben wollte. Wohin zieht es nun aber Künstler? In die Toskana, auf jeden Fall aber nach Rom. Fangen wir also dort mit unseren Recherchen an. In der Villa Massimo will man den jungen Noll unter den Stipendiaten gesehen haben. Das bringt uns weiter. Wir erfahren jedoch, daß die beiden Nolls aus Rom verzogen sind. Sie wohnen nun in einem kleinen Badeort an der Küste zwischen Rom und Neapel. Der Ort heißt Sperlonga. Wir beschließen, im nächsten Urlaub auf Ischia einen Abstecher nach Sperlonga zu machen.

Auf der Insel angekommen, nehmen wir zuerst telefonisch Kontakt zu den Nolls auf. Unseren Vorschlag, sich auf halbem Weg in Neapel zu treffen, lehnt er ab. »Ich habe kein Auto, und die stinkende Großstadt ist mir zuwider. Kommen Sie doch zu uns ans Meer heraus. Mit der Bahn, der Ort hat einen eigenen Bahnhof. Von dort ist es nur einen Katzensprung weit entfernt. Wir wohnen zauberhaft, hoch über dem Meer, das höchste Haus. Bei klarem Wetter kann man von der Terrasse bis nach Ischia blicken. Via Giosa. Sie sind uns herzlich willkommen.« Wir vereinbaren Tag und Stunde.

Diesen Ausflug werden wir so leicht nicht vergessen. Schon die Anreise war ein Erlebnis: Im Morgengrauen kommen wir mit dem Schiff in Neapel an. Am Hafen mustern zwei Polizisten die aussteigenden Fahrgäste. Wir fragen die beiden nach dem schnellsten Weg zum Hauptbahnhof. Die Antwort kommt nach einigem Zögern: »Sie haben die Wahl. Mit der Straßenbahn oder mit dem Bus. Beides ist möglich, aber nicht zu empfehlen.« Warum, wollen wir wissen. »Naja, manche Touristen klagen darüber, daß ihnen während der Fahrt etwas abhanden gekommen ist, meist die Brieftasche, manchmal aber auch die Uhr oder Schmuck.« Ob wir es vielleicht zu Fuß versuchen sollten? Aber auch davon raten die Polizisten ab. Also versuchen wir es mit dem Taxi und kommen auch wohlbehalten am Bahnhof an. Zehn Minuten später sitzen wir bereits im Zug, der uns nach gut zwei Stunden Fahrt ans Ziel bringt. Ans Ziel? Die Bahnstation heißt Sperlonga. Aber wo ist der Ort? Soweit das Auge reicht: Obstfelder, Gemüseplantagen und – natürlich – Olivenbäume. Kein Haus ist zu entdecken, trotz guten Wetters und klarer Sicht. Hinter einer Baumreihe, halb verdeckt, steht ein Auto. Der Fahrer ist ausgestiegen und hat sich in ein Journal vertieft. »So«, sagt er und faltet die Zeitung zusammen, »nach Sperlonga wollen Sie. Das ist ein ganz schönes Stück zu Fuß. So an die 18 bis 20 Kilometer. Sie werden sich wundern, wie lang Ihnen der Weg werden wird.« Und das hat Chaim Noll einen »Katzensprung« genannt. Merkwürdige Katzen müssen die hier besitzen. Der Autobesitzer läßt mit sich reden. Er funktioniert sein Fahrzeug zum Taxi um und bringt uns im Handumdrehen in den Ort. Die Via Giosa ist leicht zu finden. Ganz oben, im Haus auf dem Gipfel wohnt der Autor mit seiner Frau. »Schön, daß Sie hergefunden haben«, heißt uns der Hausherr willkommen und führt uns auf den zimmergroßen, die Stadt überragenden Balkon, der den Blick auf das Meer und einen breiten Sandstrand freigibt, der bis an den Horizont reicht. Frau Noll bringt Tee. Vom ersten Augenblick an fühlen wir uns wohl bei diesem charmanten, weltoffenen Paar. Sie sind nicht auf Rosen gebettet. Unregelmäßige Einnahmen, aber zum Ausgleich: Welch ein Paradies. »Sie ist schon recht erholsam, diese Landschaft mit ihrer Ruhe, die darüber liegt. Morgens, um fünf Uhr, wenn die Sonne aufsteigt, stehe ich auf und trete auf den Balkon. Niemand ist auf den Straßen und überall die frische Seeluft. Sie glauben gar nicht, wie das belebt, zum Schreiben anregt. Die Gedan-

ken, die Formulierungen, alles fügt sich mühelos.« Chaim Noll macht es uns schwer: »Wenn Sie ein paar Tage hier wohnen möchten, das ließe sich einrichten. Eine Wohnung im Haus steht zur Zeit leer. Ich könnte das vermitteln. Wir haben unsere Wohnung von Freunden, die sie im Moment selbst nicht benötigen.« Ich frage: »Und Rom?« Nolls haben diese ruhelose, lärmende Stadt für immer verlassen. Die Möbel sind verkauft. »Neue haben wir uns hier nicht angeschafft. Sie glauben nicht, wie wenig der Mensch braucht. Womit er bequem auskommt.« Der Schriftsteller weist mit der Hand auf die karge, spartanische Einrichtung: Ein paar Stühle, ein Tisch, das Notwendige für die Küche. Aber an den Wänden: Die reine Schönheit. Großformatige Gemälde. Arkadische Landschaften, in denen das Auge versinkt, die Seele sich verliert. »Ich freue mich«, sagt Chaim Noll, daß auch Sie einen so großen Gefallen an den Bildern meiner Frau finden wie ich.« Der Schriftsteller lehnt sich weit über die Brüstung und weist mit ausgestrecktem Arm nach Süden: »Da drüben, sehen Sie, ganz in der Ferne: Die Grotte des Tiberius.« Sein Sinn für die Antike zeigt sich auch an einer Sammlung antiker Steine, Reste von Statuen, zerbrochenen Ziegeln, am Meeresstrand aufgehoben. Das meiste stammt aus der Grotte.
Später sitzen wir an dem großen Tisch zusammen und reden. Unser Gastgeber spricht mit ruhiger Stimme, er wirkt gelassen, abgeklärt, nicht wie jemand, der Genugtuung für erlittenes Unrecht sucht, der die Schuldigen ausmachen will und sie büßen sehen möchte. Keine bitteren Gedanken an die dunklen Tage in Ostberlin, lange vor der Wende. Ich stelle mir vor, daß die Beschäftigung mit den Mythen der Weltreligionen, mit den Glaubenssätzen seiner Vorfahren seinen Geist besänftigt, sein Gemüt befriedet hat. Ist der Frieden auch in die Familie eingekehrt, der Hader mit dem Vater beigelegt? Wir sprechen darüber. »Sie haben den alten Herrn in Berlin besucht? Wie geht es ihm?« Er sorgt sich um ihn. Wir berichten von unserem

Besuch in Wernsdorf. Ob er nicht selbst einmal hereinschauen möchte, wenn er irgendwann einmal wieder in Deutschland, im geliebten Berlin sei? Der Sohn winkt resigniert ab: »Ich habe alles versucht, um mich mit ihm zu versöhnen, aber er beharrt starr und uneinsichtig auf seinem damaligen Entschluß, meine Bestrafung zu dulden. Wenn er nur ein wenig Einsicht aufbrächte. Nur die Worte: Hans, es tut mir leid, sprechen würde. Doch nein, sie kommen nicht über seine Lippen.
Warum? Weil es ihm immer noch nicht leid tut. Trotz allem, was geschehen ist. In seiner Welt hat sich bisher nichts geändert. Und das schmerzt. Wir sind einander fremd geworden. Verstehen Sie das?« Gewiß, wir begreifen seine Haltung. Im Grunde: Zwei Starrköpfe. Keiner will nachgeben. Mir kommt der Besuch beim Maler Fuchs in den Sinn. »Die alten Leute brauchen Zuwendung«, hat er gesagt. »Das merke ich jetzt, wo ich selbst alt werde. Meinem Vater, der im Ausland lebte und dem es nicht sonderlich gut ging, habe ich häufig Geld geschickt. Später hat er mir dann gesagt: ›Das Geld konnte ich gut gebrauchen. Aber noch lieber wäre es mir gewesen, Du hättest mich öfter besucht. Die Einsamkeit im Alter hat mir schwer zu schaffen gemacht.‹« Aber diese Einsicht muß man wohl selbst gewinnen. Ich habe den Schriftsteller nach seinem Verhältnis zu den Kollegen gefragt. Verständlich, daß Chaim Noll als kritischer Geist und Opfer sich zunächst einem Kreis von Autoren verbunden fühlte, der Gerechtigkeit suchte und nach Sühne rief. Doch schon bald hat sich der Autor von diesem Kreis verabschiedet, »wegen deutsch-nationaler und antisemitischer Tendenzen«, wie er öffentlich erklärte. Schon bald nach dem unvergessenen Besuch in Sperlonga schreibt uns Chaim Noll, daß er mit der Familie nach Israel gezogen sei: »Wir leben in der Wüste, in völliger Stille, im Garten sind Kolibris und andere seltsame Vögel, sogar zwei Schildkröten. Es ist so wunderbar still, daß ich manchmal nachts erwache und nicht

gleich wieder einschlafen kann. Dann denke ich an die wenigen deutschen Freunde. Gegen sechs schreit im benachbarten Beduinendorf ein Esel, und wieder muß ich an Deutschland denken ...« Ich kann mir nicht vorstellen, daß Vater und Sohn auf ewig unversöhnt bleiben.
Es hat mir keine Ruhe gelassen, wir haben miteinander telefoniert, ein paar Jahre nach unserer ersten Begegnung. Chaim Noll ist über den Anruf erfreut: »Shalom! Wie geht es Ihnen und Ihrer Frau? Was arbeiten Sie gerade?« Ich skizziere meine Besuche bei ostdeutschen Autoren und sage ihm, daß ich damit um Verständnis füreinander und für Frieden miteinander werben möchte, aber noch wenig Erfolg sehen kann.
Chaim Noll zögert einen Augenblick. »Wissen Sie, am Telefon wird das für Sie viel zu teuer. Ich schicke Ihnen ein Fax. Sie werden überrascht sein.«
Der Autor hat nicht zuviel versprochen. Er teilt uns u. a. mit:
Vor etwa anderthalb Jahren ist zwischen meinem Vater und mir wieder ein Briefwechsel entstanden, der soweit gedieh, daß im Dezember meine Tochter bei ihm zum Kaffee war. Gewissermaßen, um »Vorgespräche« zu führen. Sie fühlte sich in dem Garten, in dem sie als Kind oft gewesen war und den Sie ja nun auch kennen, gleich wieder heimisch. Zugleich kam im Dezember von ihm ein sehr freundlicher Brief, dem zu entnehmen war, daß auch das letzte Hindernis, seine frühere Israel-feindliche Haltung, nicht mehr besteht. Im Gegenteil, er scheint zu verstehen, daß wir hierher gegangen sind. Zu seinem 70. Geburtstag am 31.12.1997 haben wir ihn angerufen, es war das erste Telefongespräch nach fast 15 Jahren Funkstille. Es war ein sehr gutes Gespräch. Wenn ich das nächste Mal nach Deutschland komme, werde ich ihn sehen, und er wird uns vermutlich hier unten im Negev besuchen.
In gewisser Weise hat alles mit Ihrer Anthologie angefangen, denn da kamen wir das erste Mal, wenigstens »auf dem Papier« wieder zusammen. Als wir das Buch in den

Händen hielten, hat es uns wohl beiden zu denken gegeben. Vorletztes Jahr fand ich in Oxford (im Rahmen einer Lesereise in England) seinen und meinen Namen nebeneinander im Katalog der großen Bibliotheken, und es schien mir so absurd, wie die Dinge standen. Offenbar hat auch er so gefühlt.

Die Nachricht, daß Vater und Sohn wieder zueinander gefunden haben, hat uns sehr froh gestimmt. Sie könnte ein Appell sein, über eigene Probleme nachzudenken und den Versuch zu wagen, gestörte Beziehungen wiederaufzunehmen, auch oder gerade, wenn sie schuldbeladen sind.

4. Peter Hacks: 168 Stufen im Patrizierhaus / »Das Opus müßte heißen: Chrestomathie«

Mit diesem Besuch habe ich mir etwas Zeit gelassen. Vielleicht wird ja Dieter Noll irgendwann seinem Freund von dem Besuch der Wessis aus Bonn in Wernsdorf berichten und ihn ein wenig neugierig machen. Dieter Noll hatte mir freundlicherweise sowohl die Adresse der Stadtwohnung als auch des Feriendomizils gegeben. Jetzt im Winter ist Peter Hacks sicherlich in seiner Stadtwohnung in der Schönhauser Allee anzutreffen, also rufe ich mal dort ganz ungeniert an. Ungeniert, weil ich gehört habe, daß der Schriftsteller sehr zurückgezogen ist und äußerst wählerisch in seinem Umgang. Am Telefon höre ich zunächst nur das wohl unvermeintliche »Ja, bitte.« Ich nenne meinen Namen und kündige an: »Ich habe einen Anschlag auf Sie vor.« Hacks, ohne sich eine Gefühlsregung anmerken zu lassen, sachlich: »Sie wollen mich also besuchen. Wann genau? Sind Sie schon in Berlin?« Das läßt sich ja gut an. »Sobald wie möglich. Am liebsten wäre es mir am nächsten Montag, wenn es Ihnen paßt.« Hacks, gefaßt: »Und die Uhrzeit?« »Geht es nachmittags um drei?« Hacks, mit unbewegter Stimme: »Sie können

gern um drei Uhr zu mir kommen. Allerdings werde ich Ihnen dann keine Gesellschaft leisten können. Ich schlafe nämlich um diese Zeit.« Wann es dann genehm sei? »So um 4 Uhr 30. Sind Sie damit einverstanden?« Aber sicher. »War es das?« Noch eine Frage sei erlaubt: »Sie scheinen überhaupt nicht überrascht zu sein von meinem Anruf. Kennen Sie mich denn? Und wenn ja, woher?« Hacks: »Aber sicher kenne ich Sie, Herr Boeger. Woher? Na, das ist schon einige Zeit her, da haben Sie mich am Telefon eine halbe Stunde beschimpft, weil ich es abgelehnt habe, zu Ihrem Schriftstellertreffen nach Rügen zu kommen. Wie könnte ich das vergessen haben.« Oh, je, das hat gesessen. Ich hätte mir so eine Beschimpfung gar nicht so lange angehört. Man kann ja auch auflegen. Aber dazu hat Peter Hacks viel zu gute Manieren. Vielleicht war es auch nur Neugierde, was so ein Beamter aus der Bonner Ministerialbürokratie ihm zu sagen habe. »Da haben Sie mich aber gründlich mißverstanden. Sicher, ich war engagiert und wollte die schreibende Prominenz in Prora an einen Tisch bringen. Daß ausgerechnet Sie fehlen würden, das hat mich schon gewurmt. Vielleicht sind mir vor Enttäuschung nicht die richtigen Worte eingefallen. Aber beschimpfen wollte ich Sie ganz sicher nicht. Das wäre auch sehr unklug gewesen: Es hätte mir leicht künftig den Weg zu Ihnen verbaut.« Ich hatte ja damals schon einiges vor. Etwa eine Textsammlung ostdeutscher Dichter, in der Peter Hacks nicht fehlen darf.
Peter Hacks antwortet charmant: »Aber bitte, halten Sie mich doch nicht für so nachtragend. Das Gespräch damals hat mich eher belustigt. Kommen Sie also am Montag zu mir. Die Adresse haben Sie ja.«

Auf den Besuch bin ich gespannt. Man sagt, dieser Autor sei ein angenehmer Gastgeber und ein brillanter Plauderer. Doch man müsse sich vorsehen, eine Unterhaltung mit ihm habe auch ihre Tücken. Am vereinbarten Tag mache ich mich mit meiner Frau rechtzeitig auf den Weg zu Hacks'

Stadtwohnung. Das Haus liegt im Prenzlauer Berg, einer Gegend, die Anfang der Neunziger traurig stimmte und Fremde nachdenklich machte. Überall Verfall.
Peter Hacks wohnt ganz oben. Beim Aufstieg stöhne ich, denn es gibt keinen Fahrstuhl. Entweder waren die früheren Bewohner besser konditioniert oder sie hatten zum Gepäckschleppen und zum Einkaufen Bedienstete. Ich komme mit meinem Hebammenkoffer voller Bücher völlig außer Atem oben an. Pünktlich. Ich habe mitgezählt: 168 Stufen.
Der Gastgeber, wenn er denn überrascht sein sollte, läßt es sich nicht anmerken. Vermutlich hat ihn Dieter Noll gewarnt: »Diese Leute haben kein Verhältnis zur Zeit und Stunde. Der Kaffee war schon kalt, da waren sie immer noch nicht eingetroffen.« Wir betreten die Wohnung. Von nun an ist alles vergessen, was wir bisher vom Prenzlauer Berg gesehen haben. Hier werden Kultur und der Geschmack vergangener Jahrhunderte gepflegt und bewahrt. Kostbare Stilmöbel, Sammlerstücke auch die Teppiche. Erlesenes Geschirr ist aufgedeckt. Der Gastgeber bietet Platz an, bequeme Polstersessel stehen bereit. »Tee oder Kaffee?« möchte er wissen. Wie war das noch am Telefon gewesen? »Tee oder Kaffee?« Mir ist beides recht. Aber ich schließe mich gern an. »Dann also Tee.« Und jetzt steht er vor uns. Das Porzellan könnte antikes KPM sein. Das wäre stilvoll, hier in Berlin. Aber vielleicht stammt es auch aus Meißen. Ich frage mich, woher diese ganze Pracht kommt. Später erfahre ich: Der Dr. Hacks war einer der wenigen privaten Antiquitätenhändler in der ehemaligen DDR. Die schönsten Stücke hat er wohl für sich selbst behalten. Derweil gießt der Hausherr den Tee ein und fragt, so ganz nebenbei: »Was ist das für ein Geschirr, das da vor Ihnen steht?« Ich habe nur mit einem Ohr hingehört, weil meine Aufmerksamkeit von einer barocken Kommode beansprucht wird. »Was sind das für Tassen?«
Der Examinator hebt ein wenig den Ton. Ich merke, der Hausherr hat sich einen bestimmten Verlauf vorgestellt. Ich

soll auf sein Spiel eingehen. Noch lieber hätte ich mich jedoch über seine Bücher unterhalten. Aber machen wir ihm doch die Freude. »Sie fragen mich nach den Tassen? Nun, das sind Teetassen, will mir scheinen.« Hacks lächelt nachsichtig. Sein Gesicht verrät: Da habe ich aber einen rechten Gimpel erwischt. Nachsichtig: »Wie kommen Sie darauf?« Ein merkwürdiges Gespräch. »Das ist kein Geheimnis. Sie wollten doch Tee servieren, wenn ich Sie richtig verstanden habe.« Hacks nickt bestätigend. »Tee aus Kaffeetassen werden Sie mir ja wohl nicht anbieten!« Hacks stutzt. Komischer Vogel, der heute aus Westdeutschland hereingeflattert ist. Der versteht mich überhaupt nicht. Der Ästhet lächelt milde. »Ich habe nicht wissen wollen, welches Getränk angeboten wird, sondern aus welcher Manufaktur die Tassen stammen.« Das Wort »Manufaktur« läßt er auf der Zunge zergehen. Jetzt hat er den Herrn Rat aus Bonn da, wo er ihn hin haben will. Und was sagt der Gefoppte? »Ja, das hätte ich schon gern gewußt.« Der Gastgeber ist zufrieden. Er sagt sich: Meine Bücher kennt er, das ist ein Pluspunkt. Aber die feinen Dinge, die das Leben lebenswert machen, wie etwa mein kostbares Geschirr, davon versteht er nichts. Die wahre Kultur findet man eben nicht bei einem Beamten. Die sind, wenn's hoch kommt, gute Fachidioten. Da sind alle gleich, im Osten wie im Westen. Jetzt wollen wir mal einem von dieser Sippschaft eine Lektion in Lebensart erteilen. Mit großer Genugtuung in der Stimme: »Das, mein lieber Boeger, ist KPM«. Als bloße Information ist das ganz in Ordnung. Es stört nur der belehrende Ton. »Wissen Sie denn überhaupt, was KPM bedeutet, was diese drei Buchstaben besagen?« Ich könnte ihm vom »Judengeschirr« erzählen, so im Volksmund genannt nach den jüdischen Emigranten, die das Geschirr aus der Manufaktur des Königs als Aussteuer kauften und sich so die Einbürgerung erleichterten. Oder hätte ich mich erinnern sollen an das Porzellan aus Meissen, das dem Preußenkönig zu teuer war, und daß er einen heruntergewirtschafteten Privatbetrieb erwarb, um von den Sachsen unabhängig zu werden und daraus die so berühmt gewordene Königlich-Preußische Manufaktur schuf. Aber lassen wir dem Gastgeber seinen Spaß. »KPM? Ich soll sagen, was das bedeutet? Ich kann mich nicht daran erinnern, je davon gehört zu haben.« Es folgt der große Auftritt. Wie ein Fanfarenstoß. »Das heißt: Königlich-Preußische Manufaktur.« Jetzt ist es heraus. Der Wessi müßte dankbar sein für die Lektion. Peter Hacks erwartet eine der gratis erteilten Belehrung adäquate Reaktion. Etwas in Richtung Zerknirschung wäre angesagt. Und was macht der Besucher aus Bonn? Der stellt eine Gegenfrage: »Gestatten Sie mir, verehrter Herr Doktor, eine bescheidene Frage?« Wird gewährt. Dann wollen wir es mal versuchen. »Also, ich grüble schon die ganze Zeit und kann zu keinem Schluß kommen. Sie können mir sicher helfen.« Der Dichter hört schweigend und nicht uninteressiert zu. Und jetzt ein bißchen geschauspielert, erwartungsvoll: »Die Teetassen lassen mir keine Ruhe. Ist das nun spätes Empire oder frühes Biedermeier? Die Henkel lassen an Biedermeier denken, wissen Sie, diese geschwungene, ausladende Form, aber ...« Peter Hacks läßt die Maske fallen. Unglaublich: Er weiß darauf keine Antwort. »Darüber habe ich nie nachgedacht. Das kann ich mir nicht verzeihen. Später werde ich Ihnen die Frage sicher beantworten können. Ich komme darauf zurück.« Während des Sprechens guckt er mich mit sichtlich verändertem Blick an. Ihm entgeht ein Lächeln nicht, das besagt: Dein Spiel ist durchschaut. Ich habe nur gekontert. In Wahrheit sind mir Deine Tassen schnurzegal. Hauptsache, sie sind edel und man kann sogar daraus trinken. Peter Hacks lächelt zurück. Er hat mich natürlich durchschaut. Zwei Kunstfreunde. Aha! So ist das also. Er hat mich nie mehr examiniert, jedenfalls nicht mehr so unverblümt.

An diesem Tag, beim ersten Treffen, haben wir uns bis in den Abend angeregt unterhalten. Als ich mich verabschieden will, nimmt der Gastgeber, wie selbstverständlich,

meine schwere Büchertasche. »Ich begleite Sie natürlich zur S-Bahn. Wollen Sie nicht doch lieber ein Taxi nehmen?« Ich halte das für eine unnötige Ausgabe: Die S-Bahn hält nach einstündiger Fahrt, ohne daß ich umsteigen muß, direkt vor meinem Hotel. Und noch eins: Es ist der berühmte »Sonderzug nach Pankow«, den Udo Lindenberg besungen hat. Die Linie ist gerade als Verbindung zwischen Ost- und Westberlin eröffnet worden. Da fahre ich doch nicht mit dem Taxi zurück, sondern diesmal in umgekehrter Richtung: Sonderzug aus Pankow.
Ich mache mir Vorwürfe: Mein Gastgeber ist auch nicht mehr der Jüngste. Zwar noch sehr rüstig, aber die Beine taugen auch nicht mehr zum Treppensteigen. Wie die meinen. Ich bin froh, als wir endlich an der Haustür angekommen sind.
Auf der Prenzlauer Allee legen wir eine Verschnaufpause ein. Ich erkundige mich, wie die Familie Hacks, die so hoch oben unterm Dach wohnt, die alltäglichen Einkäufe in die Wohnung hinaufbekommt. »Ja, da haben wir Glück gehabt. So ein kleiner Krämer, dem es bei der Konkurrenz der großen Supermärkte wirtschaftlich nicht sonderlich gut geht, hilft uns. Das ist auch bitter notwendig. Wie sollten wir sonst die Getränke in die Wohnung bekommen?« In Berlin ist das ein seltener Fall. Kaum ein Kaufmann ist bereit, sich für die Kunden abzuschleppen.

Peter Hacks hat übrigens ohne Zögern einen Beitrag zur Anthologie geschickt. Ein pfiffiges Stück Prosa: »Die Höflichkeit des Genies. Ein Dramolett«. Er hat auch die vier Fragen, die allen Autoren gestellt wurden, beantwortet. Die Antworten sind ungewöhnlich und, wie Kenner des Dichters meinen, für Hacks typisch. Sie sollen daher auch an dieser Stelle wiedergegeben werden:
Wie geht es Ihnen nach der Vereinigung beruflich? Danke der Nachfrage, nein, das ist wie immer. Was ließe sich verändern, verbessern? Wonach erkundigen Sie sich? Nach

mir oder nach der Welt? Was die Welt angeht: Alles ließe sich ändern, und nichts läßt sich ändern.
Wie schätzen Sie die Solidarität zwischen deutschen Schriftstellern ein? Die Solidarität unter deutschen Schriftstellern von jeweils gleicher politischer Richtung ist, wie immer, ausgezeichnet.
Was stellten Sie sich zu Beginn der Vereinigung als Zukunft vor – was wurde daraus? Die Vorstellung einer Niederlage der DDR im Krieg gegen die BRD war von allen möglichen Vorstellungen die schlimmste. Gottseidank ist es ja dann in Wirklichkeit noch schlimmer gekommen.
Und dann hat er doch das letzte Wort behalten: »Ihre Anthologie hat einen falschen Namen. Wie sie richtig heißen müßte? Da zögere ich überhaupt nicht mit der Antwort. Das was Sie gemacht haben ist eine Chrestomathie. Immerhin eine recht verdienstvolle Arbeit.« Zu Hause habe ich im Lexikon nachgeguckt. Peter Hacks hat den Nagel auf den Kopf getroffen. Ich lese: »Chrestomathie: für den Unterricht bestimmte Sammlung ausgewählter Texte oder Textauszüge aus den Werken bekannter Autoren.«

5. Eva und Erwin Strittmatter auf dem Schulzenhof / »Sehen Sie nur den wunderschönen Rosenstrauch«

»Dann gehen Sie mal zu Ihrem Bäckerburschen«, sagte ein bekannter Ostberliner Autor zu mir, als er von meiner Absicht hörte, die Strittmatters auf dem Schulzenhof in Kreise Dollgow zu besuchen. Wir finden es verständlich, daß Erwin Strittmatter gewisse intellektuelle Spötter unter den ostdeutschen Autoren nicht mag, die sich über den »Heimatschriftsteller« belustigen.
Unbeirrt von solchen mit Vorurteilen behafteten Meinungen machen wir uns, meine Frau und ich, an einem heißen Som-

mertag des Jahres 1992 auf den Weg. Der Autor hat uns am Telefon genau den Verlauf der Straßen beschrieben, die wir benutzen müssen. Doch deren Zustand hat er uns verschwiegen.
Die erste Strecke, von Berlin nach Oranienburg, finden wir noch ganz passabel. Doch in Höhe von Gransee beginnt das Abenteuer für jeden Touristen, der sich in dieser Gegend nicht auskennt. Mit einsamen, unbefestigten Sandwegen muß jeder rechnen, der die märkische Heide befährt. Aber warum sind die Hinweisschilder hier so rar? Ein Weg sieht wie der andere aus. Ich glaube, wir haben sie alle ausprobiert. Das wäre zu ertragen, wenn nicht die Gastgeber uns eine feste Besuchszeit vorgegeben hätten: »Wir erwarten Sie um 15 Minuten nach drei für eine halbe Stunde.« Auf solche Bedingungen würde ich mich heute nicht mehr einlassen. Aber damals, kurze Zeit nach der Wende, war der Besuch auf dem Schulzenhof für einen Westdeutschen schon eine Pioniertat. Und da fügt man sich ins Unabänderliche.
Auf der letzten Etappe beten wir vor jeder Wegbiegung, es möge uns kein Fahrzeug entgegenkommen: Links begrenzt ein stabiler Weidenzaun, rechts dichtes Tannengehölz die Sandpiste, die gut die Breite eines normalen Autos besitzt. Es war eine Erleichterung, als wir trotz allem pünktlich unser Ziel erreichen und den Wagen gegenüber dem hohen Eingangstor mit dem Findling davor parken. Der Wanderer entziffert die verwitterte Inschrift: Schulzenhof.
Nun gut, das Ziel ist erreicht, wir sind nicht verspätet, für das Auto hat sich ein schattiges Plätzchen gefunden, doch wir haben ein Problem: Niemand macht uns auf.
Entweder ist die Klingel kaputt oder abgestellt. Nach einer vergeblich verwarteten Stunde beschließen wir heimzufahren. Schon abfahrbereit, sehen wir einen jungen Mann auf uns zukommen. Er hilft bei den Strittmatters aus, besitzt einen Schlüssel und holt den Hausherrn herbei. »Wenn er Sie eingeladen hat, muß er Sie auch empfangen.« Das mei-

nen wir auch. Nach herzlicher Begrüßung führt uns Erwin Strittmatter ins Haus. Nur ganz allmählich kommt die Unterhaltung in Gang. Jemand spült nebenan in der Küche mit einem Getöse, daß man sein eigenes Wort nicht versteht. Ich würde mich nicht wundern, wenn bald einiges zu Bruch geht und wir gebeten werden, beim Auffegen zu helfen. So familiär ist das Klima schon nach kurzer Zeit. Stattdessen hört plötzlich der Lärm auf. Eva Strittmatter kommt aus der Küche, mustert die Besucher unverhohlen kritisch: Merkwürdige Leute hat sich der Erwin da wieder ausgesucht, sagt ihr Blick, und sie serviert Kaffee und Kuchen.

Das lockert auf. Und als der Hebammenkoffer mit den Büchern ausgepackt wird, da ist der Bann endgültig gebrochen. Das ist doch kaum zu glauben: Ein Ehepaar vom Rhein besitzt frühe Drucke seltener Ausgaben unserer Bücher. Sicher aus Antiquariaten zusammengeklaubt, vermuten die Gastgeber. Woher denn sonst. Im Buchhandel kennt man in Westdeutschland die Strittmatters bis heute nur ab und an.

Manche Bücher besitzt nur noch Eva, manche nur noch Erwin. Beide Schriftsteller haben getrennte Bibliotheken: »Bei der Unordnung, die Erwin in seiner Büchersammlung hat, kann kein Mensch sich mehr zurechtfinden.«

Unsere Schätze aus dem alten Koffer bekommen wir gern und ohne Umstände signiert, manche erhalten eine Widmung.

Erwin Strittmatter hat im nachhinein über die ungewohnten Gäste sich Gedanken gemacht, die ihm als Aufmerksamkeit vom Rhein ein paar Flaschen Wein – man klopft schließlich nicht mit leeren Händen an – mitgebracht haben. Die auch sonst Nützliches mit sich führen: Der Autor erzählt von seinem Hobby, der Pferdezucht. Früher standen zwei Dutzend edle Araberhengste im Stall. Davon besitzt er heute gerade mal noch drei oder vier. »Das Schlimmste ist jedoch,« ergänzt seine Ehefrau, »daß er in seinem Alter immer noch ausreitet. Eines Tages wird er sich den Hals brechen. Können Sie ihm nicht gut zureden, seine Finger von diesem Sport zu lassen. Von seinen Stürzen hat er am ganzen Körper blaue Flecke.« Nun, gegen die Lust zum Reiten haben auch wir kein Heilmittel, aber gegen die Folgen, die blauen Flecke hat meine Frau eine ungewöhnlich wirksame Salbe in der Bordapotheke. Für den Gastgeber eine ganze Tube. Da lassen wir uns doch nicht lumpen.

Erwin Strittmatter hat seine Gedanken über dieses Treffen auf dem Schulzenhof, das weitaus länger als die zunächst zugestandene halbe Stunde gedauert hat, aufgeschrieben. Wir lesen: »Merkwürdige Leute besuchen uns. Sie hatten ihren Besuch schon zwei Wochen vorher angekündigt. Ein Herr Rat und seine Frau vom Rhein. Weshalb sollten wir mit solchen Leuten nicht einmal sprechen, da wir jetzt doch Bonn unterstellt waren? Die Frau des Regierungsrates beschenkte mich mit einer Tube total wirksamer Antirheuma-Salbe, und er beschenkte mich mit drei Flaschen weißen Moselwein. Der Herr Rat verfügt über eine Glatze, die nicht kleiner ist als meine. Doch er ließ sein Schläfenhaar in die Länge wachsen und bauschte es auf, und es steht ihm zu Kopfe wie die Gänseflügel am Helm von Gott Hermes ... Wenn sie so reden, jedenfalls Leute mit dem achtundsechziger Linksdrall ...«

(Erwin Strittmatter: Vor der Verwandlung. Aufzeichnungen. Herausgegeben von Eva Strittmatter. Aufbau-Verlag 1995)

Diese Notiz hat mich nicht erfreut. Weil mir nichts so zuwider ist wie die Unart, Menschen nach einer ersten, flüchtigen Bekanntschaft in eine Schublade zu stecken. Ab und fertig. Da hätte er mal die wunderschöne, kritische Zeichnung von Klaus Ensikat auf dem Umschlag des »Leihbeamten« sehen sollen. Diese Schublade. Eva Strittmatter hat uns später in unser Exemplar der »Aufzeichnungen« hineingeschrieben: »Zur Erinnerung an den schö-

nen Besuch im Schulzenhof am 9. April 1997 fünf Jahre nach der ersten Begegnung im Sommer 1992 – die so angenehme (und Boegers leider irritierende) Folgen hatte...«
Genug. Eva Strittmatter hat recht, der erste Besuch war erfolgreich: Die Gastgeber waren sofort bereit, sich an der Anthologie zu beteiligen. Erwin Strittmatter benennt einige Textstellen aus dem »Laden« die sich gut eignen, läßt uns aber freie Hand: Eva trägt Prosa und Gedichte bei. Ich atme auf. Ohne diese beiden Autoren ist eine Anthologie über zeitgenössische deutsche Literatur unvollständig, weil beide in ihrer Eigenart nicht von anderen Schriftstellern ersetzt werden können.
Frozzelnd frage ich den Dichter, der noch so gut zu Pferde ist, wie er glaubt, ob es nicht auch zu einer Fahrt nach Rügen reiche, natürlich in Begleitung seiner Frau. Erwin Strittmatter winkt ab. Es reize ihn schon, am Schriftstellertreffen in Prora teilzunehmen. »Das müßte doch Spaß machen zu erleben, wie sich mancher Kollegen gemausert hat, den ich von früher ganz anders kenne. Aber der Weg nach Rügen ist für mich zu lang geworden. Da haben wir nichts voneinander, der Kongreß nichts von mir, und ich nichts vom Kongreß. Wenn ich halbtot in Rügen ankomme.«
Er sinniert über sein Leben als ein politisch interessierter Mensch. »Nach meiner Überzeugung war ich immer Sozialdemokrat. Ein demokratisch verfaßter Sozialismus auf parlamentarischer Basis, wie ihn die Sozialdemokraten praktizieren, das war mein Weg. Dafür habe ich mich stets eingesetzt. Egal, wer gerade in Deutschland regiert hat. Aber immer hat man mich anders eingeordnet. In der Nazizeit galt ich als Kommunist. Die haben ihre politischen Gegner alle in einen Topf geworfen. Dann kamen nach dem Krieg die Kommunisten. Für die waren wir Sozialdemokraten die Spalter der Arbeiterklasse. Sie gaben uns die Schuld daran, daß die Nazis 1933 an die Macht gekommen waren. Zusammen mit ihnen, den Kommunisten wäre das verhindert worden. Aber zu welchem Preis! Bei der Zwangsvereinigung nach 1945

haben sie aus mir dann gegen meinen Willen einen Kommunisten gemacht. Das liest sich in den Biographien so, als hätte ich freiwillig die Partei gewechselt: ›Er war seit 1947 Mitglied der SED‹. Darauf hacken nun nach der Wende meine Feinde in Westdeutschland herum. Aber was soll ich alter Mann mich damit noch herumschlagen. Dementieren. Richtigstellen. Das ist mir alles zuwider geworden.« Er macht eine Pause. Sieht durch das offene Fenster in den Blumengarten. »Sehen Sie nur, dieser wunderschöne Rosenstrauch mit seinen Blüten, ein Wunder der Natur. Wer sich daran so erfreuen kann wie ich, der hat alles Gezänk der Menschen hinter sich gelassen. Das berührt mich nicht mehr.« Aber alles kann man nun auch nicht vergessen: »Da sagen die Leute, ich wäre ein bedeutender Funktionär in der DDR gewesen. Dafür soll ich wohl – wenn es nach denen geht – Buße tun. In Sack und Asche gehen. Ja, wissen Sie denn nicht, daß ich alle hohen Ämter in Partei, Staat und Gesellschaft abgelehnt habe? Zum Präsidenten der Volkskammer wollten sie mich machen. Ich habe abgelehnt. Dann sollte ich Präsident des Schriftstellerverbandes werden. Ich habe mich damit begnügt, eine Zeitlang als einer der vier Vizepräsidenten zu fungieren. Immerhin habe ich für meine Bücher fünf Nationalpreise erhalten. Da fühlte ich mich verpflichtet, im Verband etwas für die Kollegen zu tun. Aber das Repräsentieren als Verbandschef, das habe ich nie angestrebt. Überhaupt war der Umgang mit den Mächtigen im Staat meist distanziert.«
Wir kommen auf die Nazis, den Widerstand und die Opfer zu sprechen. Strittmatter: »Großen Respekt habe ich vor Menschen, die Gesundheit, Freiheit und sogar ihr Leben eingesetzt haben, um menschenfeindliche Diktaturen und Ideologien zu bekämpfen. Mich hat die Erfahrung eines langen, bewußt gelebten Lebens gelehrt: Es lohnt sich nicht, für irgendeine Ideologie, sei sie auch noch so edel, sich einsperren oder gar umbringen zu lassen.«
In einem anderen Zusammenhang bemerkt Strittmatter in

seinen Aufzeichnungen. »Man sollte sich der Wünsche nach einer Weltgerechtigkeit entschlagen und in dieser Hinsicht stolz und unangreifbar werden.«
Zur Aufnahme seiner Bücher bei einigen Kritikern, die bemängeln, daß Strittmatters Geschichten in einem Dorf spielen, womit geistige Enge und beschränkte Denkweise nahegelegt werden, antwortet der Autor mit einem Zitat von Schopenhauer: »So sind die Vorgänge und die Geschichten eines Dorfes und die eines Reiches im wesentlichen dieselben; man kann an einem wie am anderen die Menschheit studieren und kennenlernen.«
Was ihn schmerzt, ist die geringe Aufmerksamkeit, die ihm bisher in Westdeutschland begegnet ist, ein Thema, auf das er immer wieder zurückkommt: »Ich habe nachgezählt. Kaum zu glauben: In siebzehn Sprachen sind meine Romane übersetzt worden. Nur nicht ins Westdeutsche.«
Ich denke, daß wird sich ändern, jetzt, nachdem der Laden verfilmt und von mehreren Sendern ausgestrahlt worden ist. Dann wird es auch nicht mehr vorkommen, daß der Werbeleiter eines sehr bekannten Buchclubs beim Durchblättern des neuesten Buchkataloges stutzt und uns fragt: »Wie kommt denn dieses Buch in meinen Katalog rein. ›Der Laden‹ von einem gewissen Strittmatter. Kennen Sie diesen Autor vielleicht. Sicher so ein Ostdeutscher.«
Strittmatter wird auch im Westen seine Leser finden, nicht nur bei den »Kleinen Leuten«. Wie hatte ihn noch der Ostberliner Spötter genannt: »Bäckerbursche«. Strittmatter hat nie geleugnet, dieses Handwerk erlernt zu haben. Was ist daran so Schlechtes. Mancher wäre froh, eine so große Lesegemeinde zu haben. Beim Abschied von den liebenswürdigen Gastgebern fällt mir August von Kotzebue ein, dessen realistische Zeitspiele die Weimarer Bühne mit einem zugkräftigen Repertoire versorgten. Von einem Kritiker angesprochen, der den oft geschmähten Autor geringschätzte und seine Erfolgsdramen für zu bieder und volkstümlich hielt, hat Goethe als Intendant der Weimarer Bühne geant-

wortet: »An seinen Stücken findet das gnädige Fräulein wie auch die Kammerzofe Gefallen. An dem Mann muß doch etwas dran sein, der so ein breites Publikum ergötzt.«
Erwin Strittmatter hat den Vergleich amüsant gefunden und gelächelt. Ich habe ihn nicht mehr wiedergesehen.
Im April 1997 haben wir zuletzt Eva Strittmatter auf dem Schulzenhof besucht. Sie hatte sich von den Schicksalsschlägen sichtlich erholt, schien voller Lebenskraft und Schaffensfreude. Wir haben der bedeutenden Lyrikerin zu ihrem grandiosen Erfolg auf der Leipziger Buchmesse herzlich gratuliert.

6. Heinz Knobloch: Ein Meister des Feuilletons erhält Beifall von der falschen Seite

»Schreiben Sie bitte meinen Namen richtig: Nicht Knoblauch, sondern Knobloch.« Der Autor lächelt verschmitzt. Man weiß nicht so genau bei ihm, ob er es ernst meint, oder ob er sich eher belustigt. Er wohnt nahe der Prenzlauer Allee, und dort haben meine Frau und ich ihn kurz nach der Wende aufgesucht.
Er machte einen niedergedrückten Eindruck. Kein Wunder. Seine Bücher fänden keine Leser mehr, habe man ihm gesagt. »Glauben Sie das auch?« Nein, natürlich glaube ich das nicht. Aber man muß wohl bedenken: Das Geld ist knapp. Da geben die Leute nicht mehr so viel für Bücher aus wie früher. Und dann sind auch viele Leser neugierig auf die neuen Bücher aus dem Westen. Das ist eine Erscheinung in den meisten Ländern des früheren Ostblocks, in denen man nicht ohne weiteres jedes Buch kaufen konnte, das man lesen wollte. Jewtuschenko hat das in Rußland so beschrieben: »Als die Schleusen endlich geöffnet wurden, hatten wir uns auf die Bücherflut aus dem freien Westen gefreut. Doch welcher Unrat wurde da mit angeschwemmt.« Heinz Knobloch nickt

verständnisvoll: »Aber bis man das auch hier in der alten DDR erkannt hat, bin ich verhungert.« Natürlich, die Lage ist ernst für alle Autoren, nicht nur für diesen, der zu den bekanntesten Feuilletonisten in den neuen Bundesländern gehört. Ein Antiquar in Westberlin hat mir geklagt: »Heinz Knobloch, den ich sehr schätze und der seine feste Kundschaft bei mir hatte, der hat vom Verlag alle seine Rechte zurückbekommen. Angeblich will niemand mehr seine ausgefeilten Feuilletons und seine besinnlichen Essays über das alte Berlin lesen, über das Knobloch so liebevoll schreibt und dessen Charme er in seinen Büchern bewahrt.«

Diese finstere Prognose mögen der Antiquar und ich nicht teilen, und wir behalten Recht. Heinz Knobloch gewinnt seine Leser zurück und gewinnt neue hinzu. Unter den Freunden sind einige, auf die der Autor keinen Wert legt, weil er von ihnen mißverstanden wird.

Bei einem späteren Besuch im Jahre 1993 berichtet Heinz Knobloch davon: »Sie kennen doch mein gerade erschienenes Buch ›Der arme Epstein‹. Da habe ich die traurige Geschichte von dem Judenjungen aufgezeichnet, der bei den Schüssen auf den SA-Führer Horst Wessel Schmiere gestanden hat und der dann später von den Nazis in Plötzensee hingerichtet wurde.

Und was denken Sie? Da schicken mir doch Sympathisanten von diesem SA-Helden aus München ein Päckchen. Und was finde ich darin? Eine wahre ›Rarität‹: Das Horst-Wessel-Lied auf Schalmeien gespielt von einer SA-Kapelle. Das ist das letzte, was ich mir gewünscht hätte.«

Spaßeshalber haben wir die Platte aufgelegt, aber dann den Apparat schnell wieder abgestellt. Diese Musik weckt ungute Erinnerungen. Das wollen wir uns nun doch nicht antun. Heinz Knobloch hat noch mehr zu bieten: »Das Buch ist auch in der ›Deutschen Wochenzeitung‹ besprochen worden. Das Blatt erscheint ebenfalls in München. Seine Tendenz ist eindeutig.« Er zeigt mir einen Zeitungsausschnitt, und ich lese: »Unter dem merkwürdig anmutenden

Titel ›Der arme Epstein – Wie der Tod zu Horst Wessel kam‹ ist jetzt das erste weitgehend faire und objektive Buch über Horst Wessel erschienen. Er wurde zur NS-Zeit wie ein Heiliger verehrt und gilt seit 1945 als Verbrecher ... Wer sein berühmtes Lied ›Die Fahne hoch ...‹ anstimmt, das im Dritten Reich den Rang einer Nationalhymne neben dem Deutschlandlied hatte, kommt vor den Kadi ... Knobloch schildert ihn (Epstein) als armes Würstchen, das in die Sache hineingeschlittert sei, nach der NS-Machtübernahme als einer der Haupttäter (weil Jude) habe herhalten müssen und ungerechterweise geköpft worden sei. Deshalb: ›Der arme Epstein.‹ Doch auch über Wessel schreibt Knobloch ›Der arme Wessel‹. Denn: ›Sicher wollte er Besseres. Man hat ihn im Grunde betrogen wie das ganze Volk ...‹«
Heinz Knobloch ist über den Artikel verärgert: »Die haben mich völlig mißverstanden. Sie haben gedacht, da ist endlich mal jemand, der unserem Helden einen redlichen Nachruf widmen will. Dabei geht es mir in meinem Buch überhaupt nicht um diesen Nazi-Führer, sondern ganz allein um die Verbrechen, die die Nazis im Zusammenhang mit diesem Mann begangen haben. Aber dazu muß man natürlich das ganze Buch lesen. Und dazu muß man Lust und Zeit mitbringen.« Diese kuriose, leidige Angelegenheit hat die Gemüter wohl nicht weiter erregt. Das hätte Heinz Knobloch auch nicht verdient, der 1994 den Moses-Mendelssohn-Preis für Toleranz erhalten hat.

7. Heinz Czechowski: »Wir kennen Czecho seit Jahren so.«

Niemand hatte mich vor ihm gewarnt. Ich hatte mich fahrlässiger Weise auch nirgendwo erkundigt, sondern meinen Erfahrungen vertraut. Aber bei diesem Autor haben sie mir nicht weitergeholfen.

Es begann mit einem Briefwechsel. Heinz Czechowski war wie alle angeschriebenen Autoren gefragt worden, ob er sich mit Texten an der Anthologie »Von Abraham bis Zwerenz« beteiligen möchte. Als einziger reagiert er jedoch ungehalten. Er läßt mich wissen, mein Stil und meine Sprache gefielen ihm nicht. Sein Mißfallen gipfelt in einer originellen Schmähung: »Immer wieder – verzeihen Sie – stolpere ich über eine Sprache, die ich bestenfalls Herrn Heitmann zugemutet hätte, jedoch nicht Ihnen.« Damit meint er wohl den sächsischen Justizminister, den der alte Bundeskanzler gern als Bundespräsidenten gesehen hätte, der dann aber nicht zur Wahl angetreten ist. Herr Heitmann ist mir jedoch bisher nicht durch schlechtes Deutsch aufgefallen. Die öffentliche Kritik richtet sich wohl mehr gegen den Inhalt seiner Äußerungen. Also, dieser Vergleich trifft mich nicht, damit kann ich gut leben.
Ich hatte gehofft, daß sich Heinz Czechowski mit seiner Unmutsäußerung den Frust von der Leber geschrieben hätte, aber es kommt noch schlimmer: Die Fragen zur persönlichen Lage, zu den Erwartungen an die Wende, zum Verhältnis der Schriftsteller untereinander, haben bei diesem Autor wohl das Faß zum Überlaufen gebracht. Daher kommt folgende Antwort: »Hätten Sie derartige Fragen Kleist, Heine, Kafka oder Karl Kraus gestellt, mit denen ich mich natürlich in keiner Weise in Vergleich bringen würde, die hätten sich wahrscheinlich darüber totgelacht oder erschossen.«
Sieh an, da hat er sich ja starke Bundesgenossen ausgesucht. Eigentlich müßte es ihm peinlich sein, ausgerechnet diese vier »Kollegen« zu zitieren, von denen Kleist sich tatsächlich erschossen hat, während Heine und Kafka erst nach langer Leidenszeit verstorben sind. Und um Karl Kraus war es zuletzt auch schlecht bestellt. Wenn Heinz Czechowski diese Biografien kennt, muß ich mir sagen, daß dieser Schriftsteller keine Pietät hat.
Vielleicht richtet sich der Unmut gar nicht gegen die Antho-

logie. Die Anfrage hat den Dichter womöglich im falschen Augenblick erreicht, in einem Stadium von Niedergeschlagenheit und mangelnder Schaffenskraft, ausgelöst durch die Wende und ihre Folgen. Dazu kommt das trübe Novemberwetter, das sich auf die Stimmung legt. Ich blicke durch das Fenster in das neblige, kalte Novemberwetter und kann die Gemütslage des Autors verstehen. Zunächst sehe ich mal auf den Absender: Lassen wir uns überraschen, woher der Brief kommt. Ich lese: Fasano Sopra, Gardone Riviera. Der Schriftsteller lebt also in Italien und läßt sich von dem milden italienischen Winter verwöhnen. Am Wetter kann es also nicht liegen, daß der Autor unfreundlich geantwortet hat. Ich vertiefe mich in den Brief, studiere die eng beschriebenen Zeilen. Unvermutet stoße ich auf den Satz: »Ich für mich muß allerdings zugeben, daß mich Ihr Brief gerade in einer besonders bitteren Situation erreicht hat. Ich bin zuletzt mit den durch die Vereinigung im Osten geschaffenen Tatsachen in persönlicher und literarischer Hinsicht einfach nicht mehr zurecht gekommen. Auch im Westen stieß ich auf Mißverständnisse ... Ich versuche, mit mir selbst zurecht zu kommen ...« Und dann entdecke ich den Kernsatz, um den es mir geht: »Sie können auf Gedrucktes von mir zurückgreifen. Aber als ostdeutscher Schriftsteller fühle ich mich nicht mehr und habe ich mich auch schon lange vor der Wende nicht mehr als solcher gefühlt. Was und wer ich überhaupt bin, ist mir im übrigen zur Zeit mehr als unklar ...«

Ich habe zurückgeschrieben, daß bei dem ernsten Anliegen, über Dichter und literarische Texte zur Gegenwart den Ost-West-Dialog zu beleben, Stilfragen von untergeordneter Bedeutung sind. Seine Befürchtung, ich hätte von ihm bisher keine Zeile gelesen, sei grundlos. Meine Schwierigkeiten bestünden darin, zusammen mit ihm und mit seinem Einverständnis eine Auswahl aus seinen Gedichten und Prosatexten zu treffen. Ob er mir dabei behilflich sein könne?

Die Antwort kommt aus einem Ort im Taunus. Ich habe den Eindruck, daß den Autor seine Zusage reut. Er vermutet, »daß meine Zeilen ohnehin zu spät bei Ihnen ankommen«. Außerdem kann er nicht bei der Auswahl helfen. Den Gedichtband, den ich ihm genannt habe, hat er dort, wo er jetzt wohnt, nicht zur Verfügung. Er weist mich auf eine andere Veröffentlichung hin, aus der ich mich bedienen könne.
Schließlich einigen wir uns doch noch auf Texte für die Anthologie. Das war ein mühevoller Weg. Aber wir beide haben einiges dabei gelernt. Für mich war es eine Mahnung, über Spott und Hohn hinwegzulesen und auf das Wesentliche zu achten. Heinz Czechowski erfährt, daß man seine Verbitterung nicht am erstbesten Opfer auslassen sollte, zumal, wenn es ausgerechnet jemanden trifft, der es gut meint. Er hat jedenfalls eingelenkt und die geschmähten Fragen tatsächlich noch beantwortet:
Wie geht es Ihnen nach der Vereinigung? Es geht.
Was ließe sich verändern, verbessern? Alles.
Wie schätzen Sie die Solidarität unter deutschen Schriftstellern ein? Überhaupt nicht.
Die vierte Frage »Was stellten Sie sich bei Beginn der Vereinigung als Zukunft vor, was wurde daraus?« beantwortet der Autor mit einem Zitat aus seinen Schriften: »Haben sich meine schlimmsten Ahnungen bisher fast alle bestätigt, so wäre es ein Wunder, wenn es gut ginge mit dem bevorstehenden 3. Oktober, dem Tag des Anschlusses der DDR an die BRD. Hermlin: ›Die Jahre gehn, die Zeit der Wunder ist vorbei!‹ (aus: Nachtspur, 1990).«
Einige Zeit später erreiche ich den Dichter in Limburg an der Lahn. Am Telefon klagt er sein Leid: »Ich wohne direkt in der Fußgängerzone.« Da gefällt es ihm nicht sonderlich gut. »Unter meinem Fenster sitzt jemand und spielt den ganzen Tag Geige. Es ist zum Haareausreißen.« Aber damit nicht genug: »Und dann die öde Stimmung in diesem Kaff. Man kann hingehen, wo man will. Überall der blanke

Stumpfsinn. Und wenn dann mal Ruhe einkehrt und der Musikant seine Geige eingepackt hat, läuten auf einmal die Glocken und hören nicht wieder auf. Dabei soll man arbeiten können.«

Wir fänden es gut, wenn der genervte Schriftsteller ein ruhiges Wochenende bei uns in der Voreifel verbrächte und laden ihn dazu ein. Heinz Czechowski ist erfreut: »Ja, gerne komme ich zu Ihnen heraus. Ein Auto? Na klar, ein Auto besitze ich. Und dazu ein ganz schnelles. Ruckzuck bin ich bei Ihnen. Kein Problem.«

In der Tat fährt der Dichter am verabredeten Tag, pünktlich auf die Minute, mit einem schnittigen, kleinen roten Sportwagen vor. Er steigt aus und klemmt sich einen Leitz-Ordner unter den Arm. Während wir noch rätseln, was er da wohl eingeheftet haben mag, hält er den Ordner triumphierend in die Höhe: »Jetzt wollen wir mal unsere Akten abarbeiten.«

Vielleicht hat er sich für mich eine Lektion ausgedacht, in Stilkunde, sozusagen als Nachhilfe. Aber das Wochenende soll doch der Erholung dienen, nicht dem Streit und der Auseinandersetzung. Heinz Czechowski schickt sich drein, als wir ihm einen fairen Vorschlag unterbreiten: »Bleiben Sie erst mal ganz entspannt ein paar Tage bei uns wohnen. Erholen Sie sich bei Spaziergängen an der guten ozonreichen Eifelluft. Wir können uns gern über alles unterhalten, aber zunächst mal nicht über unseren Briefwechsel. Wenn Sie beim Abschied immer noch das Bedürfnis haben, Akten abzuarbeiten, dann hindert Sie keiner, den Ordner zu öffnen und sich alles von der Seele zu reden, was Sie belastet.«

Ich weise auf seinen Sportflitzer, der vor der Haustür steht. »Einen Besucher mit so einem schicken Auto haben wir nicht jeden Tag den Nachbarn anzubieten. Es muß doch Spaß machen, mit so einem Renner über die Straßen zu brausen.« Der Dichter ist nicht aufzuheitern. »Da haben Sie aber eine Ahnung. So was soll mir Freude machen? Sie ahnen wohl nicht, wo ich den Wagen herhabe?« Das klingt nach einem Geständnis. Doch wir hören: »Den habe ich alt gekauft. Kommt aus einem guten Stall. Ratenweise, unter großen Mühen abbezahlt. Jetzt gehört er mir. Die letzte Rate habe ich gestern abgeliefert. Am liebsten würde ich ihn sofort wieder abstoßen. Aber kennen Sie jemanden, der so eine alte Schrottkiste haben möchte? Was die an Benzin säuft, das würden Sie nicht glauben.« So geht das den ganzen Tag. Nichts gefällt. Es fehlt nicht viel und meine Stimmung sinkt auf den Nullpunkt.

Am nächsten Tag zieht er erst recht vom Leder:

»Mein Schwiegervater, ein Bauer, hat Bauland verkauft. Zu seiner Tochter, meiner Frau, sagte er: ›Hier hast Du schon mal einen Vorschuß auf Dein Erbe. Kauft Euch ein schönes Haus und werdet glücklich.‹ Ich habe das wörtlich genommen und eine schöne Villa erworben, sie renovieren lassen, die Zimmer möbliert und dann den Schock meines Lebens gekriegt, als meine Frau darauf bestanden hat, allein einzuziehen. Jetzt läuft die Scheidungsklage, und mein Anwalt hat mir wenig Hoffnung gemacht. Ich möchte doch so gern nach Dresden zurück. Woanders mag ich auf Dauer nicht leben.«

Wie soll man ihm dabei helfen?

Das einzige, was unserem Gast vorübergehend Freude macht, sind ausgedehnte Spaziergänge durch die hügelige, bewaldete Umgebung. »Morgens« , sagt er, »wenn ich erwache, genieße ich diese wundervolle Ruhe, die einzig von Vogelgezwitscher belebt wird. Es ist wie ein Wunder, das sich täglich erneuert.«

Ich habe das Gefühl, der Dichter würde gern hier wohnen bleiben, aber die Pflicht ruft: Er ist eingeladen in ein Künstlerdorf im Westfälischen. Da zieht es ihn hin. »Mal sehen, was sich so ergibt.«

Als der Autor nach einigen Tagen wieder in seinen roten Flitzer steigt, sagt er beim Abschied so ganz nebenbei: »Den Leitz-Ordner lasse ich natürlich stecken. Dafür hat es mir bei Ihnen zu gut gefallen. Ich glaube, ich kann Sie jetzt richtig einschätzen und verstehen, um was es Ihnen geht.« Und da war noch was. »Wenn Sie wieder einmal so einen Kongreß veranstalten, mit Lesungen, dann wäre ich gern mit dabei. Wenn sich das einrichten läßt.« Er verspricht, neue Verse mitzubringen.

Als wir einige Zeit später miteinander telefonieren, zeigt er sich enttäuscht. »Ich komme mir hier im Münsterschen vor wie in Sibirien.« Das spricht er verächtlich aus, wie Zwangsarbeit, Verbannung. Ich merke, er hat seine Identitätskrise noch immer nicht überwunden. Bewußt lenke ich unser Gespräch auf seinen schönen Sammelband, der bei einem Schweizer Verlag erschienen ist. Ich habe darin geblättert und bin beeindruckt. Der Dichter sagt dazu: »Dabei habe ich eine ganz lückenhafte Schulbildung. Als Kind war ich alles in allem höchstens drei Jahre in der Schule. Zuerst der Krieg mit der Bombardierung Dresdens. Dann kamen wir alle aufs Land. Und da gab es kaum Lehrer. Die waren fast alle an der Front oder pensioniert. Als der Krieg endlich vorbei war, schickten sie uns die sogenannten Neulehrer, die außer gutem Willen nicht viel mitbrachten. Die mußten sich erst in den neuen Beruf eingewöhnen.« Wie er denn an sein reiches Vokabular gekommen sei und wo er die Kunst des Schreibens erlernt habe? »Das ist leicht erklärt. Ich habe das Johannes-R.-Becher-Institut in Leipzig besucht. Dort habe ich mein Handwerk von der Pike auf gelernt. Dafür bin ich heute noch dankbar.«

Später mache ich von seinem Angebot Gebrauch und lade Heinz Czechowski zu einer Fachtagung in Wannsee ein. Als er am Abend verspätet und mit grämlicher Miene auf der Tagung erscheint, klagt er lauthals über seine Unterkunft: »Ein ganz kleines Zimmer. Und dann wird von mir verlangt, sofort zu bezahlen. Vorkasse, bar auf die Hand.

Ich habe keinen Pfennig dabei. Kann mir jemand was leihen? Sonst kehre ich sofort um und fahre zurück nach Hause.« Ein Kollege versucht, den Verärgerten aufzuheitern: »Was hast Du denn gedacht, wozu das Zimmer gemietet ist? Zum Schlafen, nicht zum Tanzen.«
Die Bezahlung des Zimmers regelt auf der Stelle die Kongreßleitung. Das Zimmer selbst läßt sich allerdings nicht vergrößern. Jedenfalls nicht mitten in der Nacht. Morgen können wir nach einem geräumigeren Ausschau halten.
Wie sich später herausstellt, ist das Zimmer auch nicht der eigentliche Grund für die Mißstimmung des Dichters. Vielmehr war heute sein Scheidungstermin, daher auch die verspätete Ankunft. Erbittert nimmt er in der Runde Platz und schaut drein, als ob wir an seiner Misere schuld seien. Ein Kollege, der kein Gespür dafür hat, daß Czechowski mit seinem Kummer allein sein und in Ruhe gelassen werden möchte, fragt arglos, ob er auch die schöne Anthologie erhalten hätte. Wo er doch so oft umziehe und daher schwer erreichbar sei. Darauf hatte der Dichter nur gewartet. Laut posaunt er in den Saal: »Ja, die Post hat mir fünf Kilo Scheiße vor die Tür geknallt.« So, wie ich ihn kennengelernt habe, hat er sich am meisten darüber geärgert, daß jemand von ihm glaubt, er könne sich über irgend etwas freuen. Über die Anthologie zum Beispiel. Das wäre ja noch schöner!
Kongreßteilnehmer sagen mitfühlend zu mir: »Machen Sie sich nichts draus. Wir kennen den Czecho seit Jahren nur so, immer verdrießlich und schwer zu ertragen.«
»Wir leben sorglos« klagt Czechowski in einem Gedicht: »Im Kirchhof des heiligen Sebastian las ich DIE ZEIT, enttäuscht, daß auch ich wieder einmal nicht vorkam.« Darüber sollte er sich nicht aufregen. Manche seiner Gedichte und Texte werden noch dann Bewunderer finden, wenn die heutigen Tages- und Wochenzeitungen nicht mehr existieren und viele der in ihnen Gepriesenen längst vergessen sind. Und was den schwierigen Umgang mit »Czecho«

anbelangt: Würde man bei jedem Schriftsteller nachforschen, wie er im privaten Alltag zurechtgekommen ist und wie er auf seine Mitmenschen gewirkt hat, würde man viele gute Texte nur mit Vorbehalt lesen. Und das wäre doch schade.

8. Jan Koplowitz: Der »Patriarch« in Weißensee und sein Sohn, der »Dealer«.

In seinem Buch »Das Geschäft blüht« hat Jan Koplowitz seinen Lesern einen Wink gegeben, was sie von der Lektüre erwarten dürfen. Jedenfalls fand ich in einem Ostberliner Antiquariat ein Exemplar mit der handschriftlichen Notiz des Verfassers:
»Dies ist kein Meisterwerk, sondern ein politisches Pamphlet im literarischen Flatterhemd. Lies es als solches. Viel Spaß. Jan Koplowitz 18.2.1962.«
Eine solche Eintragung macht neugierig auf das Buch, zumal dann, wenn der Klappentext ergänzt: »Der durch seine humorvoll geschriebenen Werke bekannte Verfasser gibt uns vor ernstem Hintergrund ein heiter gesehenes Bild von den wahren Zuständen im ›Wirtschaftswunderland‹«.
Also ein Autor mit Humor, selbst dann, wenn es politisch wird. Eine Seltenheit in der damaligen DDR.
Schon in seiner Jugend hat der 1909 geborene Jan Koplowitz der leichteren Muse gedient: Mit 16 Jahren hat er seinem jüdischen, großbürgerlichen Elternhaus Lebewohl gesagt und sich das Lehrerstudium als Kleinkünstler im Kabarett und Varieté selbst finanziert. Diesen Autor, der später vor den Nazis nach England floh, der es erdulden mußte, daß seine Mutter in Auschwitz ermordet wurde, und der nach Kriegsschluß in Ostberlin am Aufbau mitwirkte und in Bildungs- und Kulturarbeit erfolgreich war, diesen Autor möchte ich gern kennenlernen.

Wir vereinbaren einen Termin, meine Frau und ich setzen uns ins Auto und fahren raus nach Weißensee, wo Jan und Babette Koplowitz wohnen. Was wir nicht bedacht hatten: Zahlreiche Baustellen und Umleitungen wie auch gerade erst geänderte Straßennamen fordern von uns Ortsunkundigen mehr Zeit, als wir aufwenden wollten. So kommen wir mit einer starken Verspätung in Weißensee an.
In der Haustür steht Jan Koplowitz, gekleidet wie ein Rabbi, zürnend wie ein Prophet aus dem Alten Testament: »Wir dachten schon, Sie würden gar nicht mehr kommen.«
Bei einer Tasse Kaffee hören wir: »Sie müssen unseren Unmut verstehen. Keiner besucht uns mehr, alte Freunde lassen sich nicht blicken, und meine Bücher kauft seit der Wende niemand. Selbst die Bohemia, mein Hauptwerk, verfilmt und preisgekrönt, wird nicht in den Buchläden verlangt. Der Verlag hat mir die Rechte zurückgegeben und fordert von mir sogar noch Geld heraus.« Die Isolierung will ich ihm glauben. Vermutlich ist dafür eine wesentliche Ursache, daß man Koplowitz Verbindungen zur Stasi und Bespitzelung von Schriftstellern nachsagt. Im übrigen erfahre ich, daß nach wie vor ein Kreis junger Leute sich regelmäßig hier trifft, um bei Koplowitz die Kunst des Schreibens zu erlernen. »Auch mein Sohn«, sagt der Autor stolz, »hat von mir die Schriftstellerei von der Pike auf gelernt. Wir haben uns eine Menge Briefe geschrieben. Die wurden allerdings kontrolliert.« Aha, der Autor spricht von Zensur. Das muß er mir erklären. »Aber gern, Herr Boeger. Mein Sohn saß in einem türkischen Gefängnis. Zwölf Jahre lang. Eigentlich war er zum Tode verurteilt. Wegen Rauschgifthandels. Er ist dann aber auf meine Intervention und auf die Fürsprache einflußreicher Leute zu lebenslangem Zuchthaus begnadigt worden. Die vorzeitige Entlassung nach zwölf Jahren Haft hat dieses Kapitel erst mal abgeschlossen.«
Ich erinnere mich an einen Fernsehfilm, der hierüber berichtet hat. Damals habe ich mich gewundert, daß der Sohn

seinen Vater entsetzlich beschimpft, statt dankbar zu sein. Er nennt ihn Spion und Arschlecker.
Ich spreche den Autor darauf an. Der macht ein betrübtes Gesicht: »Das ist eine miese Geschichte. Wenn ich daran denke, wie man meinen Sohn gegen mich aufgebracht hat, mit Lügengeschichten. Sie glauben nicht, was man mir alles angedichtet hat.« O je, hätte ich bloß die Finger von diesem leidigen Thema gelassen, das den alten Herren stark erregt. »Am liebsten möchte ich mich auf der Stelle umbringen. Meine Nerven halten diesen Ärger nicht mehr aus.« Jan Koplowitz erwartet eine Äußerung von mir. Verständlich. Aber wie kann ich mich auf ein ernsthaftes Gespräch über den Tod einlassen, wenn ich die beiden Akteure und die schwierigen Beziehungen gar nicht kenne, die sie miteinander haben. Versuchen wir es mal anders: »Sie sind doch ein großartiger Kenner von Mythen und Märchen. Da denke ich an die Brüder Grimm.«
Seiner Miene ist anzulesen, was er über mich denkt: Da schütte ich mein Herz aus, klage mein Ach und Weh, und was macht dieser Wessie? Kommt mir mit den Brüdern Grimm. Gleich liest der mir daraus noch vor.
Doch der Gast fährt fort. »Die Grimmschen Märchen helfen nicht nur Kindern, seelische Konflikte auszutragen. Denken Sie mal an die Bremer Stadtmusikanten. Alles ausgediente Veteranen. Nehmen sie den alten Esel, dem hat der Müller nicht einmal das Gnadenbrot bewilligt. Fortgejagt hat er ihn. Und wie reagiert der alte, abgetakelte Knabe? Statt rumzusitzen und Trübsal zu blasen, nimmt der sein Schicksal in die Hand und macht dazu noch anderen Leidensgenossen neuen Lebensmut.«
Jan Koplowitz nickt. Der Vergleich gefällt ihm: »Richtig. Ein alter Esel bin ich nun mal. Aber wo finde ich den anderen alten Esel, der mein neues Buch druckt?« Es soll heißen »Daniel in der Löwengrube«.
»Ein zugkräftiger Titel«, finde ich, »aber diese Geschichte ist so neu nicht. Eher uralt, allgemein bekannt und im übri-

gen vorzüglich erzählt. Da müssen Sie sich schon anstrengen, einen Verleger zu finden.« Koplowitz hat mein Scherzen gutgetan. Er wehrt lachend ab: »Natürlich schreibe ich nicht die biblische Geschichte ab. Ich schreibe über meinen Sohn, den Daniel, der im Gefängnis gesessen hat. Die türkischen Gefängnisse sind gut mit einer Löwen- oder Schlangengrube zu vergleichen.« Und in diesen langen zehn Jahren haben sich Vater und Sohn an die 200 Briefe geschrieben. Der Vater: »In den Briefen habe ich versucht, den Sohn aufzubauen, ihn aus seiner Verzweiflung herauszuholen. Die Briefe haben auch den Mithäftlingen geholfen. Mein Sohn hat sie ins Arabische und Türkische übersetzt.« Und daraus hat nun Jan Koplowitz sein nächstes Buch gemacht, das er demnächst als 90jähriger der Öffentlichkeit vorstellen will.
Zu den Stasivorwürfen erfahre ich, daß der Autor seinen Sohn nach der Haftentlassung zu sich nach Ostberlin holen wollte. Ihre Zustimmung hätten die Behörden aber davon abhängig gemacht, daß er Berichte über Gespräche anfertige, wenn er in den Ferien mit Kollegen plaudere. »Da bin ich schwach geworden und habe den Tratsch und Klatsch aufgeschrieben, den ich von den anderen Autoren zu hören kriegte. Nach zwei solcher Berichte hat man abgewunken, mich nicht mehr aufgefordert. Aber den Daniel haben sie dafür auch nicht nach Ostberlin hereingelassen. Ich habe meinen Leichtsinn bitter gebüßt. Sie wissen vielleicht, wie mein Sohn mich genannt hat, als er von meinen unglückseligen Stasi-Kontakten erfuhr.«
Dieses Schicksal macht mich nachdenklich. Wer macht sich schon die Mühe, beide Seiten zu hören, wenn jemand verdächtigt wird, für die Stasi gearbeitet zu haben? Heiner Müller schreibt in seinen Memoiren »Krieg ohne Schlacht«: »Den Koplowitz habe ich in der Masurenallee beim Rundfunk kennengelernt. Der Zonenrundfunk war noch in der Masurenallee, und Koplowitz arbeitete dort. Er hat versucht, mir zu helfen, etwas unterzubringen. Er war

sehr solidarisch ...« Müller war damals mit einem Theaterstück, das als Kritik an der Bodenreform verstanden werden konnte, bei der SED in Mißkredit geraten und hatte lange Zeit keine Chance mehr, als Schriftsteller zu arbeiten. Es gehörte schon Zivilcourage dazu, den Kollegen in dieser Situation beizustehen.
Jan Koplowitz, darauf von mir angesprochen, sagt: »Ich habe Leuten unter die Arme gegriffen, die heute davon nichts mehr wissen wollen. Sie würden staunen, wenn ich den einen oder anderen Namen bekanntgeben würde.«
Einem solchen Menschen eine bewußte Schurkerei zuzutrauen, fällt mir schwer. Jan Koplowitz hat es im hohen Alter wieder zur leichten Muse, der Kunstform seiner Jugend, hingezogen. So hat er als einziger Autor die Fragen in der Anthologie mit launigen Versen beantwortet:

Sie fragen – noch ists nicht zu spät
Wie es uns so – beruflich – geht,
Ob wir unter der »Wende« leiden
Die Antwort ist zunächst – besch – eiden!
Wir arbeiten wie Schornsteinfeger
Schublade heißt – unser Verleger.

Und so stellte sich zu Beginn der Vereinigung der Autor die Zukunft vor:

Ich dachte: So ein Blumenstrauß
aus Ost und West, fiel farbig aus
Doch beide Seiten müssten lernen
Feindbild und Unkraut zu entfernen,
Ihr gutes Deutsch in Ernst und Lachen
Zum einzigen Maß der Zukunft zu machen

Und zum Schluß hat der Dichter einen Epilog: Wir und die Welt hinzugefügt, einen hoffnungsvollen Blick in die Zukunft. Und das sagt er uns bei aller persönlichen Misere, ein erstaunlicher Mutmacher:

Die Welt ist rund. Sie ist nicht blind
Wenn Kant und Grass Kollegen sind
Die sich in einem Haus vertragen
Wird sie Vertrauen nicht versagen
Viel ist uns bisher nicht gelungen
Wir Alten hoffen auf die Jungen!!!

Jan Koplowitz hat beschlossen, nicht tatenlos solange zu warten. In seinem Urlaub in der Zwischensaison zum Rentnerpreis in Tunesien hat er die älteren Miturlauber mit Späßen und Geschichten so gut unterhalten, daß sie ihm aus Dank den nächsten Urlaub auf den Kanaren spendiert haben. Der alte Märchenerzähler träumt schon von einer Kreuzfahrt durch die Weltmeere mit Neckermann. Den Entertainer kennt er bereits. Ein betagter, rüstiger Kleinkünstler. Mit 90 noch oder schon wieder putzmunter, hat er verraten. Aber bitte, nicht weitersagen. Das ist jetzt unser Geheimnis.

9. Walter Flegel: »Nicht jeder hat den ersten Preis verdient, der ihn gewonnen hat«

»Das ist für Ihre Arbeit ein ganz wichtiger Name«, sagt Rolf Schneider, dessen Rat ich zu schätzen weiß. »Der wohnt in Potsdam. Die genaue Adresse kenne ich nicht. Aber die werden Sie schon herauskriegen.« Rolf Schneider traut mir da einiges zu: Er ist immer noch beeindruckt, daß ich ihn und sein Ferienhaus in Ahrenshoop gefunden habe, obschon er sich dorthin diskret zurückgezogen hatte, für einen Fremden schwer auffindbar. Kein Fingerzeig war von den Nachbarn zu erhalten,

selbst das Türschild wies einen anderen Namen, den des Vorbesitzers, auf.
Also Walter Flegel. Der ist ohne Mühe aufzufinden. Er arbeitet in einem Literaturzirkel. Dort treffe ich ihn in einem kleinen, bescheidenen Büro.
Dies ist eine der erfreulichen Begegnungen während meiner fast zehnjährigen Arbeit mit Schriftstellern. Keine Vorbehalte, kein Mißtrauen. Stattdessen eine mitreißende Herzlichkeit. Dabei hätte dieser Autor allen Grund, verbiestert zu sein, sich schmollend zurückzuziehen. Warum? Nun, Walter Flegel war in der DDR als Militärschriftsteller prominent und beliebt. Nach der Wende ist er gerade deswegen in Mißkredit geraten.
Dazu hat er mir erzählt: Kurz nach der Wende gab es in Potsdam ein Preisausschreiben, gesucht wurde die beste Kurzgeschichte. Unter zahlreichen Mitstreitern wurde ein bis dahin völlig unbekannter Teilnehmer mit dem ersten Preis ausgezeichnet. Bei der Preisverleihung entpuppte sich der Gewinner als der geächtete Militärschriftsteller, der sich klugerweise hinter einem Pseudonym verborgen hatte. »Was denken Sie«, sagt der Autor belustigt, »die wollten mir doch den Preis nicht geben. Ich bin für manche Leute eben eine Unperson. Dabei hatte ich schon zehn Jahre vor der Wende den Dienst bei der NVA quittiert, weil er mich zu stark in meinem Beruf als Schriftsteller eingeengt hat. Auch ist mir damals vorgeworfen worden, ich hätte mich zu stark mit den Gefühlen und Wünschen der einfachen Soldaten identifiziert.« Er fügt dann – nicht zu Unrecht mit ein wenig Stolz – hinzu: »Ich hatte es immerhin bis zum Oberstleutnant gebracht. Sonst gab es in der ganzen Familie nur einfache Soldaten. Hin und wieder mal einen Gefreiten.«
Der Autor hat ein schönes Bändchen über die Mosel verfaßt. Auch die »Spaziergänge auf Rügen« haben mich erfreut. Das wundert niemanden, der mich kennt. Nach einem langen Aufenthalt auf dieser Insel bin ich fast zu einem Rüganer geworden.

Walter Flegel arbeitet mit Jugendlichen und Behinderten. Führt sie in die Literatur ein und regt sie an, selbst zur Feder zu greifen und zu schreiben. Sein aktives Mitwirken in der Bildungs- und Kulturarbeit der Hauptstadt Brandenburgs hilft, aus zwei Teilen Deutschlands, die sich fremd geworden sind, eine kulturelle Einheit zu schaffen. In einem Deutschland, in dem Menschen unterschiedlichster Überzeugungen friedlich miteinander leben, ohne Haß und ohne Groll. Eine Gesellschaft, die es sich leistet, solche Autoren auszugrenzen, statt froh zu sein, sie zu besitzen, scheint mir noch recht weit davon entfernt, zusammenzuwachsen.

10. Adolf Endler: Ein Besuch in der Platte / »Wir nennen uns Orplid«

So schlimm hatte ich es mir nun doch nicht vorgestellt. Zugegeben, es hatte beinahe wie eine Warnung geklungen, als Adolf Endler am Telefon sagte: »Ich wohne in der Platte«. Ich habe das wohl gehört, aber mir nichts Arges dabei gedacht. »Die Straße ist leicht zu finden. Nicht weit von der U-Bahnstation Samariterstraße auf der Frankfurter Allee. »Heute habe ich ein Auto dabei.« Ja, das sei an sich nicht schlecht, aber: »Einen Parkplatz werden Sie in der näheren Umgebung nicht finden. Schminken Sie sich das mal ruhig ab.« Das Haus ist leicht zu finden. Es macht von außen einen unauffälligen Eindruck. Die Haustür geht auf und – oh Schreck – Flur und Treppenaufgang lassen vermuten: Hier war vor kurzem noch eine Baustelle. Mitten in der Arbeit haben die Handwerker aufgehört, ihre Sachen gepackt und sind auf Nimmerwiedersehen verschwunden. Warum, ist rätselhaft. Aber die Bewohner sind ordentliche Menschen. Sie haben die unvollendeten Arbeiten provisorisch und rührend unprofessionell zu einem – hoffentlich

nur vorläufigen – Ende gebracht. Eins aber haben sie vergessen. Das Schild: Achtung, Baustelle. Betreten nicht ohne Gefahr.
Meine Frau und ich klettern unverzagt mehrere Treppen hoch. Der Autor wohnt ganz oben, unterm Dach. Als endlich die Treppen enden, erblicke ich eine Leiter unterhalb der Dachluke. Ich hätte mich kaum gewundert, wenn wir die gebraucht hätten, um weiterzuklettern. Ein gütiges Schicksal bewahrt uns davor. Eine Tür ist aufgegangen. Und es erscheint der Dichter und bittet uns zu sich in die Wohnung.
Die Stimmung ist ein wenig gespannt: Adolf Endler reibt sich an der Anthologie. Wir sind gekommen, mit ihm darüber zu reden, was ihm an der Sammlung mißfalle.
Vielleicht hat er mit seiner Kritik Recht, und wir können etwas von ihm lernen. Aber zunächst wird Kaffee gekocht. »Ein Löffel pro Tasse. Ist das so richtig?« Der Gastgeber bleibt eine halbe Ewigkeit in der Küche und kommt dann mit einem Gebräu an, das wie Tee aussieht und wie Wasser schmeckt. Immerhin, der gute Wille ist vorhanden, was Ordentliches auf den Tisch zu bringen.
Wir haben einen guten Tropfen mitgebracht. Aber der Hausherr winkt ab: »Ich trinke keinen Alkohol mehr. Ich bin trocken. Aber meine Frau wird sich sicher freuen. Sie ist leider nicht da.«
Gewiß, der Autor trinkt nicht mehr. Aber dafür raucht er. Nicht zu knapp. Rothändel. Er fängt meinen Blick auf die Schachtel auf und sagt trotzig: »Von der Sorte kriegt man auch nicht mehr und nicht schneller Lungenkrebs als von anderen Zigaretten.« Ein schwacher Trost. Doch mit starken Rauchern darf man nicht über Tabak, Teer und Lungenkrebs sprechen.
Das Gespräch kommt zunächst nicht recht in Gang. Es ist eine Atmosphäre zu spüren wie vor einem sportlichen Duell. Kampf möchte ich nicht so gern sagen. Ich bin friedlich gestimmt, nur ein wenig neugierig auf das, was kommt.

Adolf Endler möchte gern den ersten Hieb anbringen, aber er weiß noch nicht recht, wie er ihn plazieren soll. Ich mache es ihm leicht und sage ganz obenhin: »Man hört, daß Ihnen meine Anthologie nicht gefällt. Wie ich sehe, liegen die Umschläge mit den Autorennamen schon ausgebreitet vor uns. Die Bücher müssen auch nicht jedem gefallen. Das kann man nicht verlangen. Aber wir hätten gern gewußt, was daran nichts taugt.«
Der Autor atmet auf, er entkrampft sich. Die erste Runde ist eröffnet. Er nimmt Maß und setzt den ersten Hieb: »Also, was Sie da zusammengebracht haben, das ist fast alles Schrott. Ich kenne da ganz andere Leute. Aber mich fragt ja keiner. Und dann erst mal die Auswahl: Da sind nur Leute drin, die für oder gegen Wolf Biermann sind. Und damit hat es sich.« Damit kann ich leben, ein Volltreffer war das schon mal nicht. Ich finde das eine merkwürdige Betrachtung. An den Aspekt hatte bisher noch niemand gedacht. Der Wolf Biermann ist mir, im Vertrauen gesagt, auch ziemlich egal. Seine Lieder regen mich weder auf noch an. Aber lassen wir das lieber. Ein Ordnungsprinzip haben wir für die Anthologie außer dem Alphabet überhaupt nicht gehabt. Dazu haben wir uns im Vorwort offen bekannt. Darauf wurde verzichtet, allein schon, um keine Deutungen nahezulegen oder einzureden. Ohne Urteil oder Vorurteil sollten die Autorinnen und Autoren den Lesern vorgestellt werden. Ja, das hat man wohl der Regierung in Bonn nicht zugetraut; hätte ich auch nicht. So kann niemand dem Adolf Endler übelnehmen, daß er gute Absichten mißverstanden hat. Seine Einwände sind allerdings damit nicht aus der Welt geschafft.
Er fühlt sich persönlich getroffen. »Wie man eine solche Aufgabe anfaßt, wollen Sie wissen? Da hätten sie mich bloß zu fragen brauchen. Aber rechtzeitig, vorher.«
Er zieht einen Zettel aus seiner Tasche. Seine Miene drückt aus: Das alles war bisher nur leichtes Vorgeplänkel. Aufgepaßt! Jetzt kommt der K.-o.-Schlag. »Lesen Sie mal, das

sind meine Dichter. Ich glaube kaum, daß Sie einen davon kennen. Die haben alle schon bei mir gelesen. Hier sehen Sie nur. Da ist zum Beispiel der Bert Papenfuß. Diesen Namen können Sie sich ruhig mal merken. Schreiben Sie sich den am besten auf. Der Bert ist ein ganz wichtiger Lyriker. Vom Prenzlauer Berg. Von dem sieht man in Ihrem Buch überhaupt nichts. Den kennen Sie wohl gar nicht?«
Der Gastgeber, der gar nicht weiß, wie er seinen Ärger und seine Verachtung gegen mein amtliches Machwerk zum Ausdruck bringen soll, liegt mit seiner Meinung total schief. Eigentlich hatte ich nicht vor, sein Plädoyer für die alternative Dichtung vom Prenzlberg zu stören. Aber das ist doch starker Tobak, was der Autor so von sich gibt. Diese Unterstellungen höre ich mir nicht länger an, ohne einen Mucks von mir zu geben. Ich unterbreche also seinen Redefluß: »Augenblick mal. Ehe ich es ganz vergesse. In meiner Aktentasche habe ich etwas für Sie. Eine Aufmerksamkeit. Eine Ergänzung zur geschmähten Anthologie, die allerdings nicht alle Autoren bringen kann, die man gern lesen würde. Schon aus Platzgründen. Das Geld für den vierten und fünften Band hätte mir in Bonn kein Mensch gegeben. Denen waren die drei Bände schon viel zu viel. Wie habe ich mich beholfen? Zu den Fachtagungen sind viele Dichter eingeladen worden. Die haben gelesen und diskutiert. Im ›Berliner Lesezeichen‹, einer Literaturzeitung, sind die Lesungen dokumentiert. Im Rahmen der Kongreßberichte. Dadurch kommt noch eine Menge Namen hinzu. Bei denen ist auch der Bert Papenfuß. Den Bericht hole ich jetzt aus der Tasche, der ergänzt die Anthologie und führt sie fort.« Der Autor ist interessiert. Und wen sieht er da, wer hat in Wannsee gelesen? Nicht nur Bert Papenfuß, auch andere Namen gibt es da, auf die unser Kritiker nicht gefaßt ist. Er ist beeindruckt. Ich füge hinzu: »Wir waren froh, daß der Bert Papenfuß doch noch gekommen ist. Sie wissen ja, wie schwer der zu kriegen ist. Der ist nur ab und zu in Berlin. Meist heißt es am Telefon: Der Bert

hat gerade in Paris, Moskau oder sonstwo zu tun. Was kann ich ihm ausrichten?«

Adolf Endler nickt zustimmend. Aber er gibt noch lange nicht auf. Er nimmt seine Liste und nennt die Namen weiterer Autoren, die er in der Anthologie vermißt, und die – wie er meint – auf jeden Fall in eine repräsentative Sammlung von Texten zeitgenössischer Schriftsteller gehören. Da macht er keine Kompromisse. Auch der Hinweis, daß nach einer Veröffentlichung der Akademie der Künste allein in Berlin über 340 Autoren leben und wir aus Raum und Geldgründen nur etwa 100 aus der gesamten Bundesrepublik aufgenommen haben, wischt er beiseite.

Jetzt endlich ist für ihn der Moment gekommen, auf den er die ganze Zeit hingearbeitet hat: Er möchte doch seine Gruppe von Dichtern vorstellen, von der er annimmt, daß ich sie überhaupt nicht kenne. Die er gegründet hat – »Raten Sie mal, wie die Vereinigung von Autoren heißt, die ich versammelt habe.«

Ich muß passen. »Sie werden es mir sicher verraten.« Adolf Endler blickt zufrieden drein. Das hat er sich doch gedacht: Richtig wichtige Schriftsteller kennt der Mann aus Bonn nicht.

»Wir nennen uns Orplid. Den Namen haben Sie wohl noch nie gehört?«

Soll ich ihm jetzt den Spaß verderben? Eigentlich wollte ich mich zurückhalten und mein Licht unter den Scheffel stellen. Was macht das auch schon aus, ob man diesen oder jenen Namen kennt oder nichts mit ihm anzufangen weiß. Aber: Fast unbewußt kommt es mir über die Lippen: »Wir hatten einen Deutschlehrer, der war ein Mörike-Fan und hat uns mit dessen Gedichten traktiert wie andere Deutschlehrer ihre Schüler mit Goethe genervt haben. Welch glücklicher Zufall! Ich habe die Verse noch im Ohr: ›Orplid, mein Land! Das ferne leuchtet; Vom Meere dampfet dein besonnter Strand den Nebel, so der Götter Wange feuchtet.‹ «

Zu arg wollen wir es nicht treiben. Sonst hätte ich zu sagen gewußt, daß in der wunderschönen Reihe der Poesiealben auch ein Bändchen Eduard Mörike gewidmet ist, und darin ist auch dieses vielzitierte Gedicht aufgenommen. Belassen wir es dabei.
»Die zweite Strophe habe ich leider vergessen.« »Macht nichts«, erwidert der Gastgeber freundlich. »Nach so langer Zeit.« Komisch. Das kurze Gespräch über Mörike hat die Spannung gelöst. Wir plaudern unverkrampft über Bücher. »Halt« sagt Adolf Endler mitten in der Unterhaltung, steht auf und tritt an die Bücherwand und kommt mit ein paar Taschenbüchern zurück. »Diesen Autor, einen Amerikaner, müssen Sie unbedingt lesen. Der ist so gut wie Joyce. Nur nicht so bekannt. Ein Geheimtip. Wie der heißt?« Er zeigt mir die Vorderseite eines voluminösen Romanes. Ich lese den Titel: Gravitys Rainbow. Der Verfasser ist ein gewisser Thomas Pynchon. »Das ist sein bestes Buch. Bei Rowohlt ist eine deutsche Übersetzung erschienen unter dem Titel: Die Enden der Parabel. Der Mann ist schwer zu übersetzen. Vor allem kommen viele Slang-Ausdrücke vor. Wenn Sie es nicht in der Buchhandlung auftreiben, werden Sie es sicher beim Antiquar aufstöbern.«
Ich freue mich über den Buchtip. Noch mehr aber über die Verbesserung des Gesprächsklimas. Wieder einmal zeigt es sich, daß man miteinander sprechen muß, um sich kennenzulernen. Der Hausherr hat damit keine Probleme mehr. Er taut zusehens auf: »Was man sich alles bieten lassen muß. Ich komme gerade aus Wittenberg. Da hatten wir ein Seminar mit Friedrich Schorlemmer, dem Pastor und Bürgerrechtler. Wir haben dann auch über Ihre Anthologie gesprochen. Ich habe – verzeihen Sie, aber dieses Erlebnis muß ich noch los werden – meine Kritik angebracht und dargelegt, was mir an dieser Arbeit mißfällt. Meinen Sie, ich wäre mit meinem Verriß angekommen? Niemand hat sich ernsthaft mit meinen Argumenten auseinandergesetzt.

Friedrich Schorlemmer hat dazu bemerkt: ›Ich bin auch nicht mit allem einverstanden. Aber bei aller berechtigter Kritik, das ist unterm Strich eine gute und notwendige Arbeit, die unsere Unterstützung verdient. Wo der Willi Boeger jetzt so scharf angegriffen wird, müssen wir alle uns solidarisch zeigen. Das gilt auch für Dich, Adolf.‹ Finden sie das nicht auch ärgerlich, wie man da in Wittenberg mit mir umgesprungen ist?« Das geht aber doch entschieden zu weit. Ich soll den Adolf Endler bedauern, oder gar trösten, weil man nicht auf ihn hören mag, wenn er gegen meine Arbeit zu Felde zieht. Er muß sich schon einen anderen aussuchen, bei dem er seinem Ärger Luft macht. Ich sage ihm das in aller Ruhe und höre: »Ich kann Sie gut verstehen, aber ärgerlich ist es doch.« Er hat inzwischen die Bücher von Pynchon wieder eingeräumt, geht zum Schreibtisch und holt ein gerahmtes Foto: »Sehen Sie mal. So freundlich und zufrieden sehe ich immer aus. Und wie ganz anders hat mich Klaus Ensikat gezeichnet.« Er schlägt die Anthologie auf. »Finden sie, daß dieses Porträt gelungen ist?«
Ich werde mich hüten, in ein so heikles Thema einzusteigen. Außerdem ist die Zeichnung eine meisterhafte Leistung. Deshalb erwidere ich bloß: »Der Ensikat hat eine Charakterstudie im Sinn. Die bloße Ablichtung der äußeren Erscheinung genügt ihm nicht. Na ja ein bißchen Spott oder Kritik – wie immer man es nennen mag, ist schon dabei. Aber da sollte man sich nicht ärgern. Was glauben Sie, wie andere Autoren sich über ihr Konterfei mokiert haben. Glauben Sie etwa, er hätte mich verschont? Ich habe es gerade noch kurz vor Drucklegung erreicht, daß die Zeichnung ganz hinten, wo keiner hinguckt, versteckt worden ist. Vor dem Inhaltsverzeichnis, das ganz überflüssig ist. Weil die Namen in den Klappen stehen und die Texte sowieso alphabetisch geordnet sind. Auf dieser Abbildung sehe ich so verdrießlich drein wie kein anderer. Aber rechts und links von mir hat er sich selbst und den

anderen Zeichner, den Harald Kretzschmar gemalt. Beide lachen und sind fröhlich. So sieht einen der Künstler eben. Damit muß man leben.«

Adolf Endler nickt verdrossen. Er möchte lieber mit dem Konterfei leben, das ihm auf seinem Schreibtisch entgegenblickt. Kann man verstehen: Im Grunde hat fast jeder so ein Bild von sich selbst vor seinen Augen, wenn auch nicht immer auf dem Schreibtisch.

Wir sprechen noch von Berliner Antiquaren, bei denen ich notfalls den Pynchon finden kann. (»Sagen Sie mir doch später einmal, was Sie von diesem Autor halten!«)

Hoffentlich haben die den im Computer. Mag sein, daß die Antiquare, oft liebenswerte, sonderbare Kauze, dem Fortschritt hinterherhinken. Die Buchhandlungen sind jedenfalls auf der Höhe der Zeit. »Vor einigen Wochen habe ich in Weimar in einer kleineren Buchhandlung – etwas abseits der Touristenströme – nach Ihrem Buch ›Tarzan am Prenzlauer Berg‹ gefragt. Und was hat der Antiquar ganz lässig gefragt, Herr Endler? Er hat sich bei mir nach dem Autor erkundigt und dann den Kopf geschüttelt: Von dem habe ich noch nie gehört. Der ist auch nicht in meinem Computer.« Ich habe dann den jungen Mann nach Goethe gefragt. Ob von diesem Autor wenigstens etwas in seinen Regalen stehe. Mal nachsehen, hat er gesagt. Ist an den Computer gegangen, und dann hat er wissen wollen, wie der Mann mit Vornamen heiße. Damit er nicht lange herumsuchen müsse. Ich könne in der Zeit mir mal die Regale ansehen. Ob da was Passendes für mich drinstehe.

Ich habe dann einige Postkarten gekauft. Von dem Herrn Goethe war auch etwas dabei. Der Hausherr hat nachdenklich zugehört. »Ja«, sagt er dann. »In Weimar!«

Das klingt nach finsterster Provinz. Der selbstbewußte Berliner: »Sie hätten besser hier in Berlin nach mir gefragt. Da kennt mich jeder, der lesen kann. Und dann noch ein Tip: Nachher, wenn Sie aus der Haustür kommen, gehen

Sie nicht sofort zu Ihrem Auto, sondern zur Frankfurter Allee. Dort finden Sie einen Buchhändler, der sich auskennt. Der hat auch Bücher von mir.«
Nach dem Besuch sind wir dort gewesen und sind fündig geworden. Am Abend haben wir in den Büchern geschmökert.
Das Buch vom Prenzlauer Berg hat uns übrigens der Tarzan selbst geschenkt. Und eine Widmung hineingeschrieben.

11. Helga Schütz: Ein Regentag in Potsdam

Dichtung halten manche für eine Männerdomäne. Da ich diese Meinung nicht vertrete, hatte ich mir vorgenommen, soviel Autorinnen wie eben erreichbar, an den Tagungen zu beteiligen. In meinem Eifer wollte ich nicht wahrnehmen, daß viele Frauen zurückhaltender waren als ihre männlichen Kollegen und sich auch skeptischer zeigten.
Eine davon war Helga Schütz aus Potsdam.
Sie scheue die lange Reise, begebe sich nur ungern unter die vielen Menschen, die gewiß unfriedfertig miteinander umgehen würden. Auch sei sie beruflich stark beansprucht, und könne sich kaum für mehrere Tage freimachen. Was ich überhaupt von Prora erwarte. So kurz nach der Wende. Pause. »Übrigens, kennen sie die Helga Schubert? Meine Freundin. Hat die etwa zugesagt? Mit mir hat sie noch nicht darüber gesprochen. Na gut, wenn Sie so drängen, werde ich mich gern mal mit ihr beraten. Sie können ja wieder mal anrufen. Vielleicht in zwei bis drei Wochen.«
Daran habe ich mich gehalten. Aber auch der nächste Anruf erbrachte keine Klarheit. Entweder hatte sie mit ihrer Freundin noch nicht gesprochen oder doch, dann aber kein eindeutiges Votum erhalten, um sich für oder gegen die Teilnahme zu entscheiden.

Ich habe weitergerungen, um Helga Schütz und um andere Autorinnen. Meist erfolglos. Auch Helga Schütz hat endlich definitiv abgesagt. Mit ihr hätte ich gern ein Gespräch geführt. Abseits der vollen Tagungsstätte, fernab aller Hektik. Sie war dazu bereit und vereinbarte mit mir einen Termin. Bei ihr zu Hause, in Potsdam.
Der Tag stand von vornherein unter einem schlechten Vorzeichen:
Ich hatte mir den Terminkalender zu voll gepackt, in der leidigen Annahme, daß nichts schiefgeht. In Potsdam habe ich an diesem Tag mein Canossa erlebt. Zunächst fiel der Besuch bei Peter Abraham beinahe ins Wasser, einfach aus dem Grund, daß die Straße, in der zu wohnen er behauptete, nicht aufzufinden war. Mehrere Einwohner hatten den Namen nie gehört, obschon sie in der Nähe dieser Straße seit Jahren wohnten. Und die letzte Hoffnung, eine Polizeistation mitten im Viertel, erfüllte sich nicht: Mittagspause. Doch Peter Abraham, der Dramaturg, hatte einen Einfall: Er stellte sich mitten auf die Straße vor sein Haus, um Ausschau zu halten nach den Gästen. Unsere Verspätung überging er großzügig. »Det kann jedem mal passieren. Mir auch schon mal. Und der Kuchen ist nicht angebrannt. War schon fertig. Kaffee brauchen wir nur anzustellen, schon isser fertig. Sie trinken doch Filterkaffee?« So ein herzlicher Empfang: Wer bringt es da schon übers Herz, nach dem ersten Stück Kuchen – frische Erdbeeren mit Sahne – aufzubrechen. Und außerdem mußte man sich erst mal beschnuppern. Und das dauert. Im Osten länger als im Westen. Man nimmt sich dort noch Zeit füreinander. Das mußte ich erst wieder lernen. In Potsdam. Was er mache, womit er seinen Unterhalt finanziere. »Sie glauben doch wohl nicht mit Büchern. Ne, ich arbeite als Übersetzer. Fragen Sie aber bitte nicht nach den Texten. Reiner Schwachsinn. Aber der Mensch muß leben. Was vielleicht noch kommt, eine Serie im Fernsehen. Damit verdienen sich manche Leute dumm und dusselig.« Der Autor fügt

nachdenklich hinzu: »Hoffentlich erlebe ich das noch. Man ist schließlich nicht mehr der Jüngste.« An die Hölle glaubt er. »Hoffentlich treffe ich da meinen Vater, der sich nie um mich gekümmert hat. Der kann sich auf was gefaßt machen.«
Wie gern hätte ich dem amüsanten Plauderer weiter zugehört. Aber in einem Hotel in Potsdam im 17. Stock sitzt der damalige Verlagschef vom Mitteldeutschen aus Halle und wartet auf mich, bisher vergeblich. Ich sehe noch heute sein verdrießliches Gesicht vor mir, als ich zerknirscht auftauche, mit reichlicher Verspätung. Und dann dieser Blick auf die Taschenuhr. Ein Blick, so richtig darauf angelegt, in mir Reue und Leid zu erwecken. Wir beide sind schnell ins Gespräch gekommen. Und ich habe mich gefreut, in Dr. Günther einen kompetenten und aufgeschlossenen Partner für ein Projekt mit der Bundesregierung und der halleschen Universität zu finden. Er hat es sich auch nicht ausreden lassen, mich zu Helga Schütz zu fahren. »So ein kleiner Umweg, der ist auf der Strecke Berlin – Halle bei mir immer drin.« Inzwischen hat wolkenbruchartiger Regen eingesetzt. Vor dem Haus der Schriftstellerin müssen wir warten. Niemand macht auf. Schließlich kommt die schwerhörige Mutter ans Gartentor: »Nein, von einem Besuch hat meine Tochter nichts gesagt. Sie hat beruflich zu tun in Babelsberg. Und dann geht sie noch einkaufen. Sie können ja mit ihr telefonieren, heute am späten Abend.« Ehe ich antworten kann, hat Dr. Günther abgewinkt. Und jetzt spricht er die Zauberformel, die ich vom Militär in Prora kenne: »Teilnehmer ist angemeldet«. Das verändert die Situation mit einem Schlag. Ich werde hereingebeten. Dr. Günther kann unbesorgt nach Halle fahren. Jetzt braucht nur noch die Autorin hereinzukommen. Doch sie gibt mir Zeit, mich von den Erlebnissen zu erholen. Es dunkelt, der Regen ist noch nicht schwächer geworden. Ich selbst bin kurz vor dem Einschlafen, seit langem allein im mäßig beleuchteten Zimmer, da klingelt

es, und der Sohn der Autorin begrüßt mich. »Die Mutter wird sicher auch bald kommen. Sonst ist sie um diese Zeit schon zu Hause.« Na, wenn das nicht freudig stimmt.
Ich will mich gerade beim Sohn nach einem Taxi erkundigen, zum S-Bahnhof nach Berlin, da kommt Frau Schütz, sichtlich überrascht, mich anzutreffen: »Ich hatte den Termin notiert, aber ihn dann total übersehen. Ist mir das peinlich.« Sie demonstriert die neue Zeit an zwei Einkaufsnetzen. »Sehen Sie mal her. Dieses Netz ist voll von Lebensmitteln für morgen. Für dasselbe Geld habe ich früher das zweite Netz voll mit Büchern, oft Neuerscheinungen, heimgebracht. So billig war die geistige Kost. Und was habe ich heute im zweiten Netz. Ein einziges Buch. Zugegeben, ein sehr dickes. Aber der Preis. Für uns unvorstellbar. Früher.«
Viele Kaufleute in Potsdam, vermutlich auch woanders, haben sich verkalkuliert und Geld für Investitionen bei der Bank geliehen, die sich nicht auszahlen. »Unser Fleischer zum Beispiel«, sagt Frau Schütz mitfühlend, »hat Jahre, ja man kann schon sagen, Jahrzehnte darauf gehofft, den ganzen Laden modernisieren zu können. Mit Marmor und so. Jetzt hat er das Geld gepumpt, alles glänzt und glitzert. Aber kaum ein Kunde läßt sich blicken. Alle kaufen im Supermarkt auf der grünen Wiese ein. Zum halben Preis.«
Ich hatte im stillen gehofft, wir könnten uns über ihre Bücher unterhalten, woran sie gerade arbeitet, was sie von der Zukunft erhofft, aber für solche anstrengenden Themen ist an diesem Abend kein Platz. Kann ich gut verstehen. Liebenswürdig schreibt sie Widmungen in meine Sammlung, die ich aus dem Hebammenkoffer klaube. Zum Abschied bekomme ich einen Schirm geliehen, einen kleinen Damenschirm, Knirps oder so ähnlich heißt die vertrackte Mechanik, mit der ich partout auf Kriegsfuß stehe. Wenn der Schirm endlich aufgeht, bin ich naß bis auf die Knochen. Das bleibt mir heute erspart. Ich klappe das Unding einfach im trockenen Hausflur auf. Draußen wate

ich von Pfütze zu Pfütze, immer bis zu den Fußknöcheln im Regenwasser eingetaucht. So naß war an diesem Abend kein anderer Fahrgast in der U-Bahn über Wannsee zum Bahnhof Zoo. Ich habe mir im Steakhaus ein Nachtmahl gegönnt und bin schlecht dabei gefahren: Das Fleisch war zu stark gewürzt, die späten Gäste mußten schreien, um den Radiolärm zu übertönen, und die Rechnung war gesalzen. In der Nacht hatte ich einen bösen Traum. Mir träumte, wir hätten einen neuen Minister gekriegt. Der war ganz ärgerlich: »Was treiben Sie denn da im Osten mit Ihren Dichtern? Da lassen Sie mal die Finger von. Einige waren Stasispitzel, andere kennt bei uns im Westen kein Mensch.« Im Traum habe ich erwidert: »Aber die beiden Frauen, die Helga Schütz und die Helga Schubert, die sind doch ganz in Ordnung.« Und was höre ich da vom Minister, der davoneilt: »Und was haben Ihnen die beiden denn genutzt für Ihr Vorhaben?«
Dieser Minister würde sich querstellen. So quer wie keiner seiner Vorgänger. Ach was, dachte ich damals, Träume sind Schäume.

12. Walter Kempowski / Das Aus für den Zeitzeugen / Wer zu spät kommt, den bestraft der »Archivar«

In der Schlange vor der Kasse des modernen Antiquariats von Bouvier in Bonn entdecke ich Walter Kempowski, einen Stapel Bücher unter dem Arm. Mir fällt ein: Dieser Autor arbeitet gerade an einer Veröffentlichung über Deutschland in den dreißiger und vierziger Jahren. Hierfür sucht er authentisches Material. Da kann ich etwas beisteuern. Ich stelle mich vor. »Wie ich höre, suchen Sie für Ihr neues Buch Zeitzeugnisse. Ich habe da beim Kramen in Fächern eine alte, abgewetzte Lederbrieftasche gefunden.

Die hat meinem längst verstorbenen Vater gehört. Bei aller Pietät, die kann man beim besten Willen nicht mehr gebrauchen. Ich will sie gerade fortwerfen in den Müll, da sehe ich routinemäßig noch mal kurz rein, ob ich da vielleicht unentdeckte Schätze vernichte. Ich habe zwar keine alten Reichsmarkscheine entdecken können. Aber, wer hätte das gedacht, mein Vater hat in der alten Brieftasche ein paar Zettel mit früheren Klassenarbeiten von mir aufbewahrt: Zwei Rechenarbeiten, und jetzt kommt das Interessante: ein Diktat. Das könnte für Ihr Buch ganz brauchbar sein.« Walter Kempowski zeigt spontan Interesse: »Wenn Sie mir noch kurz sagen, was in dem Diktat drin steht. Hier haben Sie schon mal meine Anschrift. Damit Sie wissen, wo Sie es hinschicken können.« Er reißt aus seinem Taschenkalender einen Zettel raus und schreibt. »Ich war damals in der zweiten Klasse der Volksschule. Der Klassenlehrer war ein strammer Nazi. Das wirkte sich bis in die Diktate aus. Erstaunlich, woran er damals die Rechtschreibung geübt hat. Da finden sich nur Worte wie: Trommelfeuer, Granateinschlag, Heldentod, Führerbefehl, Maschinengewehr, Verwundetenabzeichen, Eßgeschirr und Brotbeutel.« Der Autor hat mit steigender Anteilnahme zugehört. »Genug, genug«, sagt er erfreut, »an so ein Material hatte ich gedacht. Schön, daß wir uns hier bei Bouvier getroffen haben. So ein glücklicher Zufall.« Er bezahlt seinen Einkauf. Wir verabschieden uns. An der Tür wendet er sich noch einmal um: »Gestatten Sie noch eine kleine Frage. Von wann genau, sagten Sie, ist dieses Diktat? Für mich ein einmaliges Dokument der Zeit. Auf der einen Seite die offizielle Propaganda: Der Führer will den Frieden. Und insgeheim werden die Schulkinder schon mit dem Krieg und seinem Rüstzeug vertraut gemacht.« Ich überlege: »Das Material müßte so aus dem Jahre 1938 sein.« Der Autor hakt nach: »Das möchte ich doch genauer wissen. Können Sie mir auch exakt den Monat sagen?« Ich nenne den September. Der Autor ist tief enttäuscht: »Schade, dann kann ich Ihr Diktat nicht gebrauchen. Ich habe den September abgeschlossen und auch die folgenden Monate. Bis Dezember. Da könnte ich so gerade noch etwas hereinnehmen. Aber da haben Sie ja wohl nichts. Na dann Tschüß.« Und fort zu seinen Büchern eilt der Autor.

Ich habe gedacht, der hat sich über mich lustig gemacht. Komisch, von der Seite habe ich Walter Kempowski bisher nicht gekannt. Am besten vergesse ich diese unergiebige Begegnung wieder.

13. Waldtraut Lewin: »Wie Lehrer mit meinen Texten umgehen, das ist ein Stoff für Literaten«

Sie ist eine ganz besondere Frau: Als Künstlerin ein Multitalent, voller Sensibilität für Musik – von Händel bis zur Rockoper –, für Farben und Farbnuancen und für den Wohlklang, den Rhythmus und den Glanz unserer Sprache, dazu kommt ein feines Gespür für den treffenden Ausdruck.

Sie umgibt sich mit einem Hauch von Bohème, einem märchenhaften Zauber – und ist doch und vor allem ganz bürgerlich zupackend, mit beiden Beinen im Leben. Das bedeutet für sie auch: Die eigene Arbeit liegen lassen, der schriftstellernden Tochter (Miriam Margraf) eine faire Partnerin sein und den beiden Enkeln eine liebevolle Oma, die einspringt, wenn es not tut.

Eine Frau, die von Gleichberechtigung weder träumt noch redet, sondern die sie lebt. Bei ihr haben es Männer schwer mitzuhalten. Auch intellektuell. Eine Gesprächspartnerin, die aufmerksam zuhört, blitzschnell reagiert und rasch zu formulieren versteht. Eine immer belastbare Hilfe im Arbeitsteam.

Ihr Verhältnis zu Männern ist ungebrochen. Auf meine Frage: »Wie haben Sie, hier mitten im Herzen von Berlin, die Wende erlebt? Der Jubel. Die begeisterten Massen auf den Straßen. Das Ereignis der Epoche?« kommt ohne Zögern die Antwort: »Nichts habe ich davon bemerkt. Wissen Sie, ich war gerade wieder einmal verliebt.« Und dann, nach einer nachdenklichen Pause: »Später, in den Nachrichten, im Fernsehen, da habe ich zum ersten Mal von der Wende erfahren.« Diese verblüffende Offenheit, die Ehrlichkeit, ohne jede Koketterie, das ist es, was diese Frau sympathisch macht. Hinzu kommt: Sie steckt voller Poesie. Das spürt man sofort. Ohne daß jemand darauf aufmerksam machen muß. Der Umgang mit ihr ist ohne Anstrengung.

Das alles wissen wir, meine Frau und ich, noch nicht von ihr, als wir uns mit dem Wagen auf den Weg machen. Ziel ist die Rosa-Luxemburg-Straße. Bekannte Namen begegnen uns auf den Straßenschildern: Otto-Grotewohl-Straße, Unter den Linden, es geht vorbei am Schloß – nachempfunden in Pappmaché und Sperrholz, stückweise zum Verkauf feilgehalten –, am Palast der Republik – zum Abriß freigegeben –, rechts am »Alex«, weiter die Karl-Liebknecht-Straße entlang, noch ein paar Meter. Wir sind am Ziel. Unglaublich: Wir finden einen Parkplatz. Mitten in der Hauptstadt. In einer Nebenstraße zwar, aber immerhin.

Das Haus hat bessere Zeiten gesehen. Wie alle der Zerstörung des Krieges entronnenen Bauten wirkt es verwittert und baufällig. Es ist nicht nur die ehemals wohl schmucke Fassade, die abbröckelt und grau und triste dem Besucher die Stimmung niederdrückt, auch innen ist alles kaputt. Der Eingang, die Treppen – vielleicht noch als Filmkulisse zu nutzen. Später, als ich immer mehr Freunde in Berlin fand, wurde mir solch ein Anblick vertraut.

Wir erreichen ohne Hals- und Beinbruch die immer noch schöne Etagentür, ein Relikt aus längst vergangenen, noblen Zeiten. Die Klingel ist uns vertraut, eine Berliner, montiert auf einem Holzbrett. Vor Jahren haben wir uns eine vom Trödel in Westberlin mitgebracht. Sie ziert – bei uns auf dem Dorf eine Seltenheit – den Eingang, zum Schrecken der Aushilfsbriefträger, die auf einen Türklopfer tippen und die Post wieder mitnehmen oder beim Nachbarn abgeben.

Wir läuten. Und was ernten wir? Hundegebell. Der Lautstärke nach muß das ein Riesenvieh sein. Hoffentlich wittert das Tier unsere harmlosen Absichten und geht uns nicht an die Kehle. Der Fluchtweg ist uns verbaut. Wer traut sich schon, über die morsche Treppe zum Ausgang zu hasten. So widerstehen wir der Versuchung, Fersengeld zu geben. Die Tür geht auf, nachdem das Hundegebell nur noch an Wohlklang, nicht aber an Lautstärke übertroffen werden kann. Der kräftige Schäferhund, kaum zu bändigen, fletscht zur Begrüßung die Zähne. Er wird am Halsband weggeführt, alles Sträuben hilft ihm nichts.

Die Schriftstellerin führt uns in einen Raum, der von einem schwarzen Konzertflügel beherrscht wird. Im Zimmer sind Musiknoten verstreut.

»Nehmen Sie doch bitte Platz.« Es fragt sich, wo. Die Kleiderschränke haben sich wohl mit den Notenschränken verbündet und sind auf Wanderschaft gegangen. Stühle, Tische und Anrichte gewähren den Mänteln, Kleidern und Hüten Gastfreundschaft.

Die aufmerksame Gastgeberin hat Kaffee aufgebrüht und serviert ihn in Keramiktassen, die man nicht so bald nachfüllen muß: Jedes Gefäß ist für ein halben Liter gut. So wird die Unterhaltung nicht durch Hin- und Herlaufen zwischen Küche und Musiksalon gestört.

»Wir haben auch noch ein geräumiges Wohnzimmer, aber das ist belegt«, erfahren wir. Die Tochter ist gerade aus Äthiopien heimgekehrt, wo sie in der Entwicklungshilfe gearbeitet hat. Ein Student ist ihr nach Berlin gefolgt. Großzügig hat man ihm das Wohnzimmer als Unterkunft für den Übergang angeboten. Bis sich etwas Eigenes findet. Das dauert nun schon eine Weile. Man will den armen

Kerl nicht einfach heraussetzen. Er möchte gern in Berlin bleiben. Ob ich nicht einen Rat wisse?
So genau kenne ich mich da nicht aus. Aber eins ist gewiß: »Wenn der Gast aus Äthiopien Ihre Tochter heiratet, kann er nicht mehr abgeschoben werden. Wäre das ein Weg?«
Es ist keiner. Meine Antwort ist korrekt, aber unerwünscht. Ich trage mein erhebliches Anliegen vor und finde Zustimmung. »Sie wollen auf Rügen einen Kongreß einberufen. Mit Schriftstellern aus Ost- und Westdeutschland? Da sind wir beide gern mit von der Partie.« Mutter und Tocher erweisen sich als erlebnisfreudig, reiselustig, neugierig auf die Zukunft, die sie mitgestalten möchten. Solche Partner habe ich mir für die Gespräche und Aufgaben gewünscht, die vor uns liegen.
Waldtraut Lewin strahlt trotz aller momentanen Misere Zuversicht aus. Sie glaubt an ihre Zukunft: »Leser fragen, ob ich denn nicht mehr schreibe oder warum man mich nicht mehr druckt? Um wieder das Ohr der Geschichtenbegierigen zu gewinnen, muß es den Leuten entweder sehr viel schlechter oder sehr viel besser gehen. Im Augenblick spült mich das Bunte und Andere ins Aus. Das hilft aber nicht. Ich muß weiterschreiben ... Im übrigen glaube ich an meine Zukunft als Schreibende, weil ich es muß. Wie heißt es so schön bei Schiller? ›Verwehre du dem Seidenwurm, zu spinnen.‹«
Mich beeindruckt der Lebensmut dieser Autorin. Ich ziehe sie ins Vertrauen: »Es soll natürlich nicht bei einem bloßen Treffen der Schriftsteller aus Ost und West auf Rügen bleiben. Das ist erst der Anfang. Was mir vorschwebt ist, die zeitgenössische Dichtung in Deutschland und ihre Autoren – egal in welcher Region sie leben – den Schülern nahezubringen. Nicht nur auf dem Papier, durch Lesebücher.
Die Autoren sollen in die Schulen kommen, mit Lehrern und Schülern über ihre Texte sprechen. Sie sollen Fragen beantworten: Wie entsteht ein Gedicht, eine Kurzerzählung, ein Roman? Was erwartet der Leser vom Autor, was

umgekehrt setzt der Autor beim Leser voraus? Wie steht es mit der vermaledeiten Frage des Lehrers: ›Was will uns der Dichter damit sagen?‹ Und: ›Was soll der Text bedeuten?‹ Kann nicht vielmehr jeder Leser für sich den Text so deuten, wie er sich persönlich durch ihn angesprochen fühlt?« Frau Lewin ist ganz Ohr. Das versteht sie gut. Und möchte mitwirken. »Aber wie soll das funktionieren? Dazu brauchen wir die Mitwirkung der Lehrer. Ohne sie kommen wir nicht in die Klassen. Und außerdem: Lehrer und Autoren müssen sich über die Ziele einig sein.« Da hat sie recht. Ich schlage vor, zunächst geeignete, aussagekräftige Texte zu sammeln und dann auf Fachtagungen der Länder Autoren und Lehrer zusammenzubringen, damit sie die Scheu voreinander verlieren, sich absprechen und Formen der Kooperation vereinbaren.« Wenn es dafür an Geld fehlen sollte, so könnten aus der Bildungsplanung Mittel locker gemacht werden. Natürlich nur, wenn eine länderübergreifende Gemeinschaftsaufgabe vereinbart wird, die Länder im Osten als Partner gleichberechtigt beteiligt werden."
Frau Lewin nickt zustimmend. Ihr sagt dieses Vorhaben zu. Und sie will sich dafür einsetzen. Bei gutwilligen Kollegen, die einen Anstoß brauchen.
Sie hat einen Wunsch: »Vielleicht ließe es sich machen, an einer Diskussion teilzunehmen – und sei es nur, als stummer Gast Mäuschen zu spielen – in der Lehrer meine Bücher besprechen. Das wäre spannend.«
Na, fangen wir zunächst mit einer Bestandsaufnahme in Prora an. Mal sehen, was sich daraus entwickelt. »Blümchen suchen nach einem Waldbrand«, hat das jemand genannt. So ist das eben bei jedem Neuanfang.
Ach ja, da wäre zu Prora noch eine Frage zu klären: »Was machen wir mit dem Enkel, dem Kleinkind, und was mit dem Hund, der zähnefletschenden Bestie?« Ich schlage vor, daß einer von beiden in Berlin bleibt, um Haus und Heim zu bewachen. »Also geht der Schäferhund nicht mit auf die Reise.« Richtig.

Wir beenden diesen Besuch. Sehen uns in Prora wieder. Und dann arbeiten wir auf Fachtagungen, in Seminaren mit anderen Autoren, Wissenschaftlern aus Ost und West und mit vielen Lehrern zusammen. Grundlage ist eine wunderbare Textsammlung: Die Anthologie der 104 Schriftstellerinnen und Schriftsteller.

Auf einer dieser Fachtagungen, in Ludwigsfelde, erfüllt sich der Wunsch von Frau Lewin: Sie läßt sich einladen zu einem Workshop von Germanisten, die über ihre Texte sprechen.
Eine Weile nach der Tagung rufe ich in Berlin an. »Für die Tagungsbroschüre könnte ich gut einen Bericht über den Workshop gebrauchen. Über das Wechselbad Ihrer Gefühle, wie man Ihre Texte mißversteht, was Lehrer darin finden, an das die Autorin bis heute nicht gedacht hat. Wollen Sie mitmachen?« »Gern,« sagt Frau Lewin, »Aber bedenken Sie bitte, ich sitze gerade auf den gepackten Koffern und warte auf ein Taxi zum Flughafen Tegel. Wo es hingehen soll? Nach Japan. Eine längere Reise, auf die ich mich schon seit langem freue. Und da kommen Sie mit Ihrer eiligen Broschüre.«
Und jetzt passiert etwas, das mir wie ein Wunder vorkommt: Die Autorin setzt sich an die Schreibmaschine und schreibt mir ein perfektes Essay über ihre Eindrücke von dem Workshop in Ludwigsfelde. Über Fax habe ich es schon in Händen, als drüben in Berlin der Taxifahrer klingelt und um Nachsicht für die Verspätung bittet. »Ein furchtbarer Stau in der Innenstadt, verstehen Sie?« Frau Lewin winkt ab. »Macht nichts. Ich hatte sowieso noch eine Kleinigkeit zu erledigen.«
Und da soll mal einer sagen, dieser Frau fehle es an Entscheidungskraft, Reaktionsvermögen und Flexibilität. Jetzt ahnen Sie, weshalb ich gerade diese Autorin als Partnerin für ein bildungs- und gesellschaftspolitisch wichtiges Programm so sehr schätze. Von der Qualität dieser

unerwarteten, unter wahrhaft unerträglichem Termindruck geleisteten Arbeit mag ein Auszug aus dem Essay Zeugnis ablegen:

»Es ist schon ein eigenartiges Gefühl, als interpretierbare Größe gemeinsam mit Menschen zusammen zu sein, die einem von einem selbst geschriebenen Text ans Fell wollen. Zunächst war ich, ich muß es gestehen, überhaupt nur bereit, zuzuhören, nicht, mich einzumischen ins Geschehen. Und es gab ja dann auch genug zu hören und zu sehen. Wie Pädagogen aus Ost und West lernen, miteinander umzugehen, wie sie sich verstehen und mißverstehen, bestätigen und abstoßen, Berührungspunkte finden und Gemeinsames entdecken und wie sie sich schließlich über einem Text zusammenraufen, das war schon die Beobachtung wert und durchaus auch Futter für Literaten.

Und dann gab es etwas, was mich ungemein berührte. Es war der absolute und ehrliche Wille, mit dem vorgegebenen Text umzugehen. Ansatzpunkte zu entdecken und nach Varianten zu suchen, ihn den Schülern zu vermitteln. Im Gegensatz zu einem Kollegen störte mich dabei überhaupt nicht, daß dieser Text manchmal nur zum Anlaß genommen wurde für Ausflüge in ganz andere Welten. Wir sollten uns nun einmal daran gewöhnen, so wie sich ein Theaterdichter daran gewöhnen muß, sich in einer Inszenierung nicht wiederzuerkennen, daß unser Geschriebenes nur ein Kanevas für die Phantasie des Lesers ist, daß ein Buch erst im Kopf des Betrachters besteht und daß wir keinen Einfluß darauf nehmen können, ob die Beschreibung eines Caféhausbesuches dem Konsumenten dazu dient, die Hauptperson besser zu verstehen, oder ihn nur anregt, sich selbst einen Espresso zu brühen. Wenn eifrige Pädagogen in unseren Texten Absprünge finden, um mit ihren Schülern in andere Bereiche zu eskapieren, sollte uns das nicht irritieren, sondern vielleicht sogar freuen.

Schließlich ließ ich mich denn doch auch zum Eingreifen bewegen. In dem Moment, als ich das Gefühl hatte, daß

eine Art von Ehrfurcht vor dem Text oder besser, vor der durch ihn vermittelten Stimmung und Lebenshaltung hinderlich wurde, zur Interpretation vorzudringen. Texte sind zum Anfassen.
Sie sind nicht aus Zucker, sie schmelzen nicht, wenn man sie dreht und wendet, und wenn man ihnen auf den Zahn fühlt, wird man merken, ob sie gut oder schlecht sind. Vielleicht war das die Anregung, die ich diesen kompetenten und in ihrem Beruf begeisterten Leuten geben konnte: Geht den Texten mit aller gebotenen Vorsicht und in aller geforderten Respektlosigkeit zu Leibe! Seid konkret!
Workshop in Ludwigsfelde. Literatur als Ort, wo man sich begegnet, Geschichten als Stelle, wo sich Wege kreuzen. Ein gutes, ein hoffentlich noch oft zu wiederholendes Experiment.«
Der volle Wortlaut findet sich in Heft 8/96 des »Berliner Lesezeichens.«

14. Heiner Müller: »Auf dem Portrait fehlt noch ein Markenzeichen«

Heiner Müller ist der einzige Autor, der auf meine Bitte, für die Anthologie »Von Abraham bis Zwerenz« einen Text zu schicken, nicht reagiert. Versuche, ihn telefonisch zu erreichen, sind erfolglos. Ich erfahre von seiner schweren Krankheit und verstehe, daß er Zeit und Kraft einteilen und sich auf die wichtigsten Arbeiten beschränken muß.
Aber er hat einen tüchtigen Assistenten, der ihm lästige Anfragen abnimmt. Der Mann heißt Suschke. Der wird's schon richten, denke ich. Also versuchen wir es mal mit ihm. Mehrfache vergebliche Anläufe belehren mich: An den ist genauso schwer heranzukommen wie an seinen Meister.
Ich befrage die Damen im Vorzimmer der Intendanz, doch

die wollen nicht so recht mit der Sprache heraus. Nach mehreren hartnäckigen Anrufen kann ich mir zusammenreimen: Der Herr Suschke ist entweder auf der Probe – da läßt er sich nicht stören, was zu begreifen ist – oder woanders, vielleicht sogar zu Hause. Vier Wochen vor Drucklegung des Werkes geschieht das Wunder, der Gesuchte meldet sich am Apparat. »Soso, ein Beitrag von Heiner Müller für eine Anthologie. Aus Bonn rufen Sie an. Interessant. Darf ich erfahren, um was es überhaupt geht? Herr Müller wird mich fragen.«
Aha, den Brief, in dem alles erklärt wird, hat der Assistent offensichtlich nicht gelesen. Ich kläre ihn auf. »Ja« sagt Herr Suschke nicht ohne Wohlwollen. »Beiträge für eine Anthologie, so etwas dauert. Da müssen Sie sich schon gedulden. Vielleicht komme ich gegen Ende der Spielzeit dazu.« Die hat aber gerade erst begonnen! Und dann, mit leichter Resignation: »Wenn ich überhaupt dazu kommen sollte.«
Das sieht nach einer Absage aus. Für Herrn Suschke ist das Gespräch damit beendet. Als ich trotzdem nicht auflege, wirkt er deutlich genervt. Was es denn jetzt noch gäbe. »Es ist doch alles gesagt.«
Die ganze Zeit habe ich darüber nachgedacht, wie ich diese einmalige Gelegenheit am besten nutze. Eine originelle Idee muß her, die den Herrn Assistenten verblüfft und für unser Anliegen empfänglich macht. Etwas, das noch in keinem Bühnenstück vorgekommen ist, das er kennt. Ich sage: »Machen Sie sich keine Mühe. Keine Suche mehr nach geeigneten Texten. Wir sind kurz vor der Drucklegung. Bescheiden wir uns doch mit dem wenigen, das vorhanden ist. Ein Bild von Heiner Müller haben wir uns besorgt, der Lebenslauf steht und ein Verzeichnis der Werke liegt gerade vor mir. Es fehlt nur noch der Text. Für den haben wir 30 Seiten reserviert wie bei den anderen Autoren. Ich mache Ihnen den Vorschlag, sie frei zu lassen, unbedruckt. Wäre das eine Lösung?«

Herr Suschke versteht nicht recht, worauf das hinausläuft. Ich erkläre: »Das ist beileibe kein Unfug. Aber Sie bringen mich auf einen guten Gedanken. Die Leser haben ein Recht zu erfahren, warum ausgerechnet der nicht gerade publicityscheue Heiner Müller keinen Beitrag geliefert hat. Wir schreiben also auf eine ganze Seite, Platz haben wir ja reichlich: Hier sollten Texte von Heiner Müller stehen. Aber leider ist sein Assistent, Herr Suschke, nicht damit herübergekommen.«
Zunächst herrscht eine Weile Sprachlosigkeit am anderen Ende der Telefonleitung. Dann, voller Empörung: »Das können Sie doch nicht machen. Was sollen denn die Leute von mir denken. Haben Sie zufällig ein Faxgerät?« Haben wir. Schneller als gedacht kommt der Amtsbote mit einem meterlangen Fax. Ich sichte die Texte: Ein reichhaltiges Angebot. Darunter: Der Vater. Todesanzeige. Seife in Bayreuth.
Mir gefällt die Porträtzeichnung von Heiner Müller für die Anthologie, die Harald Kretzschmar schon vor einiger Zeit angefertigt hat. Aber was wird der Porträtierte selbst dazu sagen? Fragen wir ihn rechtzeitig, wenn ich nächste Woche in Berlin sein werde.

Wie ich an den Vielbeschäftigten herangekommen bin? Eigentlich ein Geheimnis. Aber jetzt, da der Künstler nicht mehr lebt, kann man es ja verraten. Die beiden Damen im Vorzimmer, die mich aus einigen Anrufen kannten, gaben mir einen Tip: »Versuchen Sie es doch einmal in der Kantine. So gegen halb drei kommt Herr Müller meistens und geht um halb vier wieder. Vielleicht haben Sie Glück. Aber Sie dürfen nicht verraten, wer Ihnen das erzählt hat.« In der Theaterkantine ist der Gesuchte kaum unter einem Schwarm von Theaterleuten auszumachen. Gebeugt über Textbücher, die er bedächtig korrigiert, ergänzt, mit Anmerkungen versieht, über manche Zeile den Kopf schüttelnd – ich fühle mich fehl am Platze. Man sieht meiner

Kleidung an, daß ich nicht vom Fach bin: Alle, bis auf den Kantinenwirt, tragen Schwarz. Ich fürchte: Hier ist es wie im Kloster, im Refektorium – Laien ist der Zutritt streng untersagt.

Heiner Müller hat mich längst bemerkt. Er äugt freundlich herüber, die Neugier – wohl aber auch die Höflichkeit des Hausherrn – gewinnt die Oberhand. »Einen Augenblick, bitte«, sagt er zu seiner Umgebung, die verdrießlich guckt, da er ja um halb vier wieder weg ist. Die Blicke, die mir die in der Arbeit mit dem Intendanten gestörten Künstler zuwerfen, sind gereizt. Heiner Müller ist liebenswürdig, zeigt sich weder überrascht noch ungeduldig als ich mich vorstelle. »Ob ich Sie kenne? Na klar«, sagt der Autor, »ich erinnere mich genau. Sie bereiten da so ein Buch mit Texten zeitgenössischer Schriftsteller vor. Ich dachte, die Sache sei längst erledigt. Hat der Suschke Ihnen die Texte endlich geschickt? Fehlt noch etwas? Ich zeige ihm das Porträt. Müller lächelt. »Das geht in Ordnung. Ich bin ganz gut darauf getroffen. Dabei bleiben wir. Ein tüchtiger Zeichner, der Harald Kretzschmar.« Er schreibt seinen Namen darunter. »Das ist das Imprimatur.« »Aber die Zigarre, Ihr Markenzeichen.« Heiner Müller verwundert: »Was ist damit? Die falsche Marke? Aber die trägt doch keine Bauchbinde.« »Zu kurz«, sage ich. »Die Zigarre ist zu kurz. Die würde ich gern etwas länger machen. Die sieht so aus wie ein sechster Finger. Das verwirrt die Leute.« Müller ist einverstanden. Das Markenzeichen wird korrigiert. Der Autor, der inzwischen aufgestanden ist – die Zeit drängt – beugt sich zu mir herunter – die Künstler sehen immer verdrießlicher drein, gleich reißt ihnen der Geduldsfaden – und flüstert: »Wenn wir schon darauf aus sind, perfekt zu sein, dann fehlt noch etwas auf dem Bild. Ein weiteres Markenzeichen.« Und was glauben Sie, meint er? »Die Schnapsflasche« sagt der Stückeschreiber und lächelt. »Die Schnapsflasche gehört noch dazu.« »Was nehmen

wir denn: Jim Beam oder Jonny Walker?« Er überlegt einen Augenblick: »Ach was, lassen wir die Flasche doch lieber weg.«
Daran haben wir uns gehalten. Eine Flasche Jim Beam ist mir später doch begegnet, im Theater am Schiffbauerdamm.

Am letzten Abend meiner Dienstreise erfahre ich, daß im Berliner Ensemble der russische Dichter Jewtuschenkow liest. Die Lesung wird wohl ausverkauft sein, fürchte ich. Ein Anruf beim Vorverkauf bringt Klarheit: »Ob es noch Karten gibt für heute abend? Soviel Sie nur wollen. Seit Tagen waren wir ausverkauft und dann ist Harald Juhnke krank geworden. Da haben wir fast alle Karten zurückgekriegt.« Was denn Juhnke mit dem russischen Dichter zu schaffen habe?
»Lesen Sie denn die Ankündigung an der Litfaßsäule nicht? Da stand doch: Harald Juhnke präsentiert Jewtuschenkow.« »Und wer kommt stattdessen?« »Warten Sie es mal ab. Sie werden bestimmt zufrieden sein. Wir verraten nichts.«
Na, dann wollen wir mal den Sprung ins Ungewisse wagen.
Zur Lesung ist das Theater bis auf den letzten Platz besetzt. Der Gast aus Rußland betritt die Bühne. In der Hand eine Flasche Wodka. Und wer folgt ihm ins Rampenlicht? Der Intendant. Tosender Beifall. Kein Wunder: Die Mehrzahl der Gäste sind Theaterleute, wie man an der Einheitskluft sieht. Die haben rechtzeitig Bescheid gewußt, wer den Harald Juhnke vertritt. Der Hausherr winkt ab: »Sie brauchen sich gar nicht so zu freuen. Ich bin eigentlich heute abend gar nicht vorgesehen. Ich bin heute abend nur der Stuntman für Harald Juhnke.«
Und in das aufbrausende Gelächter: »Ich weiß gar nicht, was Sie wollen. Der Mann ist ein großer Künstler auf dem Boulevard-Theater.«

Jetzt liegt er mit einer Alkoholvergiftung im Krankenhaus. Es ist schon schwarzer Humor: Der Stuntman hat als Proviant und Labsal eine Flasche von dem guten Whisky »Jim Beam« mitgebracht.
Es wird ein feucht-fröhlicher Abend. Der Dichter aus Rußland wirft sein Glas nach dem ersten Schluck auf den Boden. Ein Brauch aus seiner Heimat. Scherben bringen Glück. Aber hier liegt Teppichboden, das Glas bleibt heil. Bloß nicht abergläubisch werden. Der Abend gelingt trotzdem.
Jewtuschenkow ist in guter Form. Gedichte, Anekdoten, dazwischen amüsante Plauderei mit dem Hausherrn, der Übersetzer hat Mühe zu folgen, und das Publikum geht entspannt und aufgelockert mit. Erst recht, als es nicht mehr trocken und durstig zusehen muß, wie die beiden Akteure auf der Bühne einen Schnaps nach dem anderen kippen und dabei immer fröhlicher und ausgelassener werden. Junge Männer betreten mit großen Flechtkörben den Zuschauerraum und teilen Flaschen zum geselligen Mittrinken aus.
Was in diesen Flaschen war, ob Alkohol oder Selterswasser, weiß ich nicht zu berichten. Ich bin leer ausgegangen: Nur jede zweite Reihe konnte bedient werden. Das größte Erlebnis war der russische Dichter selbst. Bald hat er auf der Bühne getanzt, bald ist er im Zuschauerraum durch die Reihen gewirbelt. Wie ein Jüngling. Doch hat ihn die Gymnastik mehr angestrengt als früher. »Der Rücken macht nicht mehr mit«, hat der Dichter aufseufzend bekanntgegeben. »Wie nennt man das in Deutschland? Ich glaube: Ischias.« Die Stimmung ist gut, der Dichter fühlt sich wohl in Berlin. Er erinnert sich an seinen ersten Besuch in Deutschland: »Als ich das erste Mal hier war, habe ich in meiner Heimat ziemlichen Ärger bekommen. Also, ich war zu den Ruhrfestspielen nach Recklinghausen eingeladen. Warum sollte ich diese Einladung nicht annehmen? Später hat mir Chrustschow erzählt: ›Stell Dir mal

vor, der Ulbricht hat sich bei mir über Dich beschwert. Ganz offiziell. Weshalb? Nun, Du hättest zunächst nach Ostberlin, in seine Hauptstadt, kommen müssen. Er könne Dir nicht verzeihen, daß Du statt dessen in Westdeutschland die Kapitalisten aufgesucht hättest. Ich solle Dich dafür richtig bestrafen.‹ Chrustschow, der alte Fuchs, hat den Beschwerdeführer gefragt, ob er den Sünder zur Strafe nach Sibirien verbannen solle. Ulbricht war damit sehr einverstanden. Hat ihn der Chrustschow belehrt: ›Das ist für den gar keine Bestrafung. Der Jewtuschenkow wohnt dort. Er stammt aus Sibirien.‹ Bis dahin hatte das niemand in Ostberlin gewußt.«

Heiner Müller hat ein anderes komisches Erlebnis parat und erheitert damit weiter die inzwischen leicht alkoholisierten Besucher: Er erzählt von einem Staatsbesuch im Friedrichsstadtpalast. Der Gast ist Gorbatschow. Nach den offiziellen Reden sind Gast und Gastgeber Erich Honecker verschwunden. Keiner weiß wohin. Mielke murmelt was von Entführung und veranlaßt den Großeinsatz der Volkspolizei. Doch ohne Erfolg, die reine Katastrophe. Ehe der Notstand ausgerufen werden mußte, haben sich beide wieder eingefunden. Und wo haben die gesteckt? Wo sie keiner vermutet hatte. Auf der Toilette. Hat der Gorbatschow schmunzelnd zu Mielke gesagt: »Weißt Du einen anderen Ort, an dem man bei euch ungestört reden kann, wie es einem ums Herz ist, ohne daß eure Staatssicherheit lauscht, alles mitschneidet und dann archiviert?« Mielke hat das für ein verstecktes Lob gehalten und dies Erlebnis in vertrauter Runde öfter zum besten gegeben.

Nach der Lesung sind Dichter und Intendant verschwunden. Die Fans haben den Rest des Abends vergeblich auf die beiden in der Eingangshalle gewartet. Diesen ist es gelungen, einen Platz zu finden, wo sie ungestört plaudern konnten. Ungestört durch Verehrer. Auch die können lästig fallen.

Einige Monate vor seinem Tod hat mir Heiner Müller noch einmal Gelegenheit zu einem Gespräch gegeben, in der Kantine. Die Arbeit an der Anthologie habe ihm Spaß gemacht, sagt er mit einem kurzen Seitenblick auf den ebenfalls anwesenden Assistenten Suschke. Er sei zufrieden mit der Entwicklung, private und berufliche Wünsche könne er sich erfüllen.

Ich spreche Heiner Müller auf ein Interview mit einem Herausgeber an, der ihm kritisch gegenübersteht. Warum er sich das antue?

»Die Unterhaltung mit dem Mann macht mir Spaß. Sie kennen doch meine Biografie. Wenn der Interviewer die gelesen hätte, wüßte er schon alle Antworten und könnte sich Zeit und Mühe sparen. Oder andere, raffiniertere Fragen stellen, auf die ich nicht vorbereitet bin.

Außerdem interessieren mich solche Leute, die einen ganz anderen Lebensweg aufzuweisen haben als ich. Der kommt aus einem wohlhabenden Elternhaus. Eine goldene Jugend. Keine Sorgen. Wir zu Hause waren dagegen arm wie die Kirchenmäuse. Viel Geld habe ich auch später nie besessen. In diesen Sachen sind wir weit auseinander. Mal sehen, wie ein Gespräch mit diesem Mann verläuft.«

Wenige Tage später wird das Interview im Fernsehen gesendet. Heiner Müller soll Auskunft geben, warum er nie öffentlich protestiert habe, wenn es stimmt, daß er mit einigen Maßnahmen des Regimes in der DDR nicht einverstanden war. Ob er nicht den Mut besessen habe, Kritik zu wagen und zu riskieren, eingesperrt zu werden. Der Interviewer lehnt sich zufrieden zurück. Seine Miene drückt aus: Das hat gesessen. Heiner Müller überlegt und sagt dann, mehr erklärend als rechtfertigend, daß er auch daran gedacht habe, wie mancher seiner Freunde eingesperrt zu werden. Eine Inhaftierung an sich hätte er schon ertragen. Er habe manches Ungemach ausgehalten. Aber die Haftbedingungen hätten ihm diesen Weg versperrt. Er existiere als Schriftsteller nur, wenn er aufschreiben könne, was ihm

durch den Kopf gehe. Dazu brauche er Papier, einen Stift und Ruhe. Und daran habe es in den Gefängnissen in der DDR gefehlt. »Freunde, die verhaftet worden sind, haben mir gesagt: ›Das Schreiben kannst Du Dir dort ganz abschminken.‹ Verstehen Sie jetzt als Journalist und Zunftgenosse meine Haltung?« Darauf hat der Interviewer geschwiegen.
Die Totenfeier zum Tode von H. M. war gerade vorüber, da waren meine Frau und ich in Berlin. Im Theater am Schiffbauerdamm wurde Müllers »Der Bau« gegeben. Nach Ende des Stückes, die Besucher drängten sich schon an den Garderoben, hören wir einen Schauspieler einen Text von Kafka sprechen, den wir allerdings wegen des Aufbruchslärms kaum verstehen konnten. Wir nehmen erneut im nur noch halbvollen Zuschauerraum Platz. Der Schauspieler an der Rampe ist mit seinem Text zu Ende gekommen.
Und dann erleben wir etwas Einmaliges: Zwei Stunden werden Szenen von Heiner Müller gespielt, daß es einem den Atem verschlägt. Eine Huldigung an den Verstorbenen. »Pompes Funebres«. Das Totenfest. Wir werden es nicht vergessen.

15. Stephan Hermlin: Der Grandseigneur / »Gegen Rückfälle bin ich nicht gefeit«

»Als Hermlin im Zentralkomitee nach meinen Stücken fragte, war die empörte Antwort, daß die DDR bei mir als Diktatur dargestellt würde. Hermlin sagte: ›Das verstehe ich nicht, wir haben doch die Diktatur des Proletariats ...‹ « (Heiner Müller, Krieg ohne Schlacht)

Hermlin, der dem in Ungnade gefallenen Schriftstellerkollegen so beherzt und dialektisch gewandt beispringt, paßt eigentlich nicht in den Alltag des »ersten Arbeiter-

und Bauernstaates auf deutschem Boden«. Schon der Künstlername, den sich der im Jahr 1915 als Sohn eines wohlhabenden jüdischen Bankiers geborene Rudolf Leder gab – man vermutet eine Verbindung der Namen Friedrich Hölderlin und Stéphane Mallarmé- weist auf Vorlieben hin, die in der DDR nicht sonderlich gepflegt wurden.
Da überrascht es nicht, daß er sich schon bald einen Namen machte mit Übertragungen von Autoren, deren Werke den Rahmen des sozialistischen Realismus sprengen (Eluard, Aragon, Neruda, Attila Jozsef u. a.). Ihm ist auch eine Öffnung gegenüber den großen Werken der Moderne zu verdanken (Kafka, Joyce und Proust), die erst auf sein Betreiben hin in der DDR erscheinen konnten. In solchen kulturpolitischen Aktivitäten wird die eigentliche Bedeutung von Hermlin gesehen.
Auf einem Schriftstellerkongreß hat er sich als einen »spätbürgerlichen Schriftsteller und Kommunisten« bezeichnet. Diesen Schriftsteller kennenzulernen, der neben vielen anderen Ehrungen mehrmals den Nationalpreis erhalten hatte, dessen Wort im PEN-Ost und in der Akademie der Künste viel galt, hatte für meine Frau und mich einen ganz besonderen Reiz. Wir baten daher um einen Besuchstermin, mit dem Hintergedanken, Stephan Hermlin womöglich für eine Teilnahme am Schriftstellerkongreß in Prora zu gewinnen. Ich stellte mir dabei vor, daß er kraft seiner Persönlichkeit und seiner Erfahrung unter den zerstrittenen Schriftstellern vermittelnd wirken könnte.
Wir vereinbaren Tag und Stunde. »Aber denken Sie bitte daran, wirklich nur eine halbe Stunde. Ich bekomme anschließend Besuch.«
Die Wohnung liegt im Stadtbezirk Niederschönhausen; die Straße ist nach Hermann Hesse benannt, welch schöne Einstimmung für das Gespräch! Der Hausherr öffnet pünktlich die Haustür, ein Grandsigneur: Tweedjacke vom Feinsten, dazu die unauffällig passende Hose vom ersten Schneider, gutes Schuhwerk – keine Strümpfe. Die bren-

nende Pfeife hat er zur Begrüßung in die Hand genommen. Das machen in Bonn nicht alle. Einer der letzten Bildungsminister ließ die Pfeife beim Sprechen in der Zahnlücke hängen. Bonn ist eben nicht Berlin. Wir werden hereingeführt. »Bitte, nehmen Sie doch Platz. Nein, nicht auf diesem Sessel. Nehmen Sie doch den hier. Wissen Sie, wer gestern abend darauf gesessen hat?« In der Frage liegt Ehrerbietung. »Sie werden es nicht glauben: Stefan Heym.« Hermlin horcht auf, als er von mir erfährt, daß ich diesen Schriftsteller schon vor der Wende kennengelernt habe. Gespielt bescheiden sage ich: »Ich nehme auch gern einen anderen Stuhl, wenn einer da ist, der besser für mich paßt.« Hermlin guckt ein wenig verdutzt, eher belustigt drein. Diesen Gast kann er noch nicht einordnen. So steckt er erst einmal seine Pfeife, die inzwischen ausgegangen ist, wieder an. Ich packe derweil den Hebammenkoffer aus. Den kleinen Couchtisch füllen die Bücher des Gastgebers völlig aus. Dieser zeigt keine Gemütsregung und macht sich ans Signieren. Ich bitte um Nachsicht, daß ich mit der Tür ins Haus falle, aber: »Bedenken Sie, so viel Arbeit und dann nur eine halbe Stunde.« Der Autor winkt ab: »Sie wollen doch die Bücher wieder mitnehmen, nach Westdeutschland. Und einen Blick reinwerfen, wenigstens in das eine oder andere, möchte ich schon. Soviel Zeit werden wir uns wohl nehmen.« Mit sanftem Spott: »Benötigen Sie außer dem Namen auch das Datum? Wir könnten eine Menge Zeit sparen, wenn wir auf alles Überflüssige verzichten.« Ich frage Hermlin, der sorgfältig, in lesbaren Buchstaben signiert: »Sie scheinen gar nicht bewegt, erstaunt oder verwundert angesichts der Fülle Ihrer Schriften, der literarischen Ausbeute eines langen Lebens als Autor und Übersetzer, die Ihnen ein westdeutscher Besucher vorlegt.« Er lächelt freundlich: »Das täuscht. Ich freue mich schon, die vielen Bücher bei Ihnen zu sehen. Besonders freue ich mich über die alten Ausgaben. Manche habe ich schon seit Jahren nicht mehr gesehen. Wo haben

Sie die bloß alle her?« Nun, ich lebe ja auch schon eine längere Zeit und sammele und lese seit vielen Jahren.
Hermlin signiert den Gedichtband »Der Flug der Taube«. Er hält das schmale Bändchen aus dem Jahr 1952 nachdenklich in der Hand. »Die Lobpreisung auf den Diktator Stalin hat Ihnen viel Ärger eingebracht. Manche meinen, das hätten Sie nicht nötig gehabt, ihm zu huldigen. Und das doch wider bessere Überzeugung.« Hermlin widerspricht entschieden: »Sehen Sie, das sind diese Verleumdungen, die mir zusetzen. Die Wahrheit ist, daß ich immer geschrieben habe, an was ich glaubte. Nehmen Sie etwa Josef Stalin. Das war für mich lange Zeit der Befreier vom Faschismus, der mir, dem verfolgten Juden, die Lebensangst genommen hat. Bevor er die Nazis militärisch besiegt hatte, konnte ich jederzeit verhaftet und ermordet werden. Jahre später habe ich dann von den Verbrechen dieses Menschen erfahren. Da habe ich anders über ihn gedacht. Aber als ich die Verse schrieb, die man mir heute vorhält, da kannte niemand das wahre Gesicht Stalins. Warum macht man ausgerechnet mir daraus einen Vorwurf? Das Recht auf Irrtum nehme ich genauso in Anspruch wie das andere für sich tun.« Ich erinnere mich an seine Selbstkritik, damals 1953 vor dem Zentralkomitee der SED, als er wegen bestimmter Lesungen an den von ihm eingerichteten Akademieabenden gerügt worden war. Hermlin hatte Besserung gelobt, aber gleichzeitig bemerkt: »Gegen Rückfälle bin ich jedoch nicht gefeit.«
Als erster hat er im Jahr 1976 die Petition gegen die Ausbürgerung Wolf Biermanns unterzeichnet, sich später jedoch davon distanziert. Ich wollte Hermlin immer nach seinen Gründen für den Widerruf fragen. Aber damals, bei unserer ersten Begegnung erschien mir dies zu aufdringlich. Später, als wir miteinander vertrauter wurden, standen immer andere Themen im Vordergrund.
Bei meinem ersten Besuch frage ich ihn nach seiner Beteiligung am spanischen Bürgerkrieg. In Vorbereitung auf das Treffen hatte ich in einer Biografie gelesen, daß da

ein »weißer Fleck« sei. Hermlin zeigt sich überrascht. Das habe ihn bisher noch nie jemand gefragt: »Soso, ein weißer Fleck, meinen Sie.« Er sucht offenbar Zeit für eine plausible Erklärung. Ich will die Frage gerade zurückziehen, da ich sehe, daß sie ihm peinlich ist, als ich höre: »Na, das läßt sich klären. Natürlich war ich im spanischen Bürgerkrieg dabei, vom Anfang bis zum bitteren Ende.« Ob er da einen prominenten Mitkämpfer getroffen habe, etwa Hemingway oder Willi Bredel. Nein, Hemingway sei er nicht begegnet und auch nicht Willi Bredel. »Wo denken Sie hin? Der Mann war Brigadekommandeur und ich einfacher Sanitäter.« Jetzt ist es heraus: Unser Dichter war Sanitätsgefreiter und schämt sich dessen. »Ich habe immer ein besonderes Verhältnis zu Waffen gehabt und hätte gern damit in Spanien die Demokratie verteidigt. Und dann durfte ich nur den Sanitäter spielen. Das hat mich sehr gekränkt.« Mich wundert das. Aber ich muß zugeben, daß ich nie Soldat war und auch kein Verhältnis zu Waffen habe. »Haben Sie denn nie daran gedacht, daß es auch im Krieg ehrenwerter ist, Verwundeten zu helfen als gesunde Menschen umzubringen?« Hermlin nimmt meine Antwort so ernst, wie sie gemeint ist: »So habe ich die Sache noch nie gesehen. Aber da ist etwas dran. Ich werde mal darüber nachdenken.« Bei dem Geplauder ist die Uhr jedoch nicht stehengeblieben. Dezent stehen wir daher auf: »Es tut uns leid, die halbe Stunde ist schon längst überschritten.« Der Gastgeber antwortet liebenswürdig, das mit der halben Stunde Besuchszeit sei heute mal nicht so ernst zu nehmen. Wir sollten uns rasch wieder hinsetzen. Die Unterhaltung gefalle ihm. Doch die Waffen spuken noch in seinem Kopf herum: »Heute habe ich einen besonders guten Tag. Es ist da ein Schreiben vom Polizeipräsidenten gekommen.“ »Was stand denn drin in dem Schreiben?« Hermlin blickt zufrieden drein: »Ich habe endlich wieder die Erlaubnis erhalten, eine Schußwaffe zu führen. Genau wie mir das in der DDR erlaubt war. So etwas gehört zu meinem Selbstverständnis.« Ob er zur Jagd gehe? »Doch, doch. Allerdings nicht mehr die letzten Jahre.« Mir fällt nicht leicht zu begreifen, weshalb er das unbenutzte Gewehr für so wichtig hält. Scherzhaft bemerke ich: »Vielleicht lassen sich damit unerwünschte Besucher, wie etwa Revolverjournalisten, abschrecken.« Hermlin lächelt nachsichtig mit den Augen. »Nein, daran hatte ich eigentlich nicht gedacht.« Das Gespräch wird wieder ernster. Wenn ich mich recht erinnere, hat Stefan Heym einmal erzählt, er habe sich unter den Nazis als Jude – ganz waffenlos – immer nackt, ohnmächtig gefühlt. Als er dann mit der amerikanischen Invasionsarmee nach Europa gekommen sei, mit einer Waffe in der Hand, habe ihn das sehr beruhigt. Als Angehöriger einer Propagandaeinheit hinter der Front habe er zwar nie geschossen, aber sich sicher gefühlt. Jetzt, habe er sich gesagt, kann mir als Jude nichts mehr passieren. Ich kann mich endlich meiner Haut wehren. Das war eine völlig neue Erfahrung. Ich kann mir vorstellen, daß ähnliche Gefühle auch bei Stephan Hermlin, wie Heym Jude und Verfolgter, eine Rolle spielen, bewußt oder unbewußt. Er macht überhaupt keinen martialischen Eindruck. Ich glaube nicht, daß dieser friedfertige Schöngeist auch nur einer Fliege ein Bein ausreißen würde

In dem DDR-Bildband »Dichter des Friedens« ist er – wie alle anderen Autoren auch – mit einem Bild vertreten. Nonchalant steht der sympathische Weltbürger vor der Kamera, natürlich mit der gewohnten Pfeife. Im Hintergrund ist eine Dame auszumachen. »Das ist meine Mutter«, sagt der Dichter. »Wenn Sie genau hinsehen, abgebildet auf einem Ölgemälde. Und wer, meinen Sie wohl, war der Maler?« Na, wer schon malte damals die Gattin eines schwerreichen jüdischen Bankiers? Liebermann. Er sagt es und fügt hinzu: »Nicht nur einmal, nein, gleich viermal hat der Liebermann meine Mutter porträtiert.« Der Vater war übrigens nicht nur Bankier sondern auch ein virtuoser Pianist, erfahre ich. Der schöne, schwarzlackierte Flügel zu meiner Linken sagt dem Besucher: Das ist ein musikliebendes Haus.

Ich berichte von der geplanten Schriftstellertagung auf Rügen. Dorthin möchte ich ihn gern einladen. Der Dichter stutzt, ist sichtlich überrascht. Das hat er nun nicht erwartet. Der Bücherwurm enttarnt sich als Gesandter der neuen Herren in Bonn. Na so was! Mit ärgerlichem Unterton, ganz abweisend, kommt die Antwort auf diese Zumutung: »Sie glauben doch wohl nicht im Ernst, daß ich Ihre Tagung da oben im Norden auf dieser Insel leiten werde!« Ich kann den Empörten beruhigen: »An eine Leitung hat niemand gedacht. Dafür haben wir zwei Wissenschaftler. Wir würden uns freuen, wenn Sie einfach nur dabei sein würden. Vielleicht als wichtige Integrationsfigur. Bei den vielen Streithähnen, die wir erwarten.« Hermlin, jetzt ganz Präsident vom PEN-Zentrum und Vizepräsident des PEN-Clubs, kann mich immer noch nicht so recht einordnen. Mein Auftreten ist ihm viel zu formlos. Man merkt, er ist an Titel und Ränge gewöhnt. Er weiß nicht, was so ein Ministerialrat aus Bonn zu bedeuten hat. Macht der sich nun einen Jux – recht geschmacklos – oder hat der die Kompetenz, die amtliche, eine Schriftstellertagung auf Rügen kurz nach der Wende mit den verfeindeten Brüdern und Schwestern vorzubereiten? Doch an der Anthologie, einige Zeit später, beteiligt er sich mit Beiträgen. Er stellt einen Auszug aus »Abendlicht« und einen Text »Zur Lage« bereit, den er im Oktober 1992 auf einem vom Goethe-Institut Palermo organisierten Symposium vorgetragen hat. Ein Zitat aus diesem Vortrag belegt, wie Hermlin über den nach der Wende ausgebrochenen Streit über die DDR-Schriftsteller denkt: »Daß eine Clique und Claque von Kritikern selbst zu den Bewunderern mancher DDR-Schriftsteller gehört hat, versuchen sie durch opportune Haßausbrüche in Vergessenheit geraten zu lassen. Dazu gehörte die Erfindung des Begriffes Gesinnungsästhetik und das Argument, die inkriminierten Schriftsteller hätten gerade durch Interessantheit und Perfektion die Existenz des verhaßten Staates verlängert oder auch ihm eine künstliche Aura verliehen, anstatt ihn zu stürzen. In ihrem Übereifer merken sie nicht, wie nahe diese Argumente den Haltungen der Dogmatiker von einst kamen. Was das Stürzen von Regierungen betrifft, erinnert man sich, daß die Enzyklopädisten, soweit sie damals noch lebten, am Sturm auf die Bastille, den sie vorbereitet hatten, nicht teilnahmen ...«

Resignation und Enttäuschung sprechen aus den Antworten des Dichters, die er auf die folgenden Fragen gegeben hat:

Wie geht es Ihnen nach der Vereinigung? »Ich beklage mich nicht.«

Was ließe sich verändern, verbessern? »Ich weiß es nicht.«

Wie schätzen Sie die Solidarität unter deutschen Schriftstellern ein? »Die gibt es nicht. Statt ihrer schlägt einem aus einer kleinen, aber einflußreichen Gruppe blanker Haß entgegen, und zwar durchweg von der Seite derer, für die ich mich in DDR-Zeiten einsetzte. Eine Ausnahme bildet Wolfgang Hilbig. Und ausgenommen sind natürlich meine alten Freunde Hans Mayer, Stefan Heym, Christa Wolf, Volker Braun.«

Was stellten Sie sich zu Beginn der Vereinigung als Zukunft vor – was wurde daraus? »Ich war ein Anhänger einer deutschen Föderation. Was daraus wurde, ist bekannt.«

Unser erstes Gespräch hat bis in den frühen Abend gedauert. Hermlin hat seine Werke hinzugezogen, daraus gelesen. Nach einigen Stunden sagte er bedauernd: »Es tut mir leid, aber um 8 Uhr kommt wirklich Besuch. Das ist schade. Ich hatte nicht mit so einer anregenden Plauderei gerechnet. Aber wir können das ja fortsetzen. Melden Sie sich, wenn Sie wieder einmal in Berlin sind.«

Ich habe mich gemeldet, aber keine Zeit mehr für ein längeres Gespräch gefunden. Schließlich, am 6. April 1997 abends, haben wir uns am Telefon für den kommenden Mittwoch verabredet. »Dann nehmen wir uns Zeit für alle Fragen, die Sie auf dem Herzen haben,« hat der Dichter zugesagt. »Aber bitte nicht vor 12 Uhr. Ich stehe spät auf.« Ich sage ihm, daß wir am Nachmittag weiterfahren müssen, zum Schulzenhof. »Na, dann sagen wir mal ausnahmsweise 11 Uhr. Das läßt sich einrichten. Und lassen Sie mich jetzt schon am Telefon eines sagen: Meine Feinde im PEN und an der Akademie sind geschlagen, die kriegen kein Bein mehr auf die Erde.« Ich bin skeptisch, wenn er glaubt, daß nun der Frieden unter den Schriftstellern einkehren wird. Hermlin fährt mit Bitternis in der Stimme fort: »Die Undankbarkeit mancher Kollegen macht mir schwer zu schaffen. Ich will am Telefon keine Namen nennen, aber ich kann einfach nicht verschweigen, daß ich ganz besonders einem, auch im Westen recht bekannten Kollegen geholfen habe, daß er ausreisen durfte. Mit einem großen Möbelwagen, in dem er alle seine Habseligkeiten mitnehmen konnte. Und was macht dieser Mensch? Kaum ist er in Westdeutschland angekommen, da schreibt er einen widerlichen Artikel gegen mich, seinen Wohltäter. Das habe ich bis heute nicht verwunden.« Ich versuche, den verärgerten Schriftsteller zu beruhigen. Vergeblich. Später verabschieden wir uns. Hermlins letzte Worte sind: »Ich werde mich jetzt zur Ruhe begeben. Am nächsten Mittwoch nehmen wir uns viel Zeit. Bringen Sie ruhig Ihren Fotoapparat mit.« Frau Hermlin beruhigt mich zum Abschied: »Sie brauchen sich nicht um meinen Mann sorgen. Der regt sich wegen der ganzen Attacken nicht mehr auf. Nur gelegentlich, wenn das Gespräch darauf kommt, steigt der Groll wieder in ihm hoch. Stephan sitzt sonst ruhig in seinem Sessel und hört seinen geliebten Brahms. Dabei läßt er sich von niemandem stören.«

Am Tag nach diesem Gespräch sitze ich mit meiner Frau

im Auto auf dem Wege nach Berlin. In Höhe der westfälischen Stadt Soest stellen wir das Radio an. Wir hören die Nachrichten und warten auf den Verkehrsfunk. Die erste Meldung lautet: »Heute nacht ist der bekannte Schriftsteller Stephan Hermlin in seiner Wohnung in Ostberlin unerwartet verstorben.«

IV. Schwierigkeiten bei der Reform des Bildungswesens

Die größte und folgenreichste Reform dieses Jahrhunderts in Deutschland war gewiß die Umgestaltung des Gesellschaftssystems der ehemaligen DDR. Nichts blieb wie es war: Politik, Wirtschaft und Bildung wurden radikal verändert.
Es mehren sich die Stimmen, daß manches bei diesem Jahrhundertwerk mißlungen sei. Falls sie recht haben, würde mich das nicht verwundern: Hatten wir denn im Westen die Erfahrungen und die Fachleute für eine so schwierige Aufgabe?
Gewiß, einzelne Reformen oder besser Reformversuche gab es auch schon in der alten Bundesrepublik. Etwa im Bereich der Bildung. Schon in den siebziger Jahren haben sich Bildungspolitiker und Bürokraten damit abgeplagt. Mit geringem Erfolg, erinnern sich Experten. Heute spricht man von Reformen so viel und sooft wie selten zuvor. Wir hören täglich von einer Reform der Energieversorgung, einer Steuerreform, einer Gesundheitsreform und von einer Bildungsreform.
Die Bürger fürchten, daß sie mächtig zur Kasse gebeten werden. Das hat seinen guten Grund. Früher bedeutete Reform die Verbesserung der Lebensqualität. Heute meinen nicht wenige Politiker mit Reform eine Einschränkung von Leistungen des Staates, den Zwang, den Gürtel enger zu schnallen. Der Bürger braucht jedoch keine Reformen zu fürchten, wenn sie so wenig bewirken wie die Bildungsreform.
Neulich sah ich in einer Talk-Show im Fernsehen zwei Ministerinnen, beide aus dem Bildungsressort, miteinander über ein besseres Bildungswesen streiten. Ich schloß die Augen und dachte: Das muß eine Konserve aus den siebzi-

ger Jahren sein: Dieselben Themen, Thesen und Vorschläge, dieselbe Kritik.

Freilich, in der Zwischenzeit ist viel diskutiert, ausprobiert und finanziert worden. Die Probleme sind geblieben, gewechselt haben nur die Personen. Noch immer fehlen kleine, überschaubare Klassen, Lehrer, die den Unterrichtsstoff verständlich vermitteln, die die Schüler zur Mitarbeit anregen und für die Schule interessieren. Wo finde ich Lehrinhalte, die sich auf das Wesentliche beschränken, die Fußnotenwissen nicht mit Gelehrsamkeit verwechseln, und in welchen Schulbüchern sind die Erkenntnisse über eine einprägsame Stoffvermittlung umgesetzt?

Statt notwendiger Verbesserungen des Schulalltages erleben wir Glaubenskriege: Gesamtschule oder weiter dreigliedriges Schulsystem, einstufige Lehrerausbildung oder weiter strenge Trennung von Theorie und Praxis, Ausbildung der Schüler zu Spezialisten oder Vorrang für eine breite Allgemeinbildung, Eliteförderung oder nicht u.s.w. Ein unfruchtbarer Streit herrscht hierüber in den Planungsstäben der Ministerien, in Bund-Länder Kommissionen, in Parteien und Parlamenten. Modelle werden entwickelt, vorgestellt und wieder verworfen. Zu großzügigen Lösungen fehlte bisher die Kraft, mitunter wohl auch der Mut.

Unlängst schrieb ein Bildungsminister seinen Beamten an den Entwurf einer Ministerrede, in der die banale Forderung erhoben wurde, ein fröhliches, schülerfreundliches Klassenzimmer zu schaffen, in dem das Lernen auch Spaß machen kann: »Das ist ja alles reiner Quatsch. Schule ist Streß und wird immer Streß bleiben. Und das ist gut so.« Ich meine, mit Ministern, die so antiquierte Vorstellungen haben, kann man keinen Staat machen. Schon gar nicht eine Bildungsreform.

Ich habe in vierzig Berufsjahren in der Schulverwaltung und in der Bildungsplanung erfahren, nicht falsche oder

weniger falsche Bildungspläne und Modelle behindern die Reform, viel stärker begünstigen menschliche Schwächen und Unvollkommenheiten das Scheitern guter Reformansätze. Das belegen nicht nur Erfahrungen mit dem Team der Bürokraten, das sich schwer tut, die Vorstellung der Bildungstheoretiker und der Politiker konkret in den Schulalltag umzusetzen.
Auch die Politiker selbst werden irritiert durch einen Dschungel schwer lösbarer Probleme und ein Bündel schier unüberwindbarer Hindernisse: Mangelnde Sachkompetenz des Bundes, zu knappe Finanzen, um Einfluß auf die Länder zu nehmen, die ihre Kulturhoheit wie einen Augapfel behüten, keine dauerhafte Partnerschaft des Bundes mit politisch konformen Ländern bei häufigem Regierungswechsel und damit Umkehr begonnener Reformen, geringer Stellenwert der Bildung gegenüber anderen Politikbereichen im Bund.
Viele Spitzenpolitiker scheitern. Für parlamentarische Staatssekretäre im Bildungsressort des Bundes hat man eine Überlebenszeit von allenfalls 18 Monaten errechnet. Der Wechsel beeinträchtigt zusätzlich Motivation und Arbeitskraft der Bürokraten.
Unterschätzt wird bisweilen der Gebrauch einer kaum verständlichen, für die Praktizierung der Reform ganz unnötigen Kunstsprache, deren Bestandteile aus anderen Disziplinen geborgt sind oder neugeschöpft werden. Sie führt rasch zu einer grotesken, nahezu babylonischen Sprachverwirrung.

1. Das Team der überforderten Beamten

Niemand wird bezweifeln, daß in dieser schwierigen Situation der Bund zur Entwicklung von Reformen ein Arbeitsteam zusammenstellen mußte, in dem Kenntnisse und Lebenserfahrung, Teamgeist und Fähigkeit und Bereitschaft zur Kooperation sowie Verhandlungsgeschick, Einsatz und bescheidenes Auftreten einige der Kardinaltugenden sein sollten. Was aber passierte in Wirklichkeit? Die Planungschefin Frau Dr. Stern hat sich ihr Arbeitsteam nach eigenem Geschmack zusammengestellt. »Ihr seid meine lieben Kinder.« Da darf ihr kein Fachmann dreinreden. Das kann nicht gut gehen, höre ich sagen.

Der Narziss

Da haben wir zunächst mal den Kollegen Reimann, den jüngsten – und wie er selbstbewußt hinzufügt, den fähigsten –, Leiter einer Berufsschule in Hessen. »Da gibt es noch einen tüchtigen Lehrer außer mir«, räumt er ein, »meinen jüngeren Bruder, ein Klassemann, aber mir kann er nicht das Wasser reichen.« Eloquenz, Durchblick und Ideenreichtum – das ist es, was Herr Reimann an sich so schätzt. Und natürlich seine Anziehungskraft auf Damen, jüngere oder auch voll erblühte, sie alle geben ihm Selbstvertrauen und ein Gefühl von Stärke und Überlegenheit gegenüber den »alten Krachern«, die hohe Ämter bekleiden, ihm gar vorgesetzt sind, die aber eben nichts mehr bestellen.
Herr Reimann ist vor allem von nicht erlahmender Schaffenskraft und läßt die Kollegen an dieser Gottesgabe gern und häufig teilnehmen.
Eines morgens hatte ich vergessen, die Tür zu schließen. Deshalb höre ich den Kollegen kurz nach Dienstbeginn über den Flur brüllen: »Was bin ich heute wieder kreativ!« Wenn man den Herrn Reimann so glücklich und in seine Arbeit verliebt tönen hört, kommt man sich recht schäbig vor, abends nach Hause zu gehen, statt durchzuarbeiten. Herr Reimann denkt natürlich auch an sein Fortkommen. Sein Nahziel ist es, zum Referenten aufzusteigen. Bei aller Schufterei ein legales Vorhaben, was er mit einer recht

ungewöhnlichen Begründung untermauert. Gestern war er bei mir und hat mich eingeweiht: »Sie sind doch der Jurist in der Gruppe. Da hätte ich gern mal einen fachlichen Rat. Sehen Sie, ich sitze nun seit einem halben Jahr in einem geräumigen Referentenzimmer, meine Arbeit hab ich inzwischen ausgebaut. Daraus könnte man ohne weiteres ein Referat machen, wenn man nur wollte. Aber die Personalabteilung mauert. Die mögen keine Lehrer in der Verwaltung. Und die Chefin ist schwach. Wenn ich mich wegbewerben wollte, da hätte ich von ihr jede Unterstützung. Aber hier im Haus gegen die Juristen setzt sie sich nicht durch. Und jetzt passen Sie auf, wie ich mit den Juristen fertig werde. Ich schreibe denen einfach einen Brief. Ich hätte seit einiger Zeit ein großes Dienstzimmer wie die Referenten, arbeite kreativ und selbständig, die Frau Dr. Stern schätze meine Arbeit. Ich bäte jetzt um die Ernennung und Übersendung einer Urkunde. Und nun frage ich Sie, es gibt doch so was wie Ersitzung im BGB. Das trifft doch auf mich zu. Also habe ich mir meine Beförderung nach Recht und Gesetz ersessen.«

Das ist schon eine Lösung. Jedoch eine recht kuriose. Nun muß man wissen, die etwas komfortableren Zimmer der Referenten schulden ihre Größe weniger dem Status des Benutzers. In ihnen finden vielmehr regelmäßige Referatsbesprechungen mit allen Mitarbeitern statt. Auch dienen sie als Besprechungszimmer mit auswärtigen Besuchern. Wenn der Kollege Recht hätte, und es käme für die Besoldung nur auf die Zimmergröße an, dann würde ich eine Rotation im ganzen Hause ab und an empfehlen. Das würde manchen Politiker oder Beamten gut tun. Etwa dem Minister. Den sollten sie mal ein paar Monate in ein Referentenzimmer stecken. Wenn ihm da der kalte Wind um die Nase weht, wird er womöglich ein wenig umgänglicher. Der tüchtige und freundliche Herr Reimann wird sicher aushelfen und mit dem Herrn Minister ein wenig tauschen. Aber noch sind wir nicht soweit. Als Reformvorschlag für den Herrn Innen-

minister, der schlaue Ideen prämiert, wäre der Gedanke des Herrn Reimann immerhin an kompetenter Stelle.
Wenn er dann noch dazu schreibt, er sei Lehrer, werden die im Innenministerium in ihren Vorurteilen voll bestätigt und nie wieder einen Lehrer im Bund einstellen. Weder für ein kleines noch für ein größeres Zimmer.
Ich bringe dem Kollegen schonend bei, daß sein kühner Vorschlag weit in die Zukunft weise, sozusagen bahnbrechend sein dürfte, aber eben deshalb bei den verknöcherten Beamtenrechtlern heute noch keine Chance habe. Auch nicht unter der sozialliberalen Koalition, für die das Berufsbeamtentum mit seinen wohlerworbenen Rechten suspekt sei und die schon ein wenig Wandel und Bewegung wünsche. Herr Reimann blickt enttäuscht drein. »Von Ihnen hätte ich mir eigentlich mehr erwartet. Aber die Juristen sind doch alle gleich. Ewige Bedenkenträger.«Er geht in sein Arbeitszimmer. Und schreibt einen »gepfefferten« Brief. Die Antwort läßt nicht lange auf sich warten: »Wir bitten Sie, Ihr Zimmer für einen Referenten zu räumen. Die Zuweisung an Sie war ein Versehen, das wir zu entschuldigen bitten.«
Also bewirbt sich der Beamte. Um Traumjobs draußen im Lande. Frau Dr. Stern steht ihm treu zur Seite: »Das haben die sturen Beamten in der Personalabteilung nun davon. Einer meiner besten Leute geht. Das gönne ich denen.«
Nun ist aber für Empfehlungen zunächst einmal der Unterabteilungsleiter die richtige Adresse. Schon allein deshalb, weil er die fachliche Qualifikation des Mitarbeiters besonders gut beurteilen kann. Der zuständige Unterabteilungsleiter ist der Dr. Sommer.

Der Staatsdiener

Dieser Dr. Sommer ist ebenfalls Lehrer. Frau Dr. Stern hat ihn mitgebracht. Er ist umgänglich, meist von bestechender Liebenswürdigkeit. In einer mitteilsamen Stunde vertraut er mir an: »Ich würde ja gern Stärke zeigen, selbstbewußt und beeindruckend auftreten. Wie andere Vorgesetzte im Haus. Aber das halte ich nicht aus. Dazu bin ich einfach zu schwach. Konflikte scheue ich wie der Teufel das Weihwasser. Denen gehe ich aus dem Wege.« Ich möchte wissen, wie er dann mit dieser Haltung durch den Krieg gekommen sei. »Ja, der Rußlandfeldzug war schon eine ganz große Strapaze. Ich war Offizier, bin mehrmals verwundet worden. Überhaupt hat es mir beim Militär recht gut gefallen. Da hatte alles seine Ordnung, seinen rechten Platz. Hier im Ministerium weiß man manchmal nicht mehr, wo oben und unten ist. Da gibt es Leute, ohne jede Disziplin, die reden dem Minister einfach drein, mitten in einer großen Besprechnung. Und der geht auch noch darauf ein, statt den vorlauten Beamten zurechtzustutzen. Entsetzlich. Da gefiel es mir beim Kommiß schon besser. Nach dem Krieg wäre ich gern dabei geblieben. Aber Sie wissen ja, der verlorene Krieg hat solche Berufspläne zunichte gemacht.« Ich habe meinen Ohren nicht trauen mögen bei diesem Geständnis: Nie im Leben habe ich einen Menschen gekannt, der unmilitärischer ausgeschaut hat.

An den nun hat sich der Schulrektor gewandt wegen einer gutdotierten Vertrauensstellung im Rathaus einer westdeutschen Großstadt. Dorthin möge er ihn empfehlen.

Dr. Sommer macht aus seinem Herzen keine Mördergrube. »Was hat sich dieser Mensch in seiner Selbstüberschätzung eigentlich gedacht? So jung und greift schon nach den Sternen. Gestern hat der Oberbürgermeister einer großen Stadt schon angerufen. Was ich von dem Kandidaten halte. Ich habe nur gesagt, ich wolle noch mal eine Nacht darüber schlafen. Da könne man nicht so aus dem hohlen Bauch einen seriösen Rat geben. Er möge heute gegen 11 Uhr noch mal anrufen.« Ich gucke auf meine Armbanduhr. Es ist kurz vor 11. Das Telefon klingelt. Am Apparat der Herr Oberbürgermeister. Herr Dr. Sommer: »Ja wissen Sie, der

Herr Reimann müßte eigentlich Drohne heißen.« Der Anrufer versteht nicht. »Nehmen Sie mir es bitte nicht übel. Ich komme gerade aus einer anstrengenden Etatsitzung. Bin ein bißchen zerstreut, unkonzentriert. Sollen wir den Mann nun nehmen oder absagen?« Herr Dr. Sommer zwinkert mir komplizenhaft zu. »Ja, kennen Sie den Vergleich denn noch nicht? Eine Drohne macht Lärm und Gebrumm den ganzen lieben Tag. Aber bedenken Sie: Honig, Honig hat man bei der Drohne noch nie gesehen. Den kriegt man nur von den Arbeitsbienen. Oder irre ich?« Der Oberbügermeister dankt dem Ministerialen und legt auf. Der dreht sich zu mir um: »Na, wie fanden Sie diese Vorstellung?« Ich sage: »Mies, ganz mies. Und mich lassen Sie bitte bei Ihrem nächsten Streich aus dem Spiel.«
Meine Ankündigung, den hintergangenen Kollegen zu unterrichten und zu warnen, beeindruckt überhaupt nicht: »Tun Sie das. Und erleben Sie, wie der Herr Reimann reagiert.«
Ein Erlebnis war das schon. Aber ein irritierendes. Herr Reimann: »Natürlich ist das vom Sommer unschön. Diese Chance ist vertan. Aber bei meiner Tüchtigkeit warten noch Dutzende Chancen auf mich. Dem Sommer mag ich nicht böse sein. Er ist mir wie ein Vater. Um mit Freud zu sprechen: ein Übervater. Einen solchen Menschen brauche ich. Ihnen danke ich für die kollegiale Mitteilung. Machen Sie sich keine Gedanken. Folgen hat es keine.«
Ich denke bei mir im stillen: Aha, der braucht einen Vater. Und hat zu Hause selbst sechs Kinder, wenn ich richtig gehört habe. Ich bin nach diesen Gesprächen nachdenklich geworden. Das sind ja beide nicht irgendwelche Beamte, etwa am Vereinsregister, wo man nur begrenzt und kontrolliert Schaden anrichten kann. Die beiden reformieren unser Bildungswesen. In der ganzen Republik.
Herr Reimann hat bald schon Glück, er ergattert eine leitende Stellung in einer großen Kommune. Und von da an geht es weiter nach oben.

Dr. Sommer bleibt. Und leidet, wie er mir gesteht. Worunter? Hören wir ihn selbst. Originalton: »Wie kommt es, daß Minister und Staatssekretär mich immer nur mit ›Sommer‹ ansprechen? Alle anderen Kollegen werden ›Herr‹ genannt. Gestern habe ich selbst gehört, wie der Minister zu Ihnen nach der Besprechung gesagt hat: ›Auf Wiedersehen, Herr Boeger.‹ Und zu mir hat er nur so über die Schulter bemerkt, im Weggehen: »Na dann tschüß, Sommer.« Dazu fällt mir dies ein: »Sie haben einen großen Fehler gemacht. Passen Sie beim nächsten Minister – der kommt bestimmt – besser auf. Sagt der auch bloß ›Sommer‹ zu Ihnen, dann antworten Sie ganz ruhig und gelassen: ›Herr Minister, ich bedanke mich für die vertrauliche, fast familiäre Anrede. Sie sollen wissen: Meine Frau geht noch einen Schritt weiter: Sie nennt mich immer ›Schätzchen‹.‹ Mal sehen wie der Minister reagiert.«
Dr. Sommer ist blaß geworden. »Nein«, sagt er erschüttert, »diesen Vorschlag werde ich nicht aufgreifen. Nein, danke. Stellen Sie sich vor, Sie wären beim Militär. Und reden so mit dem General. Unausdenkbar. Aber Sie haben ja nicht gedient. Sie können sich meinetwegen solche Respektlosigkeiten erlauben.« Die ich allerdings gar nicht nötig habe.
Aber der Herr Doktor hat noch einen anderen Kummer. Sein ganzer Stolz ist zunächst mal die Gegensprechanlage, die unmittelbaren Kontakt zur »Leitungsebene« schafft. Den kriegen nur die ganz wichtigen Chargen. Und lassen sich von den Kollegen beneiden. Und dann passiert das Unglück: Andauernd macht der Minister von der Anlage Gebrauch. Und dann sehen Sie sich mal die Posse an: Der Dr. Sommer fährt erschrocken zusammen, als er die bekannte Stimme hört, zieht die abgelegte Jacke an, richtet den Schlips und nimmt in Demutshaltung vor dem Gerät Aufstellung. Sein: »Zur Stelle, Herr Minister« klingt in meinen Ohren wie: »Darf es wohl ein Scheibchen mehr sein?«
Ich rate, dagegenzuhalten und mit etwas mehr Würde den Apparat zu bedienen. Am nächsten Tag hält Dr. Sommer

Hof. Die ganze Unterabteilung ist versammelt. Dr. Sommer hat das Wort. Schon seit gut einer Stunde.
In die allgemeine Schläfrigkeit eines heißen Sommertages knallt die bekannte und gefürchtete Stimme. »Sommer!!!« Der so Angeredete erhebt sich, langsam, zieht nicht die Jacke an, richtet nicht den verrutschten Schlips und stellt sich aufrecht, locker und lässig vor den Apparat: »Herr Minister, ich bin stark beschäftigt. Vielleicht versuchen Sie es noch mal in einer halben Stunde!« Triumphierend blickt Dr. Sommer zu mir herüber: »Na, wie bin ich?« Na, so übertreiben muß er nun doch nicht. Das hält dieser Mensch nicht durch. Inzwischen verfolgen alle im Zimmer das Duell, die meisten ungläubig. Minister verwundert: »Aber, mein lieber Sommer, ist Ihnen nicht gut? Gehen Sie nachher mal ein paar Schritte vor die Tür. An die frische Luft. Und dann: Tief durchatmen.« Dr. Sommer: »Ich bin ganz in Ordnung, Herr Minister. Eine leichte Verwirrung. Bei dieser sommerlichen Hitze. Ich bitte um Nachsicht und entschuldige mich.« Minister: »Na, also.« Dr. Sommer erhält einen Auftrag und bedankt sich für das Vertrauen.

Dem Herrn Dr. Sommer hat seine Beflissenheit gegenüber Spitzenbeamten und Spitzenpolitikern nichts genutzt. Und dabei hat sich der Arme auf mindestens ein Dutzend Minister und doppelt soviel Staatssekretäre in seiner langen Dienstzeit eingestellt, einschließlich sprachlicher Feinheiten und Vorlieben.
Eines Tages hat er mir verraten – »Aber sagen Sie das nicht weiter« –, daß der neue Minister das Wort Lehrer gar nicht gern höre. Er habe einen neuen, pfiffigen Begriff geprägt, den gelte es jetzt in allen Schreiben und Reden an den Mann zu bringe: Das neue Wort heiße: Bildungsanimateur. Der Minister liebe überhaupt das Französische. Mal sehen, was für neue Etiketten er für die alten Flaschen im Ministerium in seiner Tasche hat.
Einem seiner Herrschaft treu ergebenen Diener, wie der

Herr Dr. Sommer einer sein möchte, kann doch kaum etwas Schlimmes passieren. Falsch gedacht. Beim unerwarteten Regierungswechsel – den Kanzler Schmidt hat es bei der Abstimmung über das Mißtrauensvotum kalt erwischt – wird der Dr. Sommer von den neuen Herren mehr als andere Kollegen zur Kasse gebeten.
Kurz nachdem die neue Leitung im Haus sich einquartiert hat, sehe ich den Doktor im Flur stehen. Allein und sterbensbleich. Ich denke, der hat gerade eine Vorlage vom Minister zurückbekommen. Und der kennt die Spielregeln noch nicht und hat es versäumt, seinem Mitarbeiter ein Lob, mindestens aber ein herzliches Dankeschön, auf den Rand zu schreiben. Mal sehen. Ich frage, was es denn Böses gäbe. Der Beamte macht eine kreisrunde Bewegung um seinen Hals: »Die seidene Schnur hab ich gerade erhalten. Vom neuen Staatssekretär. Der braucht meine Planstelle.« Da kann der Beamte ruhig schlafen. Diese Planstelle ist doch nicht für einen politischen Beamten ausgewiesen, der beim Regierungswechsel – ganz korrekt und legal – abgelöst werden kann. Der Dr. Sommer mag jedoch bei den Oberen nicht auf sein Recht pochen. »Denken Sie mal, was mir die neuen Herren anbieten. Ich soll den Platz räumen, vorzeitig in Pension gehen.« Die Differenz zwischen Gehalt und Pensionsbezügen soll er bis zur eigentlichen Pensionierung für Sonderarbeiten erhalten, die er zu Hause verrichten möge. »Ist das nicht eine Demütigung, die ich nicht verdient habe? Ausgerechnet von diesem Staatssekretär, der soviel Geld für sein Land über lange Jahre von mir bekommen hat. So eine Undankbarkeit.«
Da hat er Recht. Der neue Staatssekretär hat in der Vergangenheit beim Bund kräftig abkassiert. Für die Bildungsreform in seinem Bundesland. »Vielleicht haben Sie einen schweren Fehler gemacht. Der hätte gar nicht wissen dürfen, daß mit Ihrer Planstelle so große Geldmittel verbunden sind. Dann hätte er Sie vielleicht verschont.« Das kann den Dr. Sommer nicht trösten.

Er zeigt Charakter und schlägt das Angebot, zu Hause zu bleiben, aus. Das hilft ihm wenig. Die neuen Herren besetzen seine Planstelle mit jemand anderem, den sie fördern möchten, geben dem auch alle Mitarbeiter der Unterabteilung und beschränken den Dr. Sommer auf eine Sekretärin, die im Vorzimmer ihren Arbeitsplatz einnimmt.
Dr. Sommer hat immerhin eins erreicht, er verrichtet seine Sonderaufgaben einige Jahre lang nicht zu Hause, sondern darf im Dienstzimmer einquartiert bleiben. Manche vermuten, daß die Arbeiten, die er dort fleißig verrichtet, kaum im Haus gelesen werden.
So, jetzt wissen Sie, was ein totes Zimmer im Ministerium bedeuten kann, das von den meisten Beamten so gefürchtet wird.

Der Aufsteiger

Mein Telefon klingelt. Am Apparat: Frau Dr. Stern. Wie meist ist sie auch heute recht liebenswürdig. Vermutlich ein Sonderauftrag, rasch, effektiv und lautlos auszuführen. Richtig geraten. Etwas ganz Besonderes: »Sie haben doch gewisse Beziehungen zu den Kollegen im Düsseldorfer Kultusministerium. Wie ich in Ihrer Personalakte gelesen habe, waren Sie dort einige Jahre tätig. Also, ich habe da einen großen Wunsch. Hören Sie: Auf einer Veranstaltung in Köln gestern abend bin ich durch einen unverschämten Debattenredner in arge Bedrängnis geraten. Da ist ganz unvermutet ein junger Mann eingesprungen und hat mich herausgehauen. So nennt man das ja wohl. Und zufällig ist der Helfer auch noch in meiner Partei. Den müssen wir uns hier für unsere Reformarbeit sichern. Ich habe mit ihm gesprochen. Wie ich erfahre, gibt ihn das Kultusministerium nicht sofort frei: Er ist gelernter Realschullehrer und hat im Schuldienst des Landes angefangen. Nun soll der junge Mann, wie alle anderen Junglehrer auch, erst mal eine Zeit unterrichten, ehe er sich anderweitig im Staatsdienst umtut. Damit sich die Investitionen, die das Land in seine Ausbildung gesteckt hat, bezahlt machen. Das mag ja meist berechtigt sein. Aber dieser Lehrer, den ich im Blick habe, der ist für die Schule doch viel zu schade.« Na so was. Gerade habe ich der Planungschefin in einer Rede geschrieben, nur die besten Lehrer gehörten in die Schule, für unsere Kinder könnte nichts gut genug sein. Vermutlich hat sie die Rede noch nicht gelesen.

Ich nehme also Verbindung zu den Kollegen in Düsseldorf auf. Die wollen sich kümmern. Jovial sprechen sie von »Kollegenrabatt«. Vielleicht könnten sie mir den einräumen. Davon erzähle ich unserem Team. Ein Kollege macht ein ganz abweisendes Gesicht, als er den Namen des tüchtigen jungen Mannes erfährt. »Den laß mal bloß an der Schule. Ob ich den denn kenne? Aber sicher. Wo er auftaucht, gibt es nur Unruhe und Ärger. Der klemmt sich hinter die Politiker und hat nur seine Karriere im Auge.«

Seine Intervention bei der Chefin hat nichts genutzt. Alle naselang läßt sie ihr Büro bei mir anrufen, wo denn der Herr bleibe. Wenn das so saumselig weitergehe, werde sie die Sache selbst in die Hand nehmen und ihren Kollegen, den Kultusminister, ansprechen.

Das ist aber nicht nötig, das Land gibt den begehrten Lehrer zum Dienst im Bildungsministerium in Bonn ab. Schon bald trifft die Voraussage ein: Nach einem Gastspiel »an der Front« zieht es den neuen Mitarbeiter in die »Leitungsebene«. Er macht sich bei den Politikern unentbehrlich, wird rasch Regierungsrat und kehrt nach Düsseldorf als leitender Ministerialrat zurück.

Unbewußt haben auch wir, seine Kollegen, zur Blitzkarriere beigetragen, sozusagen den Grundstein gelegt: Eines mittags in der Kantine gesellt sich Herr Klever zu uns. Wir unterhalten uns gerade über eine Neuerscheinung, die in einer satirischen Zeitung als großer Gag besprochen wird. Das Buch heißt: »Ratschläge für Aufsteiger«. Es trägt so dick auf, daß selbst humorlose Aktenschlepper schmunzeln.

Als einziger findet Herr Klever die Lektüre nicht amüsant. Er zückt den Kugelschreiber und notiert Verlag und Anschrift. »So was habe ich schon lange gesucht. Welch ein Glückstag.« Die nicht ernst gemeinten Ratschläge haben ihm auf der Leiter nach oben weitergeholfen. Hat er später mal erzählt. Ich denke, daß muß eine merkwürdige Gesellschaft sein, die Spott und Ironie nicht versteht, schlimmer: für bare Münze nimmt.

Zuletzt habe ich Herrn Klever im Fernsehen gesehen. Er vertrat eine Gesellschaft, die im Osten Aufbauarbeit geleistet hat. Ein Reporter stellte peinliche Fragen. Der Gipfel: Warum denn die Gesellschaft eine Vertragsstrafe in Millionenhöhe gegenüber einem ausländischen Vertragspartner nicht geltend mache. Der hatte für eine symbolische Kaufsumme von einer D-Mark eine gut florierende Fabrik in Ostdeutschland erworben und sie dann nicht – wie vereinbart – an Ort und Stelle weiterbetrieben, sondern ins Ausland ausgelagert. Dabei waren alle 300 Arbeiter auf der Strecke geblieben. Und wie verhält sich unser Aufsteiger aus Bonn? Gereizt belehrt er den unbequemen Frager: »Ja, was denken Sie denn. Das ist eine Sache des internationalen Privatrechtes. Verstehen Sie etwas davon? Ich jedenfalls nicht. Wenn wir wegen solcher Peanuts immer gleich den Richter bemühen, dann kommen wir mit unseren Großprojekten auf keinen grünen Zweig mehr. Solchen Kleinkram müssen wir einfach vergessen.«

Neue Männer braucht das Land, sang unlängst jemand im Fernsehen. Ob da wohl an Herrn Klever gedacht wurde?

Der Konzessionsschulze

Der jüngste und keckste Mitarbeiter im Reformteam ist der Herr Unverzagt. Er ist einem drögen, überkorrekten Psychologieprofessor zugeordnet, dem die aufmüpfigen Studenten Angst und Schrecken einflößen. Deshalb hat dieser alle Chancen auf einen Lehrstuhl an der Uni ausgeschlagen und ist in die Verwaltung geflüchtet, in der eitlen Hoffnung, dort einen Ruheplatz zu finden, an dem die Stürme der unruhigen Zeiten vorbeirauschen. Der Arme ist vom Regen in die Traufe gekommen: Der Herr Unverzagt ist der Prototyp des kritischen, alles in Frage stellenden jungen Intellektuellen, dem der Herr Professor um keinen Preis begegnen wollte.

Das Beste, was die beiden füreinander und für sich selbst tun können, ist, einander aus dem Wege zu gehen. Der Herr Unverzagt ist ein angenehmer, gescheiter und witziger Gesprächspartner. Doch bei der gemeinsamen Arbeit weiß man nicht so genau, was er studiert hat und wo seine fachlichen Fertigkeiten liegen, mit denen er uns beispringen kann. Darüber erfahren wir mehr während einer Besprechung bei Frau Dr. Stern. »Heute«, sagt die Chefin, »wollen wir uns mal miteinander bekannt machen. Ich meine damit, daß jeder berichtet, was er an Wissen und Kenntnissen für die Planung mitbringt. Machen Sie, Herr Unverzagt, doch bitte den Anfang. Von Ihnen weiß ich am wenigsten. Was haben sie eigentlich studiert?«

Herr Unverzagt räuspert sich, lacht verlegen auf: »Kybernetik, Frau Doktor, so heißt das Fach an der Uni.« Was darunter zu verstehen sei. »Das ist einem Laien mit wenigen Worten nur schwer zu vermitteln. Es hat etwas mit dem Regelkreis zu tun. Steuerungstechnik ist ein anderer Begriff, der hierhin gehört.« Ob er uns allen nicht mit einigen allgemeinverständlichen Worten erklären könne, was es mit diesem offenbar höchst interessanten neuen Forschungsgebiet auf sich habe. »Die Definition hilft Ihnen womöglich etwas weiter. Danach ist Kybernetik eine Forschungsrichtung, die vergleichende Betrachtungen über Gesetzmäßigkeiten im Ablauf von Steuerungs- und Regelungsvorgängen in Technik, Biologie und Soziologie anstellt.«

»Soso,« sagt die Frau Dr. ratlos, »Gesetzmäßigkeiten. Biologie. Technik. Soziologie: Was nützt uns Ihr Wissen

denn bei der Planung konkret? Wie können Sie das überhaupt sinnvoll verwerten?« Herr Unverzagt lächelt ein bißchen unsicher und entgegnet: »Bisher überhaupt nicht. Mein Referent, der Psychologe, versteht von meinem Fach gar nichts. Folglich ist es von ihm auch nicht gefragt. Und sonst habe ich auch noch keine Fachkraft im Haus angetroffen, mit der ich mich verständigen kann und die meine Hilfe brauchen könnte.«
Frau Dr. Stern: »Warum habe ich Sie um Gottes willen überhaupt in mein Arbeitsteam geholt? Wenn Sie selbst nicht einmal wissen, weshalb wir Sie brauchen könnten?« Herr Unverzagt kann sich darauf keinen Reim machen. Er vermutet: »Kybernetik gehört doch zu den neuen, modernen Wissenschaften. Und modern möchte manche Behörde heute schon sein. Da ist einer wie ich ein Konzessionsschulze, wie man so sagt, ein personifiziertes Zugeständnis an den Fortschritt. Das genügt mir persönlich allerdings nicht. Ich hatte die Vorstellung, ein Forschungsministerium in Bonn brauchte tatsächlich Leute mit meiner Ausbildung, etwa um die Forschungsförderung noch fachkundiger voranzubringen als bisher. Sicher ist meine Bewerbung in die falschen Hände geraten, in die Bildung. Und die sind noch nicht soweit, daß sie einen Kybernetiker brauchen.« »Das war ja eine lange Rede«, sagt Dr. Stern »und um Ihre Verwendung in meinem Team machen Sie sich mal keine Gedanken. Die von der Forschung haben schon genug Leute. Sie bleiben hier. Irgendwann, vielleicht schon morgen, haben wir eine Frage, die Sie allein uns gut beantworten können. Dann hat es sich für uns schon gelohnt, so einen bunten Vogel – verzeihen Sie den Vergleich – bei uns zu haben. Aber eins sollten Sie sofort lernen, Ihr Fachgebiet mit einfachen Worten klar zu definieren. Stellen Sie sich vor, der Herr Minister fragt danach. Der liebt handfeste Antworten.« Kein Wunder, das wissen wir doch alle. Der Minister ist Bauingenieur. Der weiß, was Pfusch ist: am Bau und in der Bildung.

Und zuletzt der Clou: Schweyk mit den Buntstiften

Für den Herrn Oberamtsrat Kaczmarek gilt der Satz, die schönsten Geschichten sind doch die, die das Leben schreibt, nicht die erfundenen. Stellen Sie sich den Schweyk in Lebensgröße vor. Dann haben sie eine vage Ahnung von diesem Schalk, der von sich selbst sagt: »Mich hat noch keiner an eine Arbeit gebracht, die ich nicht machen wollte. Wer das schafft, der muß noch geboren werden.« In kleinem Kreis hat er von seinem neuen Abteilungsleiter erzählt. »Ist der Mann naiv. Der will mir was Gutes antun, meint er. Und was schlägt er vor? Ich solle den Bewährungsaufstieg wagen. Zum Regierungsrat. Und solche Anstrengung kurz vor dem wohlverdienten Ruhestand. Nein, danke.«
Eine jüngere Nachwuchskraft, noch unerfahren, erkundigt sich, was denn an dem Vorschlag so schlecht sei. Der Oberamtsrat gibt geduldig Auskunft: »Überlegen Sie mal selbst. In meinem Alter werde ich nicht mehr dienstlich beurteilt. Darauf habe ich lange gewartet. Und das ist alles für die Katz, wenn ich einwillige, aufzusteigen. Dann kommt alle Augenblicke ein Vorgesetzter und guckt sich meine Akten an und meckert das ganze Jahr lang. Und dann ist das Elend noch nicht zu Ende. Man hat mich wissen lassen, daß ich im nächsten Zug noch rechtzeitig vor der Pensionierung zum Oberregierungsrat vorgesehen bin. Das bedeutet ein weiteres Jahr Quälerei.
Und wofür das alles? Die Gehälter sind in den letzten Jahren so zusammengerückt, daß ich als Gegenwert für die Schinderei einige wenige hundert Mark draufgelegt kriege. Und nach der Pensionierung; die nach einigen Jahren ins Haus steht, nur noch 70% des Aufgeldes. Das schlimmste ist für mich die Kriecherei, die man von mir ganz automatisch verlangen würde. Weil man das so gewohnt ist von Kollegen, die man so freundlich gefördert hat. Nee, meine Herren, nicht mit Kaczmarek«, sagt Kaczmarek.

Der sitzt eines Tages mit uns allen im Zimmer von Frau Dr. Stern, denkt an nichts Böses, und da wird er aus heiterem Himmel attackiert. Das fängt ganz harmlos an. Aber unser Schweyk spreizt rechtzeitig das Gefieder. Frau Dr. Stern hat eine Studienreform im Sinn. Für die Lehrer. »Herr Boeger«, wendet sie sich zu mir, »diese Leute werden ja so gestreßt von der aufmüpfigen Jugend. Darauf hat sie im Studium keiner vorbereitet. Sie kommen in die Klassen, meinen es gut und ernten Undank. Dann kommt für viele der ›Praxisschock‹. Sie wissen schon, was gemeint ist. Also da schaffen wir Abhilfe. Die Lehrer kriegen zuviel Theorie auf der Hochschule vermittelt. Das ändern wir. In den ersten Semestern mehr Praxis, Besuche in den Schulen, Unterrichtserfahrungen sammeln. Die Klasse kennenlernen aus der Perspektive des Lehrers, der vorne steht, am Pult. Später, wenn der Student das durchgestanden hat und immer noch Lehrer werden will, kann die Theorie draufgesattelt werden mit all ihren Feinheiten. Das findet dann im Seminar statt. Und an der Uni in den höheren Semestern. Sie haben das alles schön aufgeschrieben, Herr Boeger. Aber so kann ich das den Kultusministern nicht vortragen. Die nehmen sich nicht die Zeit dafür.« Frau Dr. Stern wendet sich unvermutet an Herr Kaczmarek, der mit nur mäßigem Interesse zugehört hat. »Da habe ich an Sie gedacht, Herr Kaczmarek. Sie malen doch so gerne. Ich habe eine Aufgabe für Sie. Da können Sie ihre Neigung mit den dienstlichen Anforderungen glücklich verbinden.« Richtig neckisch ist sie heute, unsere Chefin. Kaczmarek sieht skeptisch drein. Er hört: »Sie machen mir eine graphische Darstellung der Studiengänge für Lehrer an Volksschulen, an Realschulen und an Gymnasien. Für die Länder, die schon den Stufenlehrer haben oder ihn planen, gilt Entsprechendes.« Und dann kommt der Clou: »Sie nehmen sich zwei Buntstifte, grün und rot, und markieren damit die theoretischen und praktischen Anteile am Studium. Grün für die Theorie und Rot für die Praxis. Was halten Sie davon?«

Nichts, aber auch gar nichts, möchte der Beamte gern sagen. Dafür kenne ich ihn zu genau. Aber er ist nicht dumm genug, so plump zu mauern. Er sagt verbindlich und mit dankbarem Unterton, daß er für so wichtige Arbeiten die Hand reichen darf: »Das würde ich schon gern machen. Aber da gibt es einen Haken, einen ganz kleinen nur. Aber immerhin: Einen grünen Stift habe ich. Aber der rote wird Ihnen bestimmt nicht gefallen. So ein aufdringliches, entschiedenes Rot. Ich will ja nicht unken. Aber wenn der Herr Kultusminister aus München ein so kräftiges Rot sieht – man denke ausgerechnet bei der Ausbildung der Lehrer – dann steigt dem schon der Blutdruck, ehe das erste sachliche Wort gefallen ist. Und der Minister aus München steht mit seiner Abneigung gewiß nicht allein. Das wollen Sie sich doch nicht antun.« Frau Dr. Stern fragt leicht genervt: »Einverstanden. Aber haben Sie nicht ein etwas dezenteres Rot, das die Gemüter nicht in Aufregung versetzt« Der Herr Oberamtsrat muß – leider – passen. Aber er weiß Rat: »Ich will gern einen Farbstift aus der Stadt mitbringen, bei dem der Farbton stimmt.« Frau Dr. Stern nickt zustimmend und will sich dem nächsten Problem zuwenden. Doch Herr Kaczmarek hat noch eine Unklarheit: »Bis wann, bitte sehr, hätten Sie das Werk gern fertig ausgemalt und komplett?« Die Frau Dr. Stern ist dankbar. Man sieht es ihr an. Endlich mal ein Beamter, der mitdenkt. »Wenn Sie heute abend, nach Dienstschluß den Stift kaufen, und sich dann am Wochenende schon an die Arbeit machen – wir alle arbeiten am Wochenende – , dann können Sie uns am Montag die Graphik präsentieren. Geht das so?«
»Natürlich, gehen möchte das schon. Normalerweise. Kein Problem. Aber unglücklicherweise wird es mit dem Einkauf heute abend nichts mehr. Wir haben nämlich Besuch. Ganz unvermutet. Eigentlich hätte ich heute frei genommen. Um bei der Vorbereitung zu helfen. Aber diese wichtige Sitzung mit Ihnen wollte ich auf keinen Fall versäumen. Und am Samstag komme ich aus demselben Grund nicht zum Kauf

in die Stadt. Der Besuch hat ein festes Programm. Und die Leute kann ich nicht enttäuschen. Verstehen Sie richtig?« »Dann also bis Montag.« Kaczmarek zögert mit der Antwort. Man sieht's ihm an: Er leidet. Aber was gesagt werden muß, muß gesagt werden. »Am Montag habe ich meinen Hausarbeitstag. Auf den darf man nicht verzichten. Tariflich. Das gilt auch für Beamte.« Frau Dr. Stern will wissen, ob es denn auch für Männer einen freien Hausarbeitstag gäbe. »Gewiß. Ich habe auch gestaunt. Aber im Zeitalter absoluter Gleichberechtigung der Männer und der Frauen muß das wohl so sein. Und umlegen kann ich den Tag auch nicht. Es ist da so eine Verfügung von der hohen Personalabteilung gekommen. Änderungen, nachträglich, bringen die ganze Personalplanung durcheinander. Es muß ja auch für die Vertretung gesorgt werden.« Frau Dr. Stern winkt ab. »Dann also Dienstag. Aber das muß ganz sicher sein.« Herr Kaczmarek druckst ein wenig herum. »Ich sage das nur ungern. Aber ab Dienstag habe ich den Resturlaub genommen. Diesmal volle sechs Wochen. Wir hatten zuviel Arbeit. Da war für keinen von uns viel Urlaub drin. Ich habe meinen komplett aufgehoben. Wenn ich den jetzt nicht nehme, verfällt er. Die Juristen von der Personalabteilung haben mich gewarnt, auf meine gesetzlich verbrieften Erholungstage könne ich nicht verzichten. Der Beamte sei verpflichtet, seine Gesundheit und Arbeitskraft zum Wohle der Allgemeinheit zu erhalten. Wer gegen dieses Gebot verstoße, mache sich ersatzpflichtig oder so ähnlich. So genau kenne ich mich da nicht aus.«

Frau Dr. Stern zeigt sich beeindruckt. So ein fleißiger, pflichtgetreuer Beamter. Mir wirft sie einen mißbilligenden Blick zu: »Da sehen Sie mal, Herr Boeger, am praktischen Beispiel unserer Reformarbeit, wie hinderlich die Juristen mit ihrer Sucht, überall zu regulieren und immerzu Gesetze hervorzukramen, sind. Gut, Sie machen da wohl eine Ausnahme. Aber verstehen Sie bitte, die ganze Zunft dieser Bedenkenträger ist mir suspekt.«

Zu Herrn Kaczmarek: »Vielen Dank für Ihre Bereitschaft. Dann nehmen Sie ruhig Ihren Urlaub, tun Ihre Pflicht und erholen sich. Die Studienreform muß warten.«
An alle: »Die Besprechung ist damit beendet. Gehen Sie alle an Ihre Arbeitsplätze und helfen Sie mit, rasch und wirksam die Bildungschancen in unserem Land zu verbessern.«

2. Die irritierten Politiker auf dem Glatteis

Ein »Realo« ganz oben kriegt Zweifel und schaltet sich ein

Die Gesamtschule ist das Lieblingskind der Bildungsreformer. Von ihr erhoffen sie sich wahre Wunder. Ein differenziertes Kurssystem, das sich stark nach Fähigkeiten und Begabungen ausrichtet, soll Benachteiligungen ausgleichen und dazu beitragen, allen Schülern gleiche Bildungschancen zu eröffnen. Die Länder sind sich allerdings uneins darüber, ob die Hoffnungen, die an die Gesamtschule geknüpft werden, berechtigt sind. Und die sozial-liberale Koalition unter den Kanzlern Willy Brandt und Helmut Schmidt begünstigt Bestrebungen einiger Bundesländer, die Gesamtschule als Zusatzangebot oder gar als Regelangebot einzuführen. Die Unterstützung wirkt sich in kräftigen Finanzhilfen des Bundes für konkrete Schulprojekte aus.

Um eine sachorientierte, fachlich vertretbare Förderung zu sichern, hat die Bundesregierung mit Dr. Sommer einen erfahrenen Pädagogen aus einem Kultusministerium nach Bonn geholt. Ihm ist die rasche Entwicklung der Gesamtschulen in dieser Region zu verdanken. Seine Erfahrungen dort sollen nun der ganzen Bundesrepublik zugute kommen. Der Streit über die Nützlichkeit der Gesamtschule hat sich in den Ländern bald zu einem Glaubenskrieg entwickelt, der mit Eifer, doch meist ohne überzeugende

Argumente geführt wird. Oder kann man etwa gelten lassen, daß sich diese Schulform in der DDR über lange Jahre bewährt hat? Als die Regierungschefs der Länder eingreifen, kann es nicht mehr lange dauern, bis der Praktiker an der Spitze der Bundesregierung mit seinem Bildungsminister ein ernstes Wort spricht. Richtig vermutet. Der Bundeskanzler kennt sich im Schulwesen aus. Da kann er mitreden. Seine Frau arbeitet als Lehrerin an einer Schule und hält ihn auf dem neuesten Stand.

Energisch kümmert sich der Regierungschef auch um den Zwist in der Gesamtschule. Und zwar auf originelle Weise. Das erfahre ich vom Vorsitzenden der Lehrergewerkschaft. Als Fachmann für die Kontakte des Ministeriums zu den Lehrerverbänden komme ich häufig mit den Verbandsfunktionären zusammen. Dieser Besuch gehört eigentlich zum normalen Arbeitsalltag.

Dachte ich zunächst. Aber was ich dann zu hören kriege, ist beileibe nicht alltäglich. Ungewöhnlich ist auch die Erregung des Besuchers. »Ich komme direkt aus dem Kanzleramt. Von einem Treffen hochrangiger Bildungsexperten mit dem Kanzler. Sie können sich nicht vorstellen, wie es da zugegangen ist. Am besten, wir machen uns erst mal einen kräftigen Kaffee. Den kann ich heute gut gebrauchen.«

Das ist schnell getan. Der Vorsitzende fährt fort: »Wir wollten über Kernprobleme der Bildungsreform aus unserer Sicht berichten. Aber ehe wir zu Wort gekommen sind, hat der Kanzler erst mal klipp und klar gesagt, wie er selbst einige Probleme einschätzt. Er kam nämlich gerade aus dem Urlaub. Vom Brahmsee im Norden, wo er ein Bootshaus besitzt. Der heimische Handwerker, der sich das Jahr über um den Besitz kümmert, hat ihm diesmal etwas vorgestöhnt, das der Kanzler rasch bei uns loswerden wollte.

Das hat sich ungefähr so angehört: ›Stellt Euch vor, der gute Mann hat mehr Ahnung vom Schulwesen als mancher gelehrte Pädagoge. Jedenfalls was die Praxis angeht. Sein

Schwager arbeitet als Lehrer an einer Gesamtschule, und dem geht es dort dreckig. Er ist noch jung, gerade mal Mitte dreißig. Und schon ist er mit den Nerven am Ende. Warum? Die Schule schafft ihn. Kann mir mal einer sagen, warum die Schulen, die der Bund fördert, so groß sein müssen? Die Schule, an der dieser Schwager seinen Dienst verrichtet, hat über 2000 Schüler. Das kann sich niemand vorstellen, was die für einen Lärm machen, besonders in den Pausen. Den hält doch kein Mensch aus, der noch dazu geistig schaffen muß. Außerdem sei der ganze Schulkomplex viel zu weitläufig.
Kein Wunder, die Klassen oder Kurse sind alle in kleinen einstöckigen Gebäuden untergebracht. Mag schon sein, die Kinder fühlen sich so wohler als in vielstöckigen Massenunterkünften. Aber wer hat bei solcher Bauweise eigentlich an die Lehrer gedacht? Wenn die Pech haben, liegen deren Klassen soweit auseinander, daß sie ein Fahrrad brauchen, um in den kurzen Pausen von einem Gebäude zum anderen zu hasten. Wir haben doch einen Fachmann extra nach Bonn hergeholt, der die Anträge prüfen soll, ehe er das Geld losschickt. Was macht der eigentlich?
Wenn bei der ganzen Reform herauskommt, daß unsere Lehrer, die uns eine Menge Geld kosten, vorzeitig abbauen und nicht bis zur normalen Pensionierung durchhalten, dann soll sich mal der Herr Bildungsminister persönlich um solche Mißstände kümmern.‹«
Der Besucher ist am Ende. Mit seinem Bericht und der Geduld für seinen Kanzler. Er hat sich das Treffen im Kanzlerbungalow wohl anders vorgestellt.
Also den Bildungsminister hat der Kanzler im Visier.
Das wird im Ministerium für Anregung, Überstunden und Hektik sorgen. Der Bildungsminister kommt aus Niedersachsen, ist gelernter Journalist und hat bei einer Zeitung gearbeitet. Daran erinnert er sich gern. Sein Steckenpferd ist die berufliche Bildung. Und jetzt hat ihm der Kanzler ein zweites verpaßt: die Gesamtschule. Hoffentlich hat er dafür

eine glücklichere Hand als für die Berufsbildung. Auf diesem Gebiet hat er den Kanzler gründlich verärgert.

Die Auswirkungen des Spitzengesprächs der Bildungspolitiker zeigen sich bald. Nur wenige Tage später begegnet mir auf dem Flur ein strahlender Kollege, der Schulexperte der Regierung, Dr. Sommer. Wieso ist der bloß so fröhlich? Ehe ich ihn danach fragen kann, sagt er es mir: »Dieses Wochenende wird zum unvergeßlichen Erlebnis, sozusagen zur Krönung meiner Arbeit: Ich fahre mit dem Minister nach Niedersachsen, in seinen Wahlkreis.« Dort weihen die beiden eine Gesamtschule ein, die der Herr Dr. Sommer mit kräftigen Finanzspritzen unterstützt hat, wie es seines Amtes ist. »Ich habe auch die Rede für den Herrn Minister aufsetzen dürfen. Die halbe Nacht habe ich daran gesessen. Der Minister ist ein begnadeter Stilist, da muß jedes Wort sitzen. Jetzt bin ich ganz vorn.« Wenn er sich da nur nicht täuscht. »Soweit haben Sie es, Herr Boeger, mit all Ihrer Arbeit noch nicht gebracht.« Fügt er selbstzufrieden hinzu. Was er nicht weiß: Ich habe nicht die geringste Lust, für welchen Minister auch immer, nachts Reden zu schreiben, und dann am Wochenende statt mit der Familie etwas zu unternehmen, mit dem Minister über Land zu fahren und für ihn Punkte zu sammeln. Neulich las ich auf einem Plakat mit Kindern: »Sonntags gehört der Papi uns.« Das hat mir gefallen. Warum nicht auch samstags?
Am Samstag geht unser Minister mit seinem Schulspezialisten auf große Fahrt. Offenbar kennt der noch nicht die Verschärfung der Lage. Der Kanzler hat bestimmt schon seinem Minister einen Wink gegeben. Wie ich den kenne, läßt er nichts anbrennen.
Also hat auch der Kollege einen Tip verdient. »Erwarten Sie nicht zu viel von diesem Ausflug. Die Förderung der Gesamtschule ist ins Gerede gekommen. Wie man hört an allerhöchster Stelle. Ich rate Ihnen, die Vorzüge der Gesamtschule in klare, handfeste Thesen zu bringen, die

jeder Bürger verstehen und überprüfen kann. Dann können wir den Glaubenskrieg beenden und uns sachlich mit Argumenten und Gegenargumenten auseinandersetzen. Die Begeisterung der Reformer allein wirkt in der Bevölkerung nicht ohne weiteres ansteckend.« Dr. Sommer stimmt dem zu, teilt aber nicht meine Einschätzung der politischen Großwetterlage. Die Thesen will er jedoch gern ausarbeiten. »Noch heute nacht. Dann haben wir Stoff auf dem Weg zur Einweihung. Wird unser Minister überrascht sein. Das war wirklich ein guter Rat. Ich danke Ihnen.«

Am Montag darauf ruft mich Dr. Sommer in sein Dienstzimmer. Auf dem Flur kommt er mir schon entgegen. Die gute Laune ist verflogen. Er blickt grämlich drein, fast wie einer, dem der Gang zum Schafott angekündigt wurde. »Das war vielleicht eine Pleite. Die ganze Reise am Wochenende hätte ich mir schenken können. Als ich dem Minister unterwegs die Thesen übergebe, sozusagen als Argumentationshilfe in der Auseinandersetzung um das Für und Wider der Schulreform, steckt er meine Vorlage achtlos weg, ohne auch nur einen Blick drauf zu werfen. Gerade, daß er so obenhin sagt: ›Schönen Dank. Hat sicherlich viel Mühe gemacht. Hoffentlich finde ich griffige Formulierungen auf Ihrem Zettel. Bei Gelegenheit sehe ich mir die Vorschläge genauer an.‹ Und dann hat er die ganze Zeit von seinen Erlebnissen bei der Zeitung in Hannover erzählt. Kein Wort über die Rede, über die ich solange gebrütet habe. Vielleicht hat sie ihm nicht gefallen und er hat sich eine eigene geschrieben.

Auch am Ziel, in der Schule, die einen großen Empfang vorbereitet hatte, habe ich den Minister nicht wiedererkannt. So hat ihn bisher niemand von uns erlebt. Schon gar nicht bei festlichen Anlässen. Gegen seine Gewohnheit zieht er keine Rede aus der Tasche, hält auch keine Notizen bereit, sondern wendet sich an den verdutzten Schulleiter: ›Was ist das nur für ein Lärm und Getöse hier? So einen Mordskrach bin ich nicht gewohnt. Früher, als ich zur Schule ging, war alles gesitteter, vor allem viel ruhiger als heute an den Gesamt-

schulen. Das halten meine Nerven nicht lange aus. Was machen die armen Lehrer, die so etwas Tag für Tag ertragen müssen?‹ Was meinen Sie, wie enttäuscht das Lehrerkollegium war. Ich bin selbst ein alter Schulmann und empfindlich gegen allzu lauten Krach. Aber, glauben Sie mir, der Lärmpegel an dieser Schule war für die große Pause, die gerade eingeläutet wurde, ganz normal. Der Minister hat sich dann, verbindlicher, erkundigt: ›Da wir hier nicht bleiben können: Habt Ihr in der Nähe einen Gasthof, der geöffnet hat, oder eine gemütliche Kneipe, in der man ungestört plaudern kann?‹ Der Schulleiter atmet auf. Das läßt sich einrichten.
Wir haben dann einige Stunden in einem benachbarten Gasthof zugebracht. Für unser leibliches Wohl hat ein aufmerksamer Wirt gesorgt, für das geistige und seelische Wohl der Minister selbst. Mit ergötzlichen, unterhaltsamen Anekdoten aus seiner Zeit bei der Presse, an die er allzu gern zurückdenkt.
Einige von den Geschichten kannte ich ja schon von der langen Hinfahrt.« »Und was war auf der Rückfahrt nach Bonn?« Dr. Sommer erinnert sich gern daran: »Da hat der Herr Minister ein Nickerchen gemacht.«
Eins will der Beamte noch von mir wissen: »Woher wußten Sie eigentlich von dem Gesinnungswandel unseres Ministers, daß er nunmehr den Schulversuchen skeptisch gegenübersteht?« Ich sage es ihm. Dr. Sommer geht ernüchtert und verdrossen in sein Dienstzimmer. So ein Ärger. Die Freude am Dienst ist ihm vergällt. Hätte ich nur auf meinen Onkel Robert gehört. Der sagte immer: »Du darfst den Leuten nicht alles erzählen, was Du weißt. Die verstehen das meiste doch nicht. Und danken tut's Dir keiner.« Recht hat er gehabt, der Onkel.

Wie der Bildungsminister die Gunst seines Kanzlers wiedererlangte

Der Bildungsminister hat Probleme mit seinem Kanzler. Der guckt ihn in der Kabinettsitzung nicht an, und danach

hat er für ihn keine Zeit. Das hat seinen guten Grund: Der Bildungsminister hat mit der Fraktion und gegen den Kanzler ein Gesetz durchgedrückt, das den Arbeitgebern eine Abgabe auferlegt, wenn sie nicht genügend Lehrlinge ausbilden. Das für sich ist schon ärgerlich genug, weil es die Unternehmer gegen die Bundesregierung aufbringt. Aber zu allem Übel war die Mühe umsonst: Der Bundesrat hätte zustimmen müssen. Aber im Bundesrat hat die Regierung im Moment keine Mehrheit. Der Versuch ist also gescheitert. So lautet auch das Urteil des Bundesverfassungsgerichts, an das sich die Opposition gewandt hat. Bilanz: Das Gesetz ist nichtig, die Unternehmer sind geschockt und der Kanzler zürnt seinem Bildungsminister und gibt ihm nicht einmal eine Audienz.
Solche Klagen hören wir aus dem Munde des Ministers, der in einer schwachen Stunde in kleinem Kreis sein Leid klagt: »Ihr müßt Euch den Kanzler als Dompteur im Zirkus vorstellen. Wie der die Peitsche schwingt und die Pferde im Trab hält, so laufen wir, die Minister, ohne anzuhalten immerzu im Kreis um den Kanzler herum. Im Zirkus gibt es nur einen Kreis der Pferde. Nicht so im Kabinett. Der zweite Kreis, der ganz im Dunklen trabt, von niemandem beachtet, ja nicht einmal gesehen, genießt die besondere Aufmerksamkeit des Dompteurs. Da setzt es mehr Hiebe als bei denen im hellen Zirkuslicht. Und bei denen in der zweiten Reihe«, sagt der Bildungsminister trübsinnig, »bei denen laufe ich und habe keine Chance, in die erste Reihe zu wechseln.«
Wem bricht da nicht das Herz? Unverhofft weiß jemand aus der Runde Rat. Er kennt die Chefsekretärin im Kanzleramt. Die sei gewitzt und habe großen Einfluß auf den Kanzler. Der Bildungsminister bedankt sich. Mutlos wie er aussieht, erwartet er von diesem Kontakt nicht allzuviel. Allerdings, wenn er so mies gelaunt im Vorzimmer des Kanzlers erscheint, wird der Tip ihm wenig nützen.
Doch der Minister hat seinen guten Tag für den Besuch

reserviert. Die Chefsekretärin ist ihm wohlgesonnen: »Lassen Sie mich mal machen. Wir kriegen das schon hin. Ich rede mit dem Kanzler, wenn es sich so fügt.« Kleine Pause. »Nein, zu danken brauchen Sie mir nicht. Warten wir es erst mal ab.«

Die Audienz wird gewährt. Der Minister ist selig. Dankbar erkundigt er sich bei seiner Wohltäterin, ob sie einen Wunsch habe, den er ihr erfüllen könne. »Ja, eine Wunsch habe ich«, entgegnet die Chefsekretärin. Die Tochter, sonst wohlgeraten, tue sich im Berufsleben schwer. Der Minister verspricht Abhilfe und lädt die Tochter zu einer Vorstellung ins Ministerium ein. Und hier geschieht das Unfaßbare: Keine Abteilung ist spontan bereit, die Dame unter ihre Fittiche zu nehmen und sie zu beschäftigen. Das ist eigentlich verwunderlich. Protektionskinder des Ministers sind sonst gern als Mitarbeiter gesehen, kann man doch mit ihrer Hilfe bisweilen heikle Sachen rasch und unbürokratisch regeln. Die Gründe für die geringe Akzeptanz von der Dame kann man nur vermuten. Wird sie abgelehnt, weil sie eine Frau ist? Sehr unwahrscheinlich. Die Frauenförderung hat überall eingesetzt, die später folgende Bildungsministerin strebt sogar an, das Frauenressort in der Bundesregierung zu erhalten. Ist es vielleicht, weil die maskuline Ausstrahlung der Bewerberin die Männer irritiert? Wohl kaum, es gibt Männer, die sich davon sogar angezogen fühlen. Hat die Ablehnung ihren Grund in der Eloquenz? Schon möglich. Es gibt auch Mitmenschen, die sich über die Gehaltsforderung wundern: Eine Einstufung im höheren Dienst gleich einer Regierungsrätin wird angestrebt. Dafür müssen andere Bewerberinnen lange Jahre studieren. Die Gerüchte wollen sogar wissen, daß eine Referentenstelle gesucht wird. Das wäre die Stellung einer Ministerialrätin. Was niemand weiß und glauben würde, der Einstieg ins Bundesministerium ist nur der Anfang einer zielstrebig geplanten Karriere in hohe und höchste öffentliche Ämter. Zunächst einmal verwaltet sie das Ressort Gleichstellung

von Frauen im Bildungsministerium, womit sie über große Fördermittel verfügt. Von da aus gelingt ihr der Sprung ins Rathaus einer Großstadt, wo ein gut gepolstertes kommunales Spitzenamt zu besetzen ist. Bald geht es weiter hinauf. Der Aufstieg hat vom Rathaus zur EG geführt.
Darüber hätte ich kein Wort verloren. Man weiß doch, welche Karrieren manche Leute machen. Aber wer hat mir das angetan, daß ausgerechnet ich das Sachgebiet dieser Kollegin übernehmen mußte? Gewiß, nur vorübergehend, bis eine andere Nachwuchskraft das Sprungbrett übernehmen konnte. Nun gut, ich habe mir die Akten angesehen, über die hochdotierten Forschungsaufträge den Kopf geschüttelt und wochenlang mit meinem Team als Reparaturschlosser gearbeitet. Und da klemmt sich ein unbekannter Unfriedenstifter hinter die SPD-Fraktion im Bundestag und läßt eine bekannte Abgeordnete anfragen: »Stimmt es, daß im Bildungsministerium ein M a n n die Gleichstellung von Frauen betreibt?« »Und was haben Sie geantwortet?« frage ich den mit der Anfrage überrumpelten Staatssekretär. »Ganz einfach«, sagt dieser, »ich habe gestanden. Es stimmt, habe ich geantwortet und hinzugefügt: Ein tüchtiger, erfahrener Beamter ist das.« Der hätte besser hinzugefügt: »Sie können ganz beruhigt sein, Frau Abgeordnete. Dieser Mann ist nur der Steigbügelhalter für junge Frauen, die schnell befördert werden sollen. Ganz wie die Partei es wünscht. Das ist doch bei allen Parteien so. Oder bin ich da auf dem Holzweg?« Der Staatssekretär hat sich wohl diese Antwort nicht getraut.
Kurze Zeit später bringt mir der Amtsbote einen Brief aus Kassel, von der frisch gebackenen Stadträtin. Sie bedauert, erfahren zu müssen, daß ihre Arbeit jetzt von einem M a n n verrichtet wird. Aber sie wünsche mir trotzdem viel Glück und Erfolg. Das schreibt mir eine Kollegin, die noch nie eine Akte von mir gesehen hat und meine Arbeit also gar nicht beurteilen kann. Da bin ich in einer besseren Lage: Ich ärgere mich fast täglich über ihre Hinterlassenschaft, die mich unnötig Zeit und Kraft kostet.

»Und was haben Sie geantwortet?« fragt mich der Staatssekretär. Sicher, ich hätte auch mal was übersehen können. Aber warum muß ich eigentlich immer aus meinem Herzen eine Mördergrube machen? Erst die provokante Anfrage im Bundestag von der SPD-Abgeordneten, dann der Brief von der Stadträtin. Übrigens ist diese in derselben Partei aktiv und kennt natürlich die Abgeordnete. Und da kann man sich leicht zusammenreimen, woher der Wind weht. »Ich habe mich zunächst einmal gründlich geärgert. Und mich dann bedankt für die guten Wünsche, daß mir die Arbeit gelingen möge, für die mir nur die Grundqualifikation fehlt: Eine Frau zu sein. Das ist heute nicht mehr korrigierbar.
Natürlich habe ich das nur gedacht, nicht niedergeschrieben. Geschrieben habe ich: Die guten Wünsche kann ich gut gebrauchen, wenn ich Ihre Akten zu Ende bringen muß. Als ich da reingeguckt habe, dachte ich in den ersten Tagen: Das ist ja eine schöne Bescherung, Nachlaßverwaltung nennt man so was.«
Aber jetzt nach einigen Monaten harter Arbeit weiß ich: Unser Team leistet Konkursverwaltung. Und das alles nur, weil der Minister nicht auf seinen Kanzler gehört und mit einem Gesetz die Unternehmer aufgebracht hat, einem Gesetz, das noch dazu nichtig war. Hätte der Minister die Finger davongelassen, hätte ich mich nie mit der Hinterlassenschaft der Tochter der Chefsekretärin des Kanzlers herumärgern müssen. Klar?

3. Die Kunstsprache der »Hochstapler« zerredet die Reform

An den Hochschulen: Babylonische Sprachverwirrung

An der Universität zu Tübingen gibt es ein Fernstudieninstitut. Dort werden von Wissenschaftlern Studienbriefe zur Weiterbildung der Lehrer entwickelt. Der neueste Hit ist ein Literaturkurs. Als ich den durchblättere, verschlägt es mir die Sprache: Zur Soziolinguistik gibt es mehrere Institute mit unterschiedlichem Vokabular. Die Forscher haben deshalb dem Text eine Seite mit Vokabeln und ihren Bedeutungen vorangestellt, damit der Leser den Text inhaltlich verstehen kann. Ich kenne das von den Fremdsprachen, die ich in der Schule gelernt habe. Bei näherem Hinsehen atme ich auf. Da habe ich in der Schule noch Glück gehabt: Die deutsche Bedeutung der lateinischen Fremdworte zum Beispiel war an allen Schulen gleich, ob jemand nun in Bayern oder in Schleswig-Holstein zum Gymnasium ging. So einfach hat es die Soziolinguistik den Studenten nicht gemacht: Je nach Institut hat manche Vokabel unterschiedliche Bedeutungen. Da kommt man schon ins Grübeln.

Die babylonische Sprachverwirrung unserer klugen Köpfe an den deutschen Hochschulen hat mir beinahe einen ministeriellen Rüffel eingebracht. Also, zwei Hochschullehrer aus Göttingen suchen mich auf. Sie möchten Fördermittel zur Entrümpelung des Germanistikstudiums.
Ich erinnere mich an die konfusen Fernstudienbriefe zur Soziolinguistik und bin ganz Ohr. Vielleicht finde ich hier Verbündete gegen die sprachlichen Hochstapler. Der Vortrag, in einer bestechend klaren Sprache gehalten, überzeugt mich. Warum haben die beiden nur in ihrem offiziellen Papier, das sie dem Minister schickten und das keiner im Haus verstand, so gedrechselt geschrieben und ihren Antrag mit ganz ungewöhnlichen Fremdworten untermauert? Das muß gesagt werden: »Wenn jetzt ein Tonband mitgelaufen wäre und Ihren Vortrag festgehalten hätte, wäre der Antrag praktisch schon genehmigt. Was Sie uns schriftlich eingereicht haben, hat hier kein Mensch verstanden.«
Die beiden Wissenschaftler zeigen Verständnis, versprechen, den Antrag in eine lesbare Form zu bringen, und reisen zurück zu ihrer Universität.
Unterwegs muß irgend etwas passiert sein. Es kommt kein

Antrag sondern eine massive Beschwerde an den Minister. Sie beide seien einem Zyniker in die Hände gefallen. Der habe sich über ihre Wissenschaft lustig gemacht. Vermutlich halte der sie für Scharlatane. Zum Beweis Ihrer Fachkompetenz haben sie einen Berg wissenschaftlicher Veröffentlichungen beigefügt. In einem kaputten Schuhkarton. Aufschrift des Ministers: »Haben die denn in Göttingen kein vernünftiges Packpapier, das bis Bonn hält. Und was soll ich eigentlich mit dem ganzen Zeug? Was sich Hochschullehrer zusammenschreiben, weiß ich doch selber.« Recht hat er, der Minister. Er gehört auch zur Zunft der Hochschullehrer.

Ich habe mit den Beschwerdeführern gesprochen. Ruhig und sachlich. Wir haben uns verstanden. Doch es war ihnen anzumerken: So einem sonderbaren Zeitgenossen waren sie bisher noch in keinem Ministerium begegnet. Einem, der in einfacher, klarer deutscher Sprache erfahren möchte, wofür eigentlich die Steuergroschen in Göttingen verwendet werden sollen.

In den Ministerien: Die Sprache bleibt mitunter auf der Strecke

Im Kultusministerium zu Düsseldorf hat der Herr Minister einen feinen Fang gemacht: Er präsentiert den Schulrat Bronsiek als den künftigen Fachmann für seine Gesamtschulen. Der begönnerte Beamte, schlichter Volksschullehrer von Haus, ist sich seines neuen Amtes bewußt, das er mit Würde ausübt. Das drückt sich zunächst in seiner Sprache aus. Manche nennen sie verwissenschaftlicht, andere sagen einfach Kauderwelsch dazu. Ich habe von solchen Leuten Schriftsätze gesehen, da war nur noch die Interpunktion deutsch, und das auch nur aus Mangel an Alternativen. Diesem Kollegen möchte ich ein Buch von Arno Schmidt schenken, wegen der extravaganten Zeichensetzung, eventuell zum Nachahmen.

Also, folgendes hat sich begeben: Es klopft an der Bürotür. Herein tritt der Herr der Gesamtschulen und sagt ganz einfach: »Kommen Sie mit, eine Tasse Kaffee trinken in der Kantine?« »Aber sicher, gern.« Mal sehen, was der auf dem Herzen hat. Bestimmt keine juristische Frage. Das machen viele Lehrer selbst. Im Handumdrehen. Ich habe richtig vermutet. Der Herr hat etwas anderes auf dem Herzen. Vorsichtig tastet er sich vor: »Wie ich hörte, kennen Sie die Frau Laurin näher. Sie wissen schon, die Hanna Renate. Eine superkluge Frau.« Sicher kenne ich diese Dame. Sie war erst Regierungsrätin im Kultusministerium. Dort kümmerte sie sich auch um Literatur und Jugendschutz, wurde dann Schulleiterin, später Kultusministerin. Sie machte unter dem Necknamen Hanna Granata in Berlin Karriere.
»Und was ist mit der Frau Laurin?« frage ich. Herr Bronsiek läßt sich Zeit mit der Antwort. Und dann bricht es aus ihm heraus: »Der ist keiner gewachsen, außer ich.« Potz Blitz! Da soll noch mal einer sagen, das Niveau der Gesamtschulen tauge nicht viel.
Gelegentlich habe ich das Erlebnis zu Hause zum besten gegeben, mit sanftem Spott auch schon mal die originelle Wendung »außer ich« gebraucht. Das ist meiner Tochter Katja in der Schule schlecht bekommen. Am Gymnasium. Sie hat den Lehrer korrigiert. »In der deutschen Sprache kennt sich mein Vater aus.« Wo der denn tätig sei. »Ich glaube, im Kultusministerium.«
Und was hat der Lehrer erwidert? »Sicher in der Personalabteilung. Da reden Sie inzwischen eine Sprache wie bisher nur an den Gesamtschulen.«

Im Institut in Tübingen: Ein glückloser »Sprachschöpfer« erleidet Schiffbruch

Nicht jeder, der mit modischen Wortschöpfungen an der Bildungsreform teilhaben möchte, gelangt zu Ruhm und Ansehen.

Ein besonders trauriger Fall ereignete sich in Tübingen, am Fernstudieninstitut. Dort wurde ich Zeuge, wie ein kreuzbraver, argloser Nachwuchswissenschaftler Schiffbruch erlitten hat, als er es den großen Sprachverbesserern gleichtun wollte und seinen Vortrag vor dem Kuratorium mit einer originellen, jedoch unerwünschten Kreation aufplusterte.
Das Kuratorium tritt halbjährlich zusammen. In ihm haben 16 Hochschullehrer aus allen deutschen Landen Sitz und Stimme. Zusammen mit Beamten aus Bund und Bundesländern – den Geldgebern – befinden sie über die Vorschläge des Instituts, durch Fernstudienbriefe das Fachwissen der Lehrer zu aktualisieren.
Für die Beamten aus den Ministerien sind die Sitzungen deshalb so strapaziös, weil die bis in alle Details ausgearbeiteten Vorschläge in einer für sie schwer verständlichen Sprache abgefaßt sind, die mit »wissenschafts-orientiert« nur sehr blaß und unzulänglich beschrieben werden kann. Auf der Sitzung, von der ich berichte, war es besonders arg. Wir hatten uns schon zwei Tage mit den Papieren und Vorschlägen abgeplagt. Und jetzt stand da vor uns ein junger Wissenschaftler, dem jegliche Lebenserfahrung fehlte. Jedenfalls war er mit der begrenzten Aufnahmefähigkeit von Ministerialbeamten nicht vertraut. Sonst hätte er seinen Vortrag nicht in eine äußere Form verpackt, die selbst unter den Professoren eine merkbare Unruhe verursachte. Und jetzt kommt der Clou: Nicht genug damit, daß er mit einer Flut von selten benutzten Fachvokabeln den Unmut der Zuhörer erregte, der ganze Vortrag war um ein Fremdwort herum gruppiert, das dem Wort- und Gedankengerüst erst festen Sinn und Halt geben sollte. Dieses Wort hatte ich bisher weder gehört noch gelesen. Dabei gehörte ich doch schon jahrelang dem Kuratorium an, war also ein alter Hase. Ich wollte mich gerade melden, den unverstandenen Begriff erfragen und anregen, künftig für die Regierungsbeamten eine Kurzfassung in einfachem, leicht

begreifbarem Basic-German anzufertigen (Wer das wohl übernehmen könnte?), da meldete sich schon ein Kollege, ich glaube aus Stuttgart, ein sonst ganz gescheiter Mann, der diesen Vortrag auch nicht verstanden hatte. Von diesem kriegen wir zu hören, was niemand besser formulieren könnte: »Ich bin heute zum ersten Mal hier. Und offenbar falsch ausgewählt, denn wie sich sehe, bin ich der Dümmste in der Runde. Da ist im Vortrag ein Begriff verwendet worden, den kenne ich überhaupt nicht. Dabei bin ich als Leiter des Hochschulreferates versiert im Umgang mit Wissenschaftlern. Kann mir mal einer von ihnen helfen? Sonst bin ich außerstande, mit abzustimmen. Wie soll ich sonst zu Hause im Ministerium klarmachen, wofür ich hier in Tübingen die Steuergroschen ausgegeben habe, wenn ich das selbst nicht weiß?«

Wer jetzt denkt, die Leitung des Institutes oder einer der Professoren hätte uns verraten, was es mit dem Antrag auf sich hat und was die unbekannte Fremd-Vokabel aussagt, der irrt gewaltig. Das Schlüsselwort hat niemand im Saal verstanden. Nicht mal der Leiter. Aber weder der noch ein anderer der Wissenschaftler hatte die Traute zu fragen. So sind alle verärgert, vermutlich auch über ihr eigenes Verhalten, die Scheu, eine Wissenslücke zuzugeben. Der Unglücksrabe, der an allem schuld ist, wird nochmal hereingebeten und aufgefordert, zu dolmetschen. Ich habe mal eine ähnliche Situation erlebt. Da hat der Deliquent sich mit Geistesgegenwart und Kühnheit aus der Affäre gezogen: »Ich bin erstaunt, daß Sie den Begriff nicht kennen. In den USA gehört er seit mindestens drei Jahren zum wissenschaftlichen Standard. Ja, im guten alten Europa, da muß man noch viel hinzulernen.« Das stimmte zwar hinten und vorne nicht, aber der Mann hat den Preis für seine Cleverness bekommen: Ungeteilte Zustimmung für sein »fortschrittliches Vorhaben«.

Der Pechvogel da vor unserem Tribunal in Tübingen ist hingegen aus anderem Holz geschnitzt. Aus einem Holz ohne Marktwert: Er ist grundehrlich, eine Eigenschaft, die heutzutage nur noch Verlierer besitzen. Ich traue meinen Ohren nicht, als ich ihn nicht ohne Stolz sagen höre: »Diesen Begriff können Sie auch gar nicht kennen. Den habe ich selbst erfunden. Gestern nacht, als ich lange wach lag. Ein wahrer Glückstreffer.« Das Kuratorium vermag diese Ansicht nicht zu teilen. Man schickt den armen Tropf mit seiner Arbeit und dem mitternächtlichen Geistesblitz nach Hause. Der Antrag ist abgesetzt: »In einem halben Jahr können Sie gern Ihr Anliegen noch einmal vortragen. Aber versuchen Sie auf jeden Fall, allgemein bekannte Vokabeln zu benutzen. Das ist ein guter Rat.« Und ein seltener gewiß, füge ich still hinzu.

Auf dem Kongreß der Junglehrer: Ohne Dolmetscher ist der Minister ratlos

Der Minister ist zum Kongreß der Lehrergewerkschaft in Kiel eingeladen. Es rumort unter den Junglehrern: Die Anwärterbezüge sollen gekürzt werden. Die Regierung nennt das ein Solidaritätsopfer. Sie sagt, das ersparte Geld werde verwendet, mehr Anwärter einzustellen und auszubilden. Die jungen Lehrer mißtrauen solchen Ankündigungen. Es wird ein heißer Sommer erwartet.
Der Minister kommt aus der Bauwirtschaft. Man sieht und hört es ihm an. Andererseits kann etwas Hemdsärmligkeit bei den aggressiven Lehrern kaum schaden. Ich habe allerdings Zweifel, ob die Junglehrer mit ihrem Soziologendeutsch und der Minister mit der klaren Sprache der Arbeitswelt einander verstehen.
Der Minister sichert sich die Mitarbeit der Fachleute auf dem Kongreß. Also begleite ich ihn. Als Beförderungsmittel steht ein Hubschrauber zur Verfügung. Die Unterkunft, höre ich aus seinem Büro, besorgt die Lehrergewerkschaft. Spät abends komme ich in einer kleinen, aber gepflegten Pension außerhalb von Kiel an. Ruhige Lage,

direkt am Meer. Das sehr anspruchslose Zimmer liegt direkt unterm Dach. Es genügt einfachsten Ansprüchen, so gerade.

Morgens komme ich übernächtigt – ich habe schon in bedeutend besseren Betten geschlafen – an den Frühstückstisch. Die Wirtin ist besorgt. Was hat sie denn für einen Kummer? Ob ich ihr helfen könne? »Ich erwarte immer noch einen hohen Herrn aus einem Bundesministerium, direkt aus Bonn. Dem habe ich mein schönstes Zimmer zurechtgemacht. Bis nach Mitternacht bin ich extra aufgeblieben, um den hohen Gast persönlich zu empfangen. Der wollte mit dem Hubschrauber kommen. Hoffentlich ist ihm nichts passiert. In der Bild-Zeitung stand heute noch nichts über einen Unfall mit dem Hubschrauber. Wissen Sie etwas Näheres?« »Über einen Unfall mit einem Hubschrauber weiß ich nichts. Aber das Zimmer, das war sicher für mich reserviert: Ich bin der Gast aus Bonn, der bei Ihnen übernachten wollte.« Die Wirtin kriegt einen gehörigen Schreck. »Und ich habe gedacht, Sie seien bloß von der Gewerkschaft. So ein Ärger.« Sie hätte mich gern noch eine Nacht – zur Not auch zwei Nächte – beherbergt. Ohne Extrakosten. Aber ich muß ja wieder zurück nach Bonn. Auch wenn es spät wird, bei den aufgebrachten Lehrern im Festzelt.

Der Minister aus der Bauwirtschaft hat sich übrigens wacker geschlagen. Er hat den Lehrern empfohlen, beim nächsten Mal einen Dolmetscher mitzubringen. Wenn es im tiefroten Hessen so etwas gäbe. Aus dieser Gegend stammen die rabiatesten, aber auch in modischster Sprache besonders versierten Wortführer auf dem Kongreß. Warum sie denn einen Dolmetscher bräuchten? Um ihm, dem Minister, zu helfen, das Kauderwelsch zu verstehen, in das sie ihre Forderungen kleideten.

4. Nachrichten aus Verbänden, denen die Bildung am Herzen liegt

Kleider machen Leute / Der Boss der Lehrergewerkschaft erlebt Befremdliches mit einem sonderbaren Gast

Die Lehrergewerkschaft braucht einen neuen Vorsitzenden. Der alte hat den Platz geräumt und sich beruflich verbessert. Wie zu erfahren ist, konnte er bei der Neuen Heimat einen Sessel im Vorstand ergattern.
Die Gewerkschaft ist in schwerer Bedrängnis. Der streitbare alte Chef mit der Berliner Kodderschnauze ist kaum zu ersetzen, erst recht nicht jetzt, wo die Bildungsreform auf dem Prüfstand steht.
Die Landesverbände der Gewerkschaft präsentieren zwei fähige Bewerber. Doch man kann sich nicht für einen von beiden entscheiden. Jemand, an den bisher keiner ernsthaft dachte, macht das Rennen: Ein ruhiger, bedachtsamer Philologe, Leiter einer Gesamtschule.
Kollegen, die ihm nur eine kurze Zeit als Vorsitzendem vorausgesagt haben, werden erleben, daß sie sich mächtig geirrt haben. Er bleibt 16 Jahre im Amt. Wenn es nach ihm gegangen wäre, hätte er sogar noch ein paar Jahre zugelegt.
Er achtet auf die Etikette. Korrekte Kleidung schätzt er sehr. Das habe ich auf einem Gewerkschaftskongreß in Bad Godesberg in drastischer Weise vorgeführt bekommen:
Auf der Rampe der Festhalle entlädt gerade eine Staatskarosse aus der Landeshauptstadt Düsseldorf zwei Gäste. Wir warten so lange und beobachten in der Zeit die beiden. Es lohnt sich, stärkere Gegensätze in Figur und Kleidung sieht man selten zusammen: Der stattliche Staatssekretär oder gar Minister könnte frisch vom Laufsteg für dezente, modische und verdammt teure Herrenkleidung kommen, als Topmodell eines führenden Herrenausstatters. Da kann man auf der Regierungsbank im Bundeshaus lange suchen unter Vertretern der Bundesregierung, bis man einen Dressman findet, der diesem Gentleman das Wasser reichen kann. Keineswegs dem

Modemagazin entstiegen ist dagegen sein Begleiter. Ich finde es ärgerlich, daß Fahrer der Landesregierung so ungepflegt herumlaufen. Normalerweise sind in den Behörden auch die Fahrer und Amtsboten gut frisiert und korrekt gekleidet.
Jemanden, der in einem so schäbigen Anzug herumläuft, und noch dazu als Begleiter eines Repräsentanten des Kultusministeriums, wie ich vermute, habe ich bisher noch nicht erlebt. Die Sozialdemokraten haben doch nicht etwa in aller Stille eine Koalition mit den Grünen geschlossen? Und die haben einen von ihnen, als Herrenfahrer getarnt, vorausgeschickt, um zu testen, wie weit sie es treiben können.
Genug gemutmaßt, der Wagen aus Düsseldorf hat die Rampe geräumt. Wir rücken nach, steigen aus und werden am Eingang des Festsaales herzlich vom neuen Vorsitzenden begrüßt. »Ja, natürlich, der Staatssekretär kommt nach, Herr Vorsitzender, Sie können beruhigt sein. Auch wegen der Ansprache. Die sieht er gerade noch mal durch.«
Mitten im Gespräch mit dem Empfangskomitee kommt der nachlässig gekleidete Chauffeur durch die Tür, stellt sich grußlos neben uns und greift in die Unterredung ein. Ganz ohne Scheu.
Ich finde das schon recht kurios. Der Gewerkschafter, ganz wie ein Schulleiter, der unvermutet einen Asylanten im Lehrerzimmer vorfindet, sagt leise, gereizt, aber deutlich: »Sie haben hier keinen Zugang. Der Saal ist für geladene Gäste reserviert. Sollten Sie einen Gast hergebracht haben, können Sie in der Küche essen. Dort stehen auch Getränke für das Personal bereit.«
Und dann in dem Versuch, die peinliche Situation mit einem Scherzwort zu entkrampfen – Zeigefinger leicht erhoben –: »Aber bitte keinen Alkohol, wenn Sie mit dem Wagen gekommen sind.«
Der Angesprochene reagiert nicht, bleibt einfach stehen. Vielleicht doch ein Ausländer, mit dessen Deutschkenntnissen es noch hapert. Der Gastgeber nimmt nochmals einen Anlauf: »Verstehen Sie mich nicht? Sie befinden sich im falschen

Zimmer. Hier beginnt gleich eine wichtige Tagung. Zu der haben Sie keinen Zugang.« Der Eindringling nickt. Offenbar ist er diese Tonart gewöhnt und inzwischen immun dagegen. Der Vorsitzende denkt wohl dasselbe. Wenn er den Kerl rausschmeißen läßt, wie es sich gehört, gibt es einen Skandal, den die Journalisten gern aufgreifen. Das muß nicht sein. Aber eine Beschwerde bei dessem Vorgesetzten wäre schon angebracht. Billiger soll der nicht davon kommen. Also:
»Ihr Name bitte, mein Herr.«
»Carlo«, sagt der Herr. »Carlo heiße ich. Verzeihen Sie, daß ich versäumt habe, mich vorzustellen.« Der Vorsitzende schüttelt den Kopf. Mit leichtem Tadel in der Stimme: »Guter Mann, nicht den Vornamen möchte ich wissen, den Nachnamen bitte. Und zweitens erwarte ich eine Auskunft, wo Sie tätig sind. Ich werde mich natürlich über Ihr Verhalten beschweren. Daß mir so was nicht noch mal vorkommt.«
Der »Streuner« blickt auf und sagt mit leiser Stimme: »Carlo ist mein Nachname. Der steht auch so im Personalausweis. Wenn Sie den sehen möchten, gern.«
Während der Vorsitzende großmütig abwinkt, fügt der Herr Carlo ganz sachlich ohne jede Gemütsregung hinzu: »Ach ja, beschäftigt bin ich bei der Landesregierung, genauer, im Kultusministerium. Ich vertrete dort seit einiger Zeit den Herrn Minister. So auch heute. Der Herr Minister ist verhindert. Er läßt sich vielmals entschuldigen. Ach ja, ich bin der Staatssekretär.«
So verblüfft, wie der Vorsitzende über diese Antwort war, so verblüfft habe ich ihn nie wieder gesehen. Die ganzen 16 Jahre nicht, die er als Vorsitzender der Gewerkschaft vorgestanden hat.

Bildung und Kultur bei den Ärzten im Hartmannbund / Mit voller Kraft voraus: Klaus Nöldner

Auf den heutigen Abend haben wir uns gefreut, meine Frau und ich. Wir sind zum Sommerfest des Hartmannbundes,

der Standesvertretung der freischaffenden Ärzte, in Bonn eingeladen und empfinden den milden Sommerabend als ein gutes Vorzeichen. Verständlich, daß unsere siebenjährige Tochter Katja nicht allein zu Hause in Merzbach bleiben möchte. Von uns aus kann sie gern mitkommen: Morgen ist Sonntag, da braucht sie nicht zur Schule und kann ausschlafen. Ich frage Klaus Nöldner, den Hauptgeschäftsführer des Hartmannbundes. Auch der ist einverstanden: »Das Fest wird Ihrer Tochter Spaß machen. Ich habe eine zünftige Studentenkapelle verpflichtet. Die spielt abwechselnd Jazz und Klassik, so ein paar bekanntere, gängige Stücke von Bach und Telemann, glaube ich. Und dann erleben wir alle die Hauptattraktion des Abends: Wir können den Zeichner Horst Jannsen aus Hamburg-Blankenese kennenlernen, einen großen Künstler. Hoffentlich liegt er nicht ausgerechnet am Festabend daheim im Bett und schläft einen Rausch aus.«
Ich habe Klaus Nöldner als Partner einer Fernsehsendereihe »Entwicklungsstörungen, Schulschwierigkeiten und Gesundheitserziehung« schätzen gelernt. Die vom Südwestfunk zusammen mit Schulpsychologen, Kinderärzten und Pädagogen erarbeiteten Sendungen sollten Eltern und Lehrer befähigen, rechtzeitig Störungen in der Entwicklung von Schulkindern zu erkennen, für eine Therapie zu sorgen und so das Abschieben in die Sonderschule und damit in das »soziale Aus« zu verhindern.
Klaus Nöldner ist bis zur Selbstverleugnung hilfsbereit. Er hat ein Gespür dafür, wo es brennt. Dann kann man mit ihm rechnen. In der Bonner Szene nennt man ihn gern »Katastrophen-Klaus«. Diesen Spitznamen für den dynamischen Verbandsmanager halten seine Freunde für eine Anerkennung dafür, daß er in Not- und Katastrophenfällen stets zur Stelle ist. In der Entwicklungshilfe ist er gleichermaßen aktiv wie bei CARE. Man erinnert sich noch gern an die Pakete aus den USA in kargen Nachkriegszeiten. Damals hat der Schriftsteller Wolfgang

Koeppen für drei CARE-Pakete ein ganzes Buch geschrieben. Aber es gibt auch andere, die glauben, daß immer da, wo Klaus Nöldner auftritt, ihm die Katastrophen auf dem Fuß folgen und daß man ihm deswegen den Spitznamen gegeben hat. Mein Onkel Zacharias hat dazu gesagt: »Der Mann soll sich bloß über so was nicht künstlich aufregen. Wo viel Licht ist, ist auch viel Schatten, und über wen keiner lästert, mit dem ist auch nicht viel los.«

Wer wie ich meist mit Bürokraten arbeiten muß, die von Bedenken heimgesucht werden, ungern Entscheidungen treffen und jede Innovation mißtrauisch beäugen, wird begreifen, daß mir die zupackende Art von Klaus Nöldner gefällt. Beidseitige Sympathien führen zu privaten Begegnungen, und so ist auch die Einladung zum Sommerfest des Hartmannbundes zu erklären. Am Festabend stellen wir unser Auto irgendwo zwischen Bonn und Bad Godesberg auf der Adenauerallee ab und gehen den Klängen einer Dixieland-Band nach. Aha, die Studenten sind schon mal erschienen. Am festlichen Ort haben wir noch nicht unsere Mäntel abgelegt, da tritt ein Kollege auf uns zu. »Was machen Sie denn hier, Herr Boeger? Hier sind doch nur Spitzenbeamte und Minister als Gäste eingeladen.« Mit einem mißbilligenden Blick auf Katja: »Vermutlich Ihre Tochter. Ich wußte gar nicht, daß Sie noch so junge Kinder haben. Meine sind längst im Bett.«

Der Ordnungshüter ist der Kollege Niebühr. Wie in Bonn jeder weiß, entstammt die Ehefrau einer angesehenen Familie aus Bremen. Sie gehört in Bonn zur politischen Elite und bekleidet im derzeitigen Kabinett einen Ministerposten. Sie ist also am richtigen Platz. Ihr Mann wird wohl als Prinzgemahl geduldet sein. Da er so gern wissen möchte, wieso wir hier teilnehmen dürfen, sage ich es ihm. Er ist beeindruckt von unseren guten Beziehungen zum Hauptgeschäftsführer. »Wie haben Sie denn Ihre Tochter hier hereinbekommen?« Auch das habe ich dem Kollegen erklären können. »Dann holen wir auch unsere beiden Kinder, die zu Hause geblieben sind.«

Wir haben unsere Mäntel immer noch nicht an der Garderobe abgeben können, da stürzt Klaus Nöldner auf mich zu. »Menschenskind, wo stecken Sie denn? Kommen Sie mal rasch mit. Sie werden von einer hohen Persönlichkeit erwartet.« Es gefällt mir überhaupt nicht, wie sich der Abend entwickelt. Statt bei guter Musik, einem Gläschen Sekt und der von uns geschätzten Malerei von Horst Janssen den Alltag zu verabschieden, wieder ein unangenehmer Auftrag, wie mir schwant. Die hohe Persönlichkeit, die in einem Nebenraum so dringend auf mich wartet, ist die Frau des sangesfreudigen Bundespräsidenten (»Hoch auf dem gelben Wagen«), Mildred Scheel, die Gründerin der Krebshilfe. »Na, Sie haben aber lange auf sich warten lassen. Herr Nöldner hat mir von dem Fernsehprogramm mit dem Südwestfunk erzählt. Da würde meine Krebshilfe gern einsteigen. Mit ein oder zwei Sendungen: Gesundheits- und Krebsvorsorge im Kindesalter. Geht das noch oder komme ich zu spät?« Ich sage: »Mit Geld und Ideen ist uns jeder Partner willkommen. Besonders natürlich die Frau des Bundespräsidenten. Weil sich dann der Bundesminister nicht trauen wird, uns dreinzureden.« Wir vereinbaren einen Termin. Inzwischen ist der Zeichner Janssen angekommen. Er hält sich mit einer Hand an der Wand fest, mit der anderen bekritzelt er Rezeptformulare, die er von allen Seiten gereicht bekommt. Ein ungewohnt kleines Format für diesen Künstler. Die Schar der ihn umringenden Ärzte, aus der der markante Wuschelkopf des Künstlers herausragt, bewahrt ihn vor dem Umkippen. Nun sind auch die Kinder des Ehepaares Niebühr eingetroffen.
Als der Abend schon weit fortgeschritten ist, erblicken wir nochmals den Künstler aus Blankenese. Er ist voll in Aktion, sitzt vor einem großen Tisch und zeichnet, umgeben von seinen Bewunderern aus der Ärzteschaft. Diesmal auf größeren Blättern. Alle sehen zu, wie Kunst entsteht, und schweigen. Deshalb hört der feinnervige

Janssen auch Katja fragen: »Papi, ob der mir wohl auch ein Bild malt?« Gutgelaunt ruft der Zeichner zu uns herüber: »Natürlich. Das mache ich doch gern. Macht mal alle Platz und laßt das Mädchen zu mir kommen.« Dann wendet er sich wieder seiner Arbeit zu. Bisher hat niemand reagiert und den Weg freigegeben. Bei Janssen muß man auf Launen und jähe Stimmungsbrüche gefaßt sein. Deshalb sage ich zu Katja: »Geh ruhig mal hin. Aber sei nicht traurig, wenn er sein Versprechen nicht hält und Dich wegschickt. Ohne Zeichnung.« Das habe ich wirklich nur geflüstert, aber der Künstler hat wieder mitgehört. »Das ist ja unerhört, was Dein Vater erzählt. Bitte macht endlich eine Gasse frei für meine kleine Verehrerin.« Er fragt nach ihrem Wunsch, malt ein Kamel und fragt nach ihrem Alter. »Sieben Jahre«, sagt Katja. »Na«, sagt Janssen, »da können wir nicht mithalten.« Er zeichnet zum Kamel noch eine Pyramide und eine aufsteigende Sonne. »Hat jemand zufällig einen Rotstift dabei? Nein?« Er wendet sich an Katja: »Dann malst Du die Sonne und die Rose, die ich Dir für Deine Freundin dazu zeichne, selbst rot an. Zu Hause. Rembrandt hat auch manches Bild von seinen Schülern ausmalen lassen. Das merkt heute keiner mehr.« Meine Tochter zeigt mir glücklich das Werk des Meisters. »Eigentlich hätte ich ja gern ein Kamel mit zwei Höckern gehabt statt nur mit einem. Aber ich wollte den Zeichner nicht verlegen machen. Ich weiß nicht, ob der den Unterschied zwischen Dromedar und Trampeltier kennt. Da habe ich es drauf ankommen lassen und einfach um ein Kamel gebeten.« Sie guckt sich die Zeichnung noch einmal kritisch an, nickt zufrieden: »So sieht es aber auch ganz gut aus.«
Herr Niebühr ist mit seinen beiden Kindern zu uns getreten. Nicht ohne Bewegung sieht er sich das Blatt an und sagt zu seinem Sohn: »Laß Dir von Herrn Janssen auch etwas Schönes malen.« Der blickt auf, lächelt bedauernd und sagt zu dem kleinen Jungen: »Beim nächsten Mal

kriegst Du auch ein Bild von mir gemalt. Eine Zeichnung für Kinder, das ist etwas ganz Besonderes. Das mache ich immer nur für ein Kind an einem Abend. Wie Du selbst gesehen hast, heute war vor Dir schon Katja da. Also, bis zum nächsten Mal.«

Mir hat der traurige, kleine Junge leid getan.

V. Mit dem Wissenschaftsrat auf riskanten und unbequemen Pfaden in Mecklenburg-Vorpommern und Brandenburg

1. Der Minister in Potsdam will unerkannt bleiben

Auch für die Hochschulen im Osten bringt die Wende Veränderungen. Sie sollen in das westdeutsche Hochschulsystem einbezogen werden. Also stehen sie auf dem Prüfstand. Prüfer ist der westdeutsche Wissenschaftsrat in Köln, ein Gutachtergremium aus Professoren verschiedener Fachrichtungen.

Diese führen zur Vorbereitung ihres Fachgutachtens Gespräche vor Ort. Das bedeutet für die meist älteren und nicht mehr sehr belastbaren Herrschaften eine strapaziöse Reisetätigkeit. Auf ihrer Reise zu den Hochschulen in Mecklenburg-Vorpommern und Brandenburg begleite ich die Gutachter. So hat es das Bildungsministerium in Bonn bestimmt.

Vor dem Besuch in der Hochschule wird zunächst der zuständige Wissenschaftsminister des Landes aufgesucht, damit sich die Professoren informieren und abstimmen können. In Schwerin macht das keine Schwierigkeiten. Aber in Potsdam erleben wir eine böse Überraschung: Der Minister hält sich nicht in seinem Ministerium auf. Niemand kann sagen, wo er gerade steckt. Er hat auch keinen Vertreter bestellt, der uns empfängt und unsere Fragen beantworten könnte. Der Anblick der enttäuschten und frierenden Besucher in dem zugigen Treppenhaus – wir schreiben Mitte Januar 1991, und es ist bitterkalt – erbarmt den Amtsboten: Er holt die Schlüssel zum Sitzungssaal. Ich werde gefragt, ob ich den Wissenschaftsminister kenne, ihn schon mal gesehen habe.

Das kann ich bejahen. Man hatte ihn erst vor wenigen Monaten als Koordinator in das Bildungsministerium in Bonn geholt. Dann kam die Wende: Der Koordinator aus Bonn ging als Aufbauhelfer und Wissenschaftminister nach Potsdam. Aber das ging auch nicht so glatt und reibungslos vonstatten. Auf diese Stelle hatte sich schon ein Parteifreund aus Kiel gefreut. Von dem habe ich erfahren: »Eigentlich sollte ich in Potsdam Wissenschaftsminister werden. Ich fahre im Vertrauen auf diese Zusage nach Potsdam, um die Ernennungsurkunde vom Ministerpräsidenten zu empfangen und sehe mich vorher ein wenig in meiner künftigen Arbeitsstätte um. Als ich das Ministerzimmer betrete, traue ich meinen Augen nicht. Im Ministersessel sitzt ein Parteifreund und bearbeitet Akten. Ich will mich gerade bedanken und ihm sagen, ab morgen sei seine Hilfe entbehrlich, ich würde meine Arbeit schon allein schaffen, da sagt er mir ins Gesicht: ›Du bist heute zu spät dran. Seit gestern sitze ich auf dem Ministersessel‹, und zeigt mir seine Ernennungsurkunde. Sie können sich denken, wie sauer ich war. Um mich zu beschwichtigen, habe ich als zweiten Preis sozusagen den Posten eines Staatssekretärs in Schwerin erhalten. Auch gut, dann habe ich es nicht allzu weit nach Kiel und kann da vorerst wohnen bleiben. Man weiß ja auch nicht so genau, wie lange diese Regierung hält. Aber haarig finde ich es schon, wie man mit mir umgegangen ist.«
Daran denke ich, als wir auf den Minister in Potsdam warten.
Die Herren Professoren diskutieren schon darüber, ob sie aufbrechen sollen, damit ihr Terminplan nicht ganz durcheinandergerät, da wird die Tür des Sitzungssaales ganz vorsichtig, von den meisten unbemerkt, geöffnet und herein tritt – nein, nicht der Amtsbote mit einer großen Kanne Kaffee, sondern der Minister in eigener Person. Er sieht mich als nächsten an der Tür sitzen, beugt sich zu mir herunter: »Ja, was machen denn Sie hier, Herr Boeger? Und

was sind das für fremde Gesichter. Die Herren wollen doch wohl nicht alle zu mir?« Ich kläre den Minister mit wenigen Worten auf. Er überlegt kurz und teilt mir mit: »Auf den Besuch bin ich nicht vorbereitet. Keiner hat mir den Termin notiert. Da verschwinde ich am besten wieder.«
Ich rege an: »Eine kurze Begrüßung wäre angebracht. Man wartet schon über eine Stunde.« Der Minister nickt zustimmend, tritt mitten unter die Gäste und ruft: »Alle mal herhören! Einen Augenblick mal Ruhe!« Und dann sagt er, ganz ruhig und gelassen: »Der Herr Minister schickt mich. Er hat mich beauftragt, ihn wegen einer kurzfristig anberaumten Kabinettsitzung zu entschuldigen. So eine Sitzung kann lange dauern. Herr Minister bittet Sie, deshalb auf ihn nicht länger zu warten und Ihren Dienstgeschäften nachzugehen. Ja, und dann hat er noch gesagt, beim nächsten Besuch lade er alle zum Kaffee ins Schloß Sanssouci ein. Das sei versprochen.« Ohne eine Antwort oder Frage abzuwarten, dreht sich der Minister um und ward nicht mehr gesehen.
Der »Chairman«, ein skeptischer Juraprofessor erkundigt sich: »Sagen Sie mal, Herr Boeger, kennen Sie diesen Boten, den uns der Herr Minister geschickt hat? Zufällig habe ich gesehen, wie der Sie an der Tür begrüßt hat.« Ich zögere mit der Antwort. Die Wahrheit glaubt mir dieser Skeptiker ja doch nicht. Versuchen wir es trotzdem mal ganz ungeniert: »Sicher kenne ich den Herrn. Aus Bonn. Der ist als Aufbauhelfer nach Potsdam gekommen.« Der Professor unterbricht mich und setzt voller Spott fort: »Jetzt fehlt nur noch, daß Sie sagen, der sei hier Wissenschaftsminister geworden. Und hat Identifikationsschwierigkeiten mit sich selbst. Daß ich nicht lache.« »Exakt«, sage ich, ohne den Ton zu heben, »exakt. Sie haben richtig geraten. Sie haben soeben den Wissenschaftsminister des Landes Brandenburg kennengelernt.«
Der Juraprofessor ist verärgert. Nicht über den Herrn Minister, der sich selbst verleugnet hat. Nein, über mich, der seine albernen Scherze mit einer Amtsperson treibt, die zwar Spaß vertragen kann, aber doch bitte alles zu seiner Zeit.

Ich wünsche dem Herrn Professor, daß er demnächst den Minister mal woanders trifft, vielleicht auf einem Empfang des Wissenschaftsrates in Köln. Dann kann er ihn ganz persönlich fragen, was er davon halte, daß ein Beamter ihn als den Wissenschaftsminister aus Potsdam bezeichne. Aber er muß sich schon beeilen. Manche Regierungen in den neuen Bundesländern sind nur von kurzer Dauer. Kommt der Professor zu spät mit seiner Frage, erhält er als Antwort: »Ob ich in Potsdam Wissenschaftsminister bin? Nein, da muß ich passen. Wissenschaftsminister in Potsdam ist jemand anders.«
Und dann habe ich keine Chance, jemals rehabilitiert zu werden.

2. Strapazen für ältere Semester / In Cottbus ist kein Zimmer frei

Eine starke Zumutung war die Reise nach Cottbus. Die Gutachter des Wissenschaftsrates erhielten für die Reise von Berlin nach Cottbus einen VW-Kleinbus.
Wir steigen skeptisch ein und finden unsere Befürchtungen bestätigt. Der Bus ist nicht nur zu klein, er ist außerdem nicht beheizbar. Das stellt sich erst allmählich heraus. Und auf halber Strecke kehrtmachen, darin ist wenig Sinn. Die Älteren erzählen vom Rußlandfeldzug: Schießen bei sibirischer Kälte, schlechte Verpflegung und dann die ärztliche Betreuung auf kopfloser Flucht. Gar nicht daran zu denken. Wen eine Kugel erwischt, für den gibt es keine Rettung.
Und um Cottbus, weiß einer zu berichten, um Cottbus haben die Russen besonders verbissen gekämpft. Warum? Weil von dort die Bundesautobahn direkt zur Reichshauptstadt führt. Um sich den Zugang zu dieser Strecke zu erkämpfen, haben die Sowjets Cottbus platt gemacht. Ganz oder vorwiegend mit Artillerie.

Die Autobahn ist seitdem wohl kaum noch richtig benutzt worden. Wir werden alle naselang herunter geleitet und müssen etliche Nebenstrecken benutzen. Dadurch verdoppelt sich die Fahrzeit und verringert sich der Fahrkomfort, wenn man von einem solchen überhaupt reden kann.
Ich war nicht beim Rußlandfeldzug dabei, was ich nicht bedauere. Daher kann ich auf der Fahrt nach Cottbus auch nicht mitreden und mich mit noch schlechteren Zeiten und elenderen Umständen trösten.
In Cottbus angekommen stellt sich heraus, die Assistenten von der Geschäftsstelle des Wissenschaftsrates haben verschiedene Unterlagen irgendwo liegen lassen oder vergessen, sie überhaupt aus Köln mitzubringen. So genau ist das nicht zu klären. Es sind auch nicht sämtliche Unterlagen, die fehlen. Nicht aufzufinden ist das Programm in Cottbus. Es gibt also keinen Hinweis, wo die Unterkunft für uns vorbereitet ist. Inzwischen ist es stockdunkel geworden. Die Temperatur liegt bei 15 Grad minus. Einen Stadtplan hat keiner. Auf den Straßen ist kein Einwohner zu erblicken. Geschäfte sind geschlossen, Hotels oder Gaststätten liegen offenbar in ganz anderen Stadtteilen. Und jetzt auch noch ein eisiger Schneesturm. Die Assistenten tun ihr Bestes. Sie kutschieren uns schließlich zum Bahnhof, wo ein Licht anzeigt, daß jemand Dienst tut. Wir haben Glück, der Beamte weiß Rat. Die Unterkunft ist schnell gefunden: Ein Heim für junge Pioniere auf großer Fahrt. Auf großer Fahrt sind wir auch, das geht schon in Ordnung. Aber die Betten. Schneewittchen und die sieben Zwerge fallen mir ein: Das muß ein Heim für sehr junge Pioniere gewesen sein. Jeder von uns kann frei und für sich entscheiden, ob er die Unterschenkel oder den Kopf aus dem Bett hängen läßt. Selbst für den kleinsten von uns, den wir heute beneiden, reicht das Bett nicht recht aus.
Und dann gibt es für 16 Erwachsene in der ganzen Herberge nur ein Klo, so klein, daß man die Beine hochziehen muß, weil sonst die Tür nicht schließt.

Alle sind erst einmal beschäftigt, den Frost aus Händen und Füßen zu verscheuchen. Da wir keinen Arzt dabei haben, versuchen es einige mit heißem Wasser oder legen die starren Beine auf die Heizung. Die Laute, die zu hören sind, lassen an ein Feldlazarett an der Ostfront mitten im Rückzug denken.
Ob wir etwas zu essen und einen Schluck zu trinken erwerben könnten? Der freundliche Herbergsvater winkt ab. Die Verpflegung werde von den Gästen woanders eingenommen. »Wenn Sie noch etwas zu essen haben möchten, empfehlen ich und meine Frau das Interhotel, nur ein paar Meter von hier. In der Fußgängerzone. Die haben bis 12 Uhr warme Küche.« Alle raffen sich auf, und gemeinsam geht es durch Eis und Schnee zu den Genüssen, die das Interhotel für uns bereit hält. Es sind zwar nicht nur ein paar Meter. Aber für alles entschädigt uns das großzügig ausgestattete Lokal. Gepflegte Atmosphäre, gedämpftes Licht, eilfertige, höfliche Kellner. Wir reiben uns die Augen.
Das muß doch einen Haken haben. Und ob. Hinterhältig fragt der Oberkellner: »Mit wieviel Personen darf die Küche rechnen?« Die arglose Antwort: »Wir sind vierzehn.« Der Kellner bedauert, höflich, aber entschieden. »Dann können sie in unserem Restaurant nicht Platz nehmen. Wir servieren nur an Vierer-Tischen.«
Ich rechne schnell nach: «Wieso geht das nicht? Wir nehmen drei freie Tische, und die restlichen zwei Gefährten nehmen woanders Platz.« Der Oberkellner lächelt überlegen. »Platz nehmen können die beiden. Das ist nicht verboten. Aber der Kellner nimmt erst eine Bestellung auf, wenn alle vier Plätze besetzt sind.«
Er blickt auf die Armbanduhr. »Jetzt ist es halb zwölf. Wir rechnen heute nicht mehr mit weiteren Gästen. Und um 12 nimmt der Koch keine Bestellung mehr an.« Wir lassen den Manager bitten. Der zieht sich mit dem Oberkellner in den Hintergrund zurück. Die beiden tuscheln miteinander. Nicht lange, dann kommt der Manager zurück: »Ich bedauere

sehr, aber mein geschätzter Mitarbeiter hat Sie richtig informiert.« Er macht eine kleine Pause. Und dann sagt er vertraulich. »Nebenan ist eine urgemütliche Kneipe. Kann ich sehr empfehlen. Die haben so große Tische, daß Sie alle an einem Platz finden. Aber beeilen Sie sich. Die Küche macht bei denen auch um 12 Uhr zu. Möglicherweise haben die auch heute geschlossen. Aber überzeugen Sie sich selbst.«
Die wollen uns hier loswerden. Darauf lassen wir uns heute nach den schrecklichen Erlebnissen nicht ein. Unabgesprochen legen wir die Mäntel ab. Das kennt der Kellner, er trägt alles brav an die Garderobe. Im Lokal finden wir zwei größere Tische. Das Personal ist sichtlich genervt, mag aber den Wessis nicht weiter Widerstand leisten. Der Tischkellner, ein noch recht junger Mann, reicht die Speisekarten und nimmt die Bestellungen entgegen, ohne auch nur eine davon zu notieren. Muß der ein Kurzzeitgedächtnis haben. Beneidenswert. Mit einem großen Tablett kommt er nach einer guten Stunde zurück: »So das wäre das bestellte Essen. Ich darf jeden Gast bitten, sich das von den Platten zu nehmen, was er möchte.« Das ist gar nicht mal so schlecht. Alle kommen auf ihre Kosten. Manche zu einer Mahlzeit, an die sie selbst im Traum nicht gedacht hätten.
Unzufriedenheit äußert nur mein Nachbar, ein älterer, bescheidener Ordinarius aus Heidelberg, den bisher nichts aus der Ruhe bringen konnte. Er ruft den Kellner, der ihm die Suppe serviert hat. »Das ist doch keine Tomatensuppe, wie Sie mir gesagt haben. Tomatensuppe ist doch rot. Diese Suppe hat eine mehr gelbliche Farbe.« Der Kellner guckt interessiert in die Suppentasse, nimmt einen Löffel »Sie gestatten« und bedient sich. »Sie haben ganz recht. Dies ist eine Pilzsuppe. Auch sehr zu empfehlen, kräftig und schmackhaft. Die wird oft verlangt.« Der mäklige Gast: »Ich mag nun mal weder Tomatensuppe noch Pilzsuppe. Bringen Sie mir doch einfach die Zwiebelsuppe, die ich vor längerer Zeit bestellt habe.«
Das ist für den Kellner das Stichwort. »Aha«, sagt er er-

bost, »Sie sind also der Gast mit der Zwiebelsuppe. Die habe ich nun zweimal an allen Tischen ausgerufen. Keiner wollte sie haben. Jetzt steht sie kalt in der Küche. Aber warm macht ihnen die der Koch nicht noch mal. Der Ofen ist aus. Vielleicht hat der Koch sie auch inzwischen weggeschüttet. Wundern täte es mich nicht.«

Später, am nächsten Tag, erfahren wir: Der Rektor der Fachhochschule hat die halbe Nacht bei gedeckten Tischen auf uns gewartet, froh, uns köstlich bewirten zu können. Leider vergeblich. Das stand alles in den Papieren, die wir nicht dabei hatten.

Gewundert haben wir uns später im Heim der jungen Pioniere, als der Herbergsvater uns verschwörerisch gestand: »Sie haben großes Glück. Meine Frau hat die Kissen neu überzogen. Dabei war die Wäsche noch ganz ordentlich. Kaum benutzt.«

Wir haben es den Herbergseltern mit einem guten Trinkgeld gedankt. Das war am nächsten Morgen, als wir eine halbe Stunde bei eisigem Wind draußen vor der Frühstückskantine warten mußten: »Können Sie nicht lesen? Da steht doch auf dem Schild deutlich ›Öffnung um acht Uhr‹. Was heißt denn, das Essen ist doch schon längst fertig. Auch Sie müssen sich an die Ordnung halten.«

Alle Teilnehmer sind mit leichten bis mittleren Erkältungen heimgekehrt, allerdings ohne Erfrierungen. Anders als beim Rußlandfeldzug. Gegen den war die Reise nach Cottbus ein wahres Kinderspiel.

3. Wie Cäsar und der Gallische Krieg nach Genf kamen

Was ich damals im Januar 1991 auf meinen Reisen mit dem Wissenschaftsrat noch nicht ahnte: Zwei Jahre später, nach meiner Rückkehr von Rügen nach Bonn, wurde ich in den Trubel hineingezogen, den die Neuordnung des Bildungswesens nach westdeutschem Muster auf internationalem Parkett verursacht hatte.

Es begann, wie so häufig, mit einem unverfänglichen Anruf des Staatssekretärs im Bildungsministerium, der wissen möchte, ob ich schon einmal in Genf gewesen sei. Ich sage, ohne nachzudenken: »Gewiß, schon öfter.« »Sie haben Gelegenheit, diese schöne Stadt für einige Tage wieder aufzusuchen. Haben Sie Lust dazu?« Bei dem kalten, eisigen Wetter, wo man keinen Hund vor die Tür jagt, ist mir nicht nach einer Stadtbesichtigung oder um was es sich sonst handeln mag zumute.

Auf mein Zögern läßt der Staatssekretär seine bisher liebenswürdige Stimme einen dienstlichen Ton annehmen: »Wir geben Ihnen den Auftrag, das Bildungsressort in Genf in einer Anhörung vor einem Ausschuß der UNO zu vertreten. Die Akten erhalten Sie umgehend. Machen Sie sich bloß keine unnötigen Gedanken. Reine Routinesache. Es gibt da wohl einige Beschwerden von Lehrern im Zusammenhang mit der Einigung. Sie fliegen zusammen mit Beamten aus anderen Ministerien, wenn ich mich recht erinnere mit Kollegen aus dem Innen- und Justizministerium. Und was uns anbelangt, die Lehrer sind Landesbeamte. Wenn es da Probleme gibt, sollen sich die Landesregierungen verantworten. Wir haben da keinerlei Einwirkungsrechte. Also keine Sorge. Sie haben nicht viel zu erwarten. Verlesen Sie einfach nur die Stellungnahme des Bundes, die bei den Akten liegt. Und viel Glück und Erfolg auf den Weg.“

Ich brauche nicht lange zu warten, da schafft der Amtsbote einen Stapel Akten herein, der mir angst macht. Ehe ich mich durch die mehrsprachigen Texte gearbeitet habe, ist die Tagung in Genf schon zu Ende, fürchte ich.

Ich lasse alle anderen Akten liegen und beschäftige mich nur noch mit den Akten für Genf. Denen entnehme ich – auf einen Satz gebracht –: In Thüringen sind nach der

Wende 300 Lehrer entlassen worden, und die beklagen sich nun bei der UNO wegen der Verletzung von Menschenrechten. Eine schöne Bescherung. Das kann man beileibe nicht auf die leichte Schulter nehmen. Zumal das bloß die Spitze des Eisberges zu sein scheint. Andere Länder haben noch weitaus drastischer ihren Lehrerbestand verringert. An den Hochschulen sind die ostdeutschen Lehrer nach der Neuausschreibung ihrer Stellen in einen harten Konkurrenzkampf mit westdeutschen Bewerbern verwickelt worden. Und dieser Kampf ist oft zuungunsten der ostdeutschen Hochschullehrer ausgegangen.
Ich verstehe jetzt die verschreckten, um ihre berufliche und wirtschaftliche Existenz bangenden Professoren, die wir bei der Reise des Wissenschaftsrates antrafen. Die haben sich nicht beruhigen mögen, wenn ihnen erklärt wurde, es werde nur »evaluiert.« Vermutlich haben die damals schon gewußt, daß die Westdeutschen gern Fremdworte benutzen, wenn es sich um heikle Sachen handelt. Und diese Vorliebe trifft man besonders häufig in Wissenschaft und Bildung an.
In der folgenden Woche löse ich mein Flugticket und begebe mich zum Flughafen Köln/Bonn. Als ich die Wendeltreppe von der Wartehalle zum Flugfeld herunterklettere, höre ich eine laute Stimme: »Wir sind immer noch nicht komplett. Einen gewissen Boeger von der Bildung hat man uns noch im letzten Moment ans Bein gebunden. Wird wohl so ein Pauker sein, einer von den ewigen Besserwissern. Der hat uns gerade noch gefehlt.«
Ich rufe: »Der Mann von der Bildung meldet sich pünktlich zur Stelle.« Eigentlich will ich ja nicht den Irrtum korrigieren und gern den verwaltungsfremden, etwas unbedarften Pauker spielen. Aber bei der ernsten Materie und der Kürze der Zeit, die für die Abstimmung untereinander bleibt, können wir uns solche Mätzchen nicht leisten. Ich erkläre also den Kollegen, ich sei wie sie Jurist. Sichtlich erleichtert nehmen sie mich in Gnaden auf.

Am Vorabend des Sitzungstages sind wir bei einem hohen deutschen Diplomaten eingeladen. Was mir besonders bei ihm auffällt: Der Aufzug hielt mitten im Wohnzimmer, etwas ungewohnt, wenn man aus der Bonner Provinz in die Weltstadt kommt. Und dann: An den Wänden seltene Farblithographien von Otto Dix aus Sachsen. Eine Augenweide. Der Hausherr freut sich, daß der Gast seinen Geschmack teilt. Und: Es bedient ein zünftig gekleidetes Serviermädchen, mit Knicks und all dem höfischen Zierat der Jahrhundertwende. Sie kommt aus – Thailand. So repräsentiert sehen die Industrienationen die Dritte Welt gern.
Daran erinnere ich mich am nächsten Tag, als die deutsche Delegation zum Rapport vor den UNO-Ausschuß geladen ist. Wir betreten den Saal und spüren ein eisiges Klima wie noch nie im Leben. Doch halt, ich habe mal in einem städtischen Schlachthof einen großen Kühlraum betreten. In den fühle ich mich wieder hineinversetzt. Das Gremium vor uns besteht überwiegend aus Vertretern der Dritten Welt. So haben es die Industrienationen allerdings nicht so gern. »Lauter Marxisten und Kommunisten«, sagt jemand zu mir mit Geringschätzung in der Stimme. Ich denke über den Unterschied von Kommunisten und Marxisten nach, da werden wir schon aufgerufen. Berichterstatterin für Deutschland ist eine Professorin aus Ulan Bator, Hauptstadt der Mongolei. Wenn ich die unfreundlichen Mienen unserer »Richter« sehe, dann bin ich beruhigt, daß wir uns hier in Genf auf neutralem Boden befinden und nicht hinterm Ural oder sonstwo in Asien, Afrika oder Südamerika. Ich überlege, ob ich jemals die Richter eines Schwurgerichtes, das die schlimmsten Kapitalverbrechen ahndet, so verbissen erlebt habe wie diesen Ausschuß. Da gibt es schon den ersten Ärger: Deutsch ist als Konferenzsprache nicht vorgesehen. Wir möchten gefälligst – wie alle anderen auch – Englisch, Französisch oder wenigstens Spanisch sprechen.
Die Deutschen lehnen ab. Sie erläutern ihre Weigerung

ganz plausibel: Als gewissermaßen Angeklagte fordern sie ein Höchstmaß an Freiheit, sich zu verteidigen. Und das könne man am besten in der Muttersprache. Sonst würde man am Ende für schuldig befunden, nur weil man den treffenden Ausdruck nicht rasch genug finden könne.
Der Vorsitzende, ein Juraprofessor aus Australien, korrekt und ohne jedes Wohlwollen uns gegenüber, lenkt nach einigem Hin und Her ein. Doch der nächste Krach folgt auf dem Fuße: Der Delegationsführer hat eine Grundsatzerklärung ausgearbeitet und darin die Beantwortung der vom Ausschuß an uns gerichteten Fragen pauschal einfließen lassen. Diesen Rat hatte uns der Gastgeber des Vorabends gegeben: »Ich weiß Bescheid. Lassen Sie sich bloß nicht auf die einzelnen Fragen ein, dann sind Sie verloren. Eine pauschale Erklärung. Mehr können die gar nicht von Ihnen verlangen.« Da irrte sich der Diplomat aber gewaltig. Die haben verlangt. Aber in welchem Ton. Der ist selbst in Bonn selten.
Wir behelfen uns, unvorbereitet wie wir sind, und werden in Ungnaden entlassen. »Fortsetzung morgen früh« sagt der Professor aus Canberra, und selbst für diese harmlose Mitteilung schlägt er einen barschen Ton an.
Am Abend verabschiedet sich ein Delegationsmitglied von uns: »Ich fliege heute schon zurück nach Bonn. Die sollen doch nicht glauben, sie können mich nach Willkür schikanieren. Wenn im Zuge der Wende da Leuten im Osten Unrecht geschehen ist, dann nicht von mir. Und außerdem mißbillige ich das. Ich will gern Kopf und Hand reichen, Wege zu suchen, das Unrecht aus der Welt zu schaffen. Aber ich lasse mich doch nicht wie ein Kapitalverbrecher gewissermaßen in Handschellen vorführen. Das nächste Mal, wenn es das geben sollte, lasse ich mir von der Bundesregierung einen Anwalt stellen.«
Der zweite Verhandlungstag beginnt nicht erfreulicher, als der erste verlaufen war. Im Gegenteil: Der Vorsitzende rügt gleich zum Anfang unsere Delegation: »Sie haben sich bis-

her nicht einmal dem Ausschuß persönlich vorgestellt. Wir wissen nicht, wie Sie heißen, von welcher Behörde Sie entsandt sind, welche Fachkompetenz Sie besitzen. So was habe ich hier noch nicht erlebt.« Wir aber auch nicht.
Der Vorsitzende hat mich dabei abweisend angesehen. Ich bin jetzt an der Reihe vorzutragen. Also, auf die Knie werde ich nicht gehen. Und nach Canossa schon gar nicht.
»Für die Kollegen kann ich nicht sprechen. Aber was mich betrifft, ich saß gestern ganz hinten, total von anderen Teilnehmern verdeckt. Da hatte ich keine Chance, mich bemerkbar zu machen. Aber das läßt sich heute nachholen.« Ich nenne Namen und Ministerium und bestätige, daß sie den richtigen Mann vor sich hätten: den Lehrerreferenten der Bundesregierung.
Das kommt an. Ich sehe einige zufriedene Gesichter. Vielleicht kann man die noch froher stimmen. Versuchen wir es doch mal: »Sie sind, wie mir gesagt worden ist, alle Humanisten, studierte Leute, manche sogar Hochschullehrer. Da werden Sie doch in der Schule Latein gelernt und den Gallischen Krieg gelesen haben.« Ich mache eine kleine Verschnaufpause und beobachte die Ausschußmitglieder.
Einige blicken interessiert von ihren Akten auf, andere lächeln: Da haben wir aber einen sonderbaren Vogel erwischt. Was will der uns damit sagen?
Sie brauchen nicht lange zu rätseln: »In diesem Kriegstagebuch ist festgehalten: Immer wenn die Schlacht sich zu Ungunsten der Römer neigte und die ersten Kohorten sich zur Flucht wandten, rief Cäsar die Krieger aus der dritten Reihe, seine treuesten und kampferprobten Schwerbewaffneten auf. Sie rückten vor die Front, bildeten die erste Reihe und wendeten das Kriegsglück.«
Inzwischen merken die meisten Mitglieder des Ausschusses auf, immer mehr lächeln entspannt: Sie empfinden das Zwischenspiel als freundliche Abwechslung. Andere schauen eher fragend, nachdenklich drein. Sie finden offenbar den Sinn nicht.

Da kann ich helfen: »Ich erzähle Ihnen das alles, weil ich gestern, als es uns Deutschen an den Kragen ging, ganz hinten saß. Und heute bin ich von ganz hinten, der dritten Reihe, nach ganz vorn, an die Front, gerufen worden. Da ist mir meine klassische Schulbildung eingefallen und hat mir Mut gemacht. Auch Mut dazu, Ihnen allen mitzuteilen, warum ich so zuversichtlich bin für den heutigen Tag.
Und im übrigen sind wir doch keine Feinde – wie bei Cäsar – sondern wir wollen gemeinsam versuchen, den Beschwerden auf den Grund zu gehen und dem Recht zu dienen, ohne daß es Sieger und Besiegte geben muß.«
Mittags wird die Sitzung unterbrochen. Der einzige deutsche Vertreter im Ausschuß schüttelt mir die Hände: »Ich werde Ihren Minister bitten, Sie öfter zu schicken. So aufgelockert und amüsiert habe ich die Mitglieder in meinen zwölf Jahren nicht gesehen.« Auch meine Argumentation, es seien hier zwei Grundrechte angesprochen, zwischen denen man entscheiden müsse: Das Recht auf freie, ungehinderte Berufsausübung und das Recht der Eltern auf offene, nicht einseitig auf den Marxismus ausgerichtete Erziehung, habe ihm gefallen. Auch den Ausschuß hätte ich damit zufriedengestellt. Der sei dann dem Vorschlag, die Entscheidung unabhängiger Gerichte abzuwarten, gefolgt. Ich habe natürlich schon etwas mehr zur Begründung ausgeführt. Aber dies ist hier kein juristisches Kolleg. Den Konflikt habe ich jedenfalls skizziert. Wenn das mein Lehrer, der Völkerrechtler Carlo Schmidt, mitbekommen hätte, bei dem ich Anfang der fünfziger Jahre in Tübingen Völkerrecht studiert habe. Er hätte die Hände über dem Kopf zusammengeschlagen oder wäre stolz auf seinen Schüler gewesen. Wer hat schon Gelegenheit, seine Kenntnisse im Völkerrecht 40 Jahre nach der Vorlesung auch tatsächlich anzuwenden. Im wirklichen Leben.
Die Kommission hat sich erkenntlich gezeigt, daß ich sie nicht mit Entscheidungen unserer höchsten Bundesgerichte überschüttet habe, wie sie das von deutschen Juristen gewohnt ist. Sie hat mich ohne Hausaufgaben entlassen.

Der korrekte Vorsitzende aus Australien konnte dieses Mal seinen Mahnruf nicht anbringen: »Bitte, meine Herren, keine nationalen Rechtssprüche. Hier geht es um Verstöße gegen das internationale Recht, das Völkerrecht.« Davon haben die wenigsten Juristen meines Jahrgangs eine Ahnung, weil das Völkerrecht in den juristischen Prüfungen nur selten vorkam. Und das Risiko reinzufallen, war so gering, daß man es eingehen konnte. Ich bin damals auch nicht aus übergroßem Interesse am Völkerrecht in die Vorlesung gegangen. Ich wollte mir nur nicht das Vergnügen entgehen lassen, eine als Wissenschaftler und Politiker gleichermaßen große und bedeutende Persönlichkeit der Zeit hautnah erlebt zu haben. Und das ist doch verständlich, oder?

VI. Eindrücke auf einigen Lesereisen des »Leihbeamten« in Deutsch-Deutschland

Das Bemühen des Beamten, der als »Leihbeamter« in die neuen Länder ging, war darauf gerichtet, tiefsitzende deutsch-deutsche Gegensätze überwinden zu helfen.
Die Berichte im Buch »Der Leihbeamte« geben die erfahrene deutsche Wirklichkeit wieder. Das Bild wird ergänzt und abgerundet durch die Reaktionen auf das Buch.
Sie zeigten sich in besonders deutlicher Weise auf den Lesungen in Ost und West an mehreren Orten, auf denen das Buch und damit die in ihm behandelte Ost-West-Problematik vorgestellt wurde. Lesungen und Diskussionen förderten ein weiteres Bild zutage: ein freundliches, gespanntes Interesse im Westen, dagegen ein waches Interesse im Osten mit entsprechender Teilnehmerzahl und Diskussionen.
Insgesamt ist die Akzeptanz des »Leihbeamten« im Westen nicht so stark wie in den neuen Bundesländern. Ein Freund bemerkte dazu: »Wundert Dich die Zurückhaltung mancher Zeitung und einiger Buchhändler? Die sagen sich: Wer guckt schon gern in einen Spiegel, wenn ihn daraus ein häßliches Gesicht anblickt?« Und in München hat mich ein großer Buchhändler angemahnt: »Aus Bayern müssen Sie was schreiben. Dieser Beuys ist doch aus Nordrhein-Westfalen. Ja mein Gott, das interessiert doch hier in München niemand.« Na, bitte.
Im Osten steht das Buch gut plaziert auf zwei Bestseller-Listen. Dort beschäftigt man sich mit der jüngsten Vergangenheit. Diese Leser verstehen besonders gut, wenn ich – auf meine Gründe für die Veröffentlichung meiner Erlebnisse angesprochen – erkläre: »Schon zweimal in diesem Jahrhundert hat man aus Scham oder aus welchen Gründen

auch immer, die jüngste Vergangenheit unter den Teppich gekehrt. Einfach vergessen. Da mache ich nicht mit.« Im Osten sind die Lesungen strapaziös. Da dauern die Diskussionen hinterher oft bis Mitternacht.

Zunächst einige Eindrücke auf den Lesereisen. Sie werden durch besonders mitteilenswerte Erlebnisse vervollständigt.

Bei einer Lesung in Rheinbach, einer Beamten- und Soldatenstadt bei Bonn, hat mir jemand aus dem Bonner Bildungsministerium ausgerichtet, man werde mir das Maul stopfen, wenn ich weiter aus dem Buch vorläse. Nein, nicht der Minister, ein hoher Beamter, eine Altlast aus längst vergangenen Zeiten, sei das gewesen. Ich habe geantwortet: »Womit?« Da ist er ins Grübeln geraten und hat bis heute nichts mehr von sich hören lassen.

In Schilda bin ich mit größtem Unbehagen durch nachtdunkle Straßen gefahren, nachdem zur Lesung so gut wie niemand erschienen war. Man sprach von einem einflußreichen Einwohner, der den ganzen Ort fest im Griff habe. Nach solchen Erfahrungen werde ich Städte, die so kuschen, nicht mehr aufsuchen.

In Schwerin dagegen hatte jemand keinen Erfolg, dem die Lesung zuwider war und der sehr gern gesehen hätte, wenn keiner gekommen wäre. 70 Teilnehmer haben ihn enttäuscht. Dem Beamten, der sich mir vor der Lesung in den Weg stellte und mir vom Unmut seines aus Kiel importierten Abteilungsleiters im Schweriner Sozialministerium berichtete, habe ich geantwortet: »Dann hat er den Inhalt des Buches sehr genau verstanden. Und darauf kam es mir allein an.«

Im Sauerland haben wohlsituierte Senioren mich aus einem Mißverständnis heraus nicht lesen lassen. Damit kann ich leben.

Großen Zuspruch finden überall die Beuys-Anekdoten. Vor allem bei weniger politisch denkenden Menschen. So bietet der »Leihbeamte« fast jedem etwas.

In Bad Nauheim hat sich der Buchhändler gründlich verschätzt: »Hier lesen die Leute aber auch gar nichts. Und wenn überhaupt, dann allenfalls Kochbücher. Ihren ›Leihbeamten‹ können Sie ruhig wieder in die Tasche stecken.« Ich weise auf das reiche Angebot an Belletristik hin, das im Laden ausliegt. »Das beweist gar nichts«, sagt der Buchhändler resignierend, »die Bücher liegen hier nur herum, weil sie keiner gekauft hat.« Er hat aber zu schwarz gesehen. Die Lesung in der städtischen Bücherei war überfüllt. An die 60 Hörer waren am »Leihbeamten« interessiert. Der Buchhändler hat ganz schön gestaunt. Der Erfolg – auch der in der Parkinson-Klinik – war so groß, daß er mit den Buchbestellungen kaum nachkam.

1. »Realsatire, aufgepaßt!« / Der »Leihbeamte« besucht die Leipziger Buchmesse

Auf der Leipziger Messe erregt der »Leihbeamte« Aufsehen, zunächst einmal wegen der Umschlagzeichnung von Klaus Ensikat. Der brummige, alte Kerl, der aus dem Karteikasten hervor- und den Betrachter anblickt, das ist der Autor. Warum der nicht etwas freundlicher dreinblicken kann? »Na ja«, sagt der Zeichner, »das Buch ist im Grunde tieftraurig. Wenn es auch vordergründig zum Schmunzeln und manchmal zum lauten Lachen einlädt. Da kann der Autor doch nicht mitlachen. Nicht einmal auf dem Umschlag. Wo dem doch so viel schiefgeht.« Von den Schriftstellern will Erich Loest an den Stand kommen. Er hatte ein paar Tage zuvor mit mir gesprochen. »Sag mal, Wilhelm, ich habe gehört, Du liest in Leipzig. Wo denn genau?« Wie schön, vielleicht kommt der berühmte Sohn der Stadt zu meiner Lesung. Ich sage: »Auf der Messe.« Erich Loest räuspert sich: »Auf der Messe. Da lesen alle. Das ist nichts Besonderes.« Dann sage ich es ihm eben:

»Ich lese auch noch in der Alten Nikolaischule in der Leipziger Innenstadt.« Schweigen. Das hat er wohl nicht erwartet: »Da lesen doch nur vornehme Leute.« So viele gibt's davon aber nicht. Und außerdem: »Wir beide sind doch vornehme Leute. Der eine mehr, der andere, mag sein, weniger. Wen schert das schon?«

Beide Lesungen sind gut besucht. Kein Wunder: Fritz Rudolf Fries hat in der Messebeilage des ND eine schmeichelhafte Kritik geschrieben. Überschrift »Realsatire, aufgepaßt!« Wenn ich das Buch nicht kennen würde, hätte ich es mir nach dieser Besprechung sofort gekauft. Doch jeder mag selbst urteilen:
»1991 begibt sich der gelernte Jurist, Referent für ›literarischen Jugendschutz‹, der Bonner Ministerialrat Wilhelm Boeger auf Dienstfahrt. Er selber nennt sich gern einen ›Landesschmutzwart‹, nachdem er in früheren Dienstjahren die Nation vor internationaler Blamage bewahrte. Günter Grass' ›Blechtrommel‹ sollte auf den Index. Boeger, passionierter Leser und Sammler, konnte es verhindern. Seither ficht er für Kunst und Künstler, Literatur und deren Produzenten. Das Buch, ›Der Leihbeamte. Berichte aus Bonn, Schwerin und anderen Kleinstädten‹, gibt beredt und anekdotisch Zeugnis davon. Fast verpaßt der Reisende das Ziel seiner Dienstfahrt, die Insel Rügen mit ihrem Kleinod Prora, dieser Festungskaserne aus national-sozialistischer Zeit, die dem Dienstreisenden von der abgehalferten NVA als besenreine, aber gespenstische Schöne übergeben wird.
Seltsame Wege des Zeitgeistes, die der Leihbeamte abschreitet. Er will, von Bonn vage beauftragt und von der Schweriner Landesregierung mißtrauisch beobachtet, aus Prora ein Berufsbildungszentrum machen, in die toten Hallen Musiker und Autoren einladen. Bei späterer Gelegenheit wird Boeger andernorts beweisen, daß er für den Geist der deutschen Vereinigung mehr getan hat als Sonn-

tagsreden zu halten. Nach einem Jahr wirft er das Handtuch, Prora bleibt Prora, wird unter Denkmalschutz gestellt, was etliche Steuermillionen kostet. Das Buch liest sich wie eine Satire. Es ist keine, es ist nur zum Heulen komisch, an keiner Stelle rechthaberisch oder selbstbespiegelnd ...
Nach Bonn zurückgekehrt, erobert er seinen Schreibtisch gegen den Willen der Vorgesetzten: Der Mann weiß zuviel. Man läßt ihn seine Steckenpferde reiten. 1995 kommt er uns mit drei dicken Wälzern gesammelter Ost-West-Literatur, ›Von Abraham bis Zwerenz‹ ...
Es ist Boegers Verdienst, mit seinem ›Leihbeamten‹ das große befreiende Gelächter anzustiften. Spätere Enquete-Kommissionen, die sich mit dem Bonner Deutschland beschäftigen werden, finden in diesem Buch statistisches Material. Wir Leser lernen einen Wessi kennen, der kein Besserwisser ist. Man kann den Boeger zu den Büchern von Daniela Dahn legen. Eine gute Nachbarschaft. Boeger sei Dank.«

In der Nikolaischule ist der Raum am Abend überfüllt. Ich denke mir, die sind nur zum Essen gekommen, wenigstens die meisten. Irrtum. Die essen und bleiben sitzen. Wie ich höre, sind auch Beamte dabei. Die wollen sicher wissen, ob sie oder Kollegen im Buch vorkommen. Nach der Lesung wird nach Klarnamen gefragt. Ich bleibe standhaft. So groß wird die Auswahl auch wieder nicht sein.
Ein Besucher – selbst im Öffentlichen Dienst, wie er bekennt – fragt nach der Lesung, ob ein Beamter Verfehlungen seiner Vorgesetzten anprangern dürfe. Ich antworte: »Das darf er nicht nur, dazu ist er sogar nach seinem Diensteid verpflichtet. Nach diesem muß er Schaden von der Bundesrepublik abwenden. Nun kann er zwar seinen Minister bitten, sich nicht zu bereichern, aber Sie glauben doch wohl nicht, daß sich dieser davon beeindrucken läßt. Die meisten Beamten halten deshalb den Mund, um sich

nicht die Karriere zu verderben. Nur einzelne appellieren an die Öffentlichkeit. Mehr kann man von einem Staatsdiener auch nicht erwarten, der in ein maßgeschneidertes Korsett von Amtspflichten und Hierarchien eingeklemmt ist.«

Nicht alle Erlebnisse auf der Messe stimmen froh. Fragen Sie mich mal nach der Signierstunde und nach meinen Gefühlen, als eine lange Stunde Hunderte von Messebesuchern an meinem Stand achtlos vorbeigehen, als wäre der »Leihbeamte« Luft für sie. Daß es anderen Autoren, noch dazu bekannteren, nicht viel besser geht, ist kein Trost. Immerhin bleiben an den Nachbarständen schon mal Besucher stehen, informieren sich und plaudern mit dem Autor. Bei mir nicht einer.

In dieser Stunde bin ich der einsamste Mensch auf der Messe. Nach 60 Minuten genau packe ich die unverkaufte, unbeachtete Ware wieder ein. Da kommt ein Messebesucher auf mich zu. Von dem hätte ich es nicht erwartet. Er ist gekleidet wie ein Holzfäller in Alaska, so bunt und wetterfest, und wirkt so unbelesen wie jemand, den nicht mal die Bild-Zeitung reizt. »Sie suche ich schon die ganze Zeit«, sagt der Kunde, »Ihr Buch ist mir schnuppe. Das interessiert mich überhaupt nicht. Aber der schöne Umschlag von Klaus Ensikat, den muß ich unbedingt haben. Ich sammele alles von diesem Künstler, was mir in die Hände fällt.« Den Umschlag soll der Sammler gern haben. Aber was mache ich mit dem schmucklosen Buch ohne Umschlag? Mein Vorschlag: »Der Umschlag ist genauso teuer wie das Buch. Das können Sie gratis dazu haben. Meinetwegen zum Wegschmeißen.« Der Kunde fragt nach dem Preis, gibt mir 30 Mark in zwei Scheinen und sagt treuherzig: »Die 20 Pfennig brauchen Sie mir nicht herauszugeben. Nehmen Sie die als Trinkgeld.«

2. Abstauber auch im Bonner Regierungsviertel? / Aufmerksame Zuhörer in der Landesvertretung Sachsen-Anhalt

Der Mitteldeutsche Verlag präsentiert sich und seine Bücher in der Vertretung des Landes Sachsen-Anhalt in Bonn. Vor geladenen Gästen: Buchhändlern, Abgeordneten, Ministerialbeamten, Vertretern der Presse.
Zum Schluß liest der Autor aus dem »Leihbeamten«.
Die meisten Hörer zeigen sich beeindruckt. Und schon meldet sich jemand zu Wort: »Den Namen des Ministers, der sich da bereichert hat aus der Staatskasse, diesen Namen hätte ich gern mal erfahren. Heute. Vom Autor.« Ich setze an zu erklären, es sei nicht meine Absicht, bestimmte »Abstauber« namentlich an den Pranger zu stellen. Die Beispiele im Buch sollten nur die öffentliche Unmoral konkret belegen und zum Nachdenken anregen. Außerdem seien Klarnamen nicht genannt, damit auch andere sich betroffen fühlten. Andere, die auch Dreck am Stecken haben, aber nicht gemeint sind, es jedoch nicht wissen. Der Frager hat sich als Beamter des Bundeskanzleramtes zu erkennen gegeben. Er sei dort als Ministerialrat tätig und erkundige sich quasi aus dienstlichem Interesse. Ehe ich antworten kann, meldet sich ein zweiter Besucher: »Ich arbeite auch im Kanzleramt«, sagt er in den Raum. Und dann, zum Frager gewandt: »Bring doch den Kollegen nicht so in Schwierigkeiten mit deiner Fragerei. Wir beide kennen doch mindestens sieben Minister, die so etwas machen. Stell Dir den Minister vor, den Du am wenigsten leiden kannst. Und denke, der ist in dem Buch gemeint.« Der Frager nickt und zieht seine Frage zurück. Vielleicht meinen wir beide doch denselben Minister. Den ich meine, der hat wenig Freunde. Könnte ich mir denken. Und unter Beamten wohl nur die Speichellecker, die bei ihm arbeiten. Danach sieht mir der Frager allerdings nicht aus.
Wenn Sie jetzt noch den Bericht der in Bonn sehr bekann-

ten Journalistin Marianne Antwerpes im Bonner Generalanzeiger (4./5. April 1998, »Notizen aus dem Regierungsviertel«) lesen, sind Sie gut informiert über die erste Reaktion in Westdeutschland auf das Buch eines westdeutschen, pensionierten Beamten in einem ostdeutschen Verlag über die Erlebnisse in Deutsch-Deutschland, eine Seltenheit auf dem Büchermarkt:

»Der CDU-Abgeordnete mit Wahlkreis Dresden-Land hatte eine erfahrene Mitarbeiterin geschickt. Immerhin fragte sie noch: ›Ich kann mir doch ein Freiexemplar nehmen?‹ Der junge Mann hinter dem Stapel Bücher schüttelte den Kopf ›Nur Rezensionsexemplare sind frei.‹ ›Also nicht?‹ Ihr Ton wurde deutlich schnippischer. Schließlich bekomme sie sonst bei Buchvorstellungen immer ein Freiexemplar für den Herrn Abgeordneten. Der junge Mann zeigte sich verständnisvoll und strich mit der Hand über den Deckel seiner schon etwas abgegriffenen Kasse. ›Das mag ja sein, aber wir sind nur ein kleiner Verlag. Da müssen Sie das Buch schon bezahlen.‹

Die junge Dame machte auf dem Absatz kehrt. ›Wiedersehen!‹ zischte sie und verstand es, ihre tiefe Verachtung für kleine knauserige Verlage wie diesen in ihre Stimme zu legen. Der junge Mann hinter dem Bücherstapel staunte nicht schlecht. Die resolute Schreibkraft des offenbar bibliophilen Volksvertreters rauschte ab, bevor die Buchvorstellung in der Landesvertretung Sachsen-Anhalt überhaupt begonnen hatte. Der junge Mann aus Halle kannte sich mit den Bonner Gepflogenheiten eben noch nicht so aus.

Die kleine Szene hätte passender nicht sein können. In Wilhelm Boegers Buch (Der Leihbeamte – Berichte aus Bonn, Schwerin und anderen Kleinstädten‹, das im kleinen Mitteldeutschen Verlag (mdv) in Halle soeben erschienen ist, geht es um nichts anderes: um Abstauber aller Art und allerorten. Um Glücksritter, Spekulanten, um willfährige Beamte, alte und neue Seilschaften im alten Westen und im neuen wilden Osten. Der Bonner Ministerialbeamte Boeger, inzwischen ehrenvoll im Ruhestand, ist nicht gerade ein typischer Beamter gewesen. Bei ihm mischen sich scharfer Blick mit scharfer Zunge, und publicityscheu kann man ihn auch nicht gerade nennen.

Eigentlich habe er das Buch gar nicht schreiben wollen. Er schrieb es, wohl auch, wie er sagt, weil deutsche Gegenwartsgeschichte heutzutage so gern unter den Teppich gekehrt werde. Nach mehreren Jahrzehnten zunächst als Landes-, dann als Bundesbeamter vorzugsweise im Bonner Bildungsministerium wurde Boeger kurz nach der Wende und gleichsam kurz vor dem Ende der eigenen beruflichen Laufbahn als Leihbeamter nach Prora auf Rügen entsandt. Dort sollte er in der von Speer erbauten und von der NVA besenrein hinterlassenen Festungskaserne ein Berufsbildungszentrum aufbauen. Boeger scheiterte. An alten und neuen Seilschaften, an der Bürokratie hier wie dort, an Leuten, die nur eines im Sinn haben: sich selbst zu bereichern.

Das kannte Boeger aus Bonn zur Genüge. Wie ein Minister im Amt abkassiert, indem er seinem eigenen Institut mittels Forschungsprojekten hier mal ein viertel und dort mal ein ganzes Milliönchen zuschustert, und wie ein Herr Charly, seines Zeichens Bereichsleiter der ministerialen Privatfirma, die Beute höchstselbst im Ministerium bei Wilhelm Boeger abzuholen gedenkt, das liest sich wie Realsatire vom Feinsten. Einfach und komisch, wenn's bloß nicht zum Heulen wäre. ›Was regen Sie sich denn bloß so auf? Solche Geschäfte machen doch alle. Was ist daran so schlimm?‹ will ein Kollege später von Boeger wissen.

Der Name des Ministers? Der Mann sei nun mal höchst empfindlich und erwarte Diskretion. Immerhin gibt Boeger soviel preis: ›Man hört, der Minister nimmt aktiv am Aufbau Ost teil und berate die neuen Bundesländer.‹ Vielleicht ist ja Herr Charly auch dabei.

Als Boeger dieses Kapitel bei der Buchpremiere zum

besten gibt, glaubt eine Zuhörerin, die sich mit den Bonner Gepflogenheiten offenbar ebenso wenig auskennt wie der junge Mann aus Halle, wohl nicht richtig gehört zu haben. ›Stimmt das???‹ ›Aber ja!‹ Sie faßt es nicht. Für so was hätten doch gerade erst zwei grüne Ministerinnen gehen müssen.
Was soll man dazu sagen? Etwa, daß das ja auch Frauen waren und noch dazu Grüne? Und daß erfolgreiches Abstauben eben Männersache ist?
Jener Mann, der kurz darauf die Veranstaltung verläßt, nicht ohne sich im Rollgriff zwei Bücher zu schnappen, wird vom inzwischen problembewußten jungen Verlagsmitarbeiter aus Halle aufgehalten. ›Die müssen Sie bezahlen.‹ ›Ach ja‹, sagt der Mann, als ob es ihm auch gerade wieder eingefallen sei. Prompt legt er eins der beiden Bücher zurück. Für das andere muß er notgedrungen das Portemonnaie zücken. Sichtlich angeekelt von soviel Raffgier eines kleinen mitteldeutschen Buchverlages. 29.80 Mark. Danke! Die Kasse schnappt zu. Der junge Mann aus Halle macht ein Gesicht, als hätte er gerade einen Zwölfender erlegt.«

3. »Wundersame Wege eines Beamten aus Münster« / Der »Leihbeamte« liest in der »guten Stube« seiner Heimatstadt

In Münster, meiner Heimatstadt, sind die »Westfälischen Nachrichten« die meistgelesene Zeitung. Auch im ganzen Münsterland.
Der wichtigste Mann ist für mich der Feuilletonchef. Er heißt Johannes Loy. »An den kommst Du nur schwer heran«, unken Freunde. Na, dann wollen wir es mal versuchen. Schon beim ersten Anruf ist er am Apparat. Das fängt ja gut an. Was ich auf dem Herzen hätte. »Sie haben da ein wunderbares Buch, eine Neuerscheinung, vom Mitteldeut-

schen Verlag in Halle bekommen. Und seit Wochen keine Reaktion aus Münster. Das ist für einen Autor, der aus Münster stammt, besonders traurig. Ich hätte schon ganz gern gewußt, was Ihnen an meinem Buch so mißfällt, daß Sie noch nicht einmal von sich hören lassen.« »Ja, ich habe gar nicht gewußt, daß Sie von hier sind.« Ich sage ihm, das sei noch nicht alles. In Münster sei ich auch zur Schule gegangen. Zum Paulinum. Das vor einiger Zeit 1150jähriges Jubiläum gefeiert habe, mit der Festansprache vom Bundesbankpräsidenten, einem Absolventen dieses Gymnasiums, und dem Hochamt mit vier Bischöfen. Das ändert die Sachlage. »Dann werde ich mir das Buch mal vorknöpfen«, sagt der Kritiker. »Vielleicht gefällt es mir sogar. Aber erst muß ich über den Katholikentag berichten. Das werden Sie verstehen.« Aber sicher verstehe ich das. Münster war immer eine sehr katholische Stadt. Und vor allem streng konservativ. Heute haben ihr die Studenten und aufmüpfigen Bürger eine rot-grüne Koalition beschert. Im Rathaus regiert eine Frau, noch dazu eine von den Sozis. Das hätte, als ich noch zur Schule ging, für viele Münsteraner eine mittlere Katastrophe, für manche sogar den Weltuntergang bedeutet. Also nach dem Katholikentag und der Berichterstattung darüber kommt der »Leihbeamte« zu seinem Recht. Na, dann wollen wir mal demnächst fleißig die Zeitung studieren. Eines Tages erscheint die Buchbesprechung tatsächlich. Das hätte ich mir eigentlich denken müssen. Münster bürstet häufig gegen den Strich. Diese Stadt hat keine Angst vor den Herrschenden. In ihr ist der Geist eines kritischen Katholizismus lebendig. Das war eigentlich schon immer so. Fangen wir mit dem »Leihbeamten« an. Wo andere konservative Blätter dieses Buch nicht zur Kenntnis nehmen wie zum Beispiel die Düsseldorfer »Rheinische Post« und sogar die für liberal geltende »Süddeutsche Zeitung«, da sind die »Westfälischen Nachrichten« in Münster zur Stelle.

So eigenwillig waren die Münsteraner auch früher: Zur

Reformationszeit haben sie ihren Bischof vertrieben und die Wiedertäufer in die Stadt geholt. In der Nazizeit hat der münstersche Bischof von der Kanzel gegen die Euthanasie gewettert. Und danach, als die Nazis nicht mehr das Sagen hatten, prangerte der Bischof die Besatzungspolitik der britischen Militärverwaltung an. Schon in den fünfziger Jahren haben Professoren und Studenten friedlich im Schweigemarsch durch die Stadt gegen Aufrüstung und Atomkraft demonstriert, darunter Theologen beider christlicher Konfessionen. Man sieht, in dieser Stadt wohnen und wohnten oft recht unbequeme Leute.

Äußerlich ist die Stadt eine Idylle: Die mittelalterliche Altstadt – im Krieg völlig zerstört – ist nach alten Plänen neu erbaut worden. Und die Studenten singen wieder: »Alte Stadt im Lindenkranz, roter Erde schönste Zier« womit die rings um die Altstadt führende Lindenallee gemeint ist, die die Vorväter an die Stelle der geschleiften Stadtmauern und Schanzen gepflanzt haben. In dieser Stadt gehen die Uhren etwas anders als anderswo. Sie behandelt auch ihre Propheten glimpflicher. Wer in Münster zu Hause ist, kann den Spruch »Der Prophet gilt nichts im eigenen Lande« nicht bestätigen.

Johannes Loy hatte am 27./28. Juni 1998 den Lesern der »Westfälischen Nachrichten« über den »Leihbeamten« zu sagen: »Wundersame Wege eines Beamten aus Münster: Dies ist die Geschichte, von einem Beamten, der auszog, die Menschen kennenzulernen. Wilhelm Boeger ... hat die Menschen kennengelernt. Und obwohl er dabei viel Unerhörtes erlebte, ist er doch ein Menschenfreund geblieben.

Nun sind Lebensberichte von Pensionären häufig in ihrem Horizont begrenzt, spiegeln einen Lebensraum, der vielleicht doch nur die Verwandten und Bekannten interessiert. Nicht so bei Boeger. Sein Buch ist eine Zeitstudie über Beamte, Verwaltungsapparate und Politiker in Kommune, Land und Bund, vor und nach der Wende ...

Boegers Buch ist allerdings keine zynische Abrechnung

mit seiner beruflichen Vergangenheit oder mit anderen Biographien. Er schildert auch nicht nur Begebenheiten im Osten, sondern erzählt in geschmeidiger und mit Humor gewürzter Prosa Episoden aus seiner gesamten Beamtenlaufbahn ... Dort, wo es besonders heiß wird, läßt Boeger auch Namen weg ... Es geht ihm nicht um verbrannte Erde, um nachträgliche Rache oder blindwütiges Denunzieren. Mit spitzem Bleistift spießt er Menschliches auf, reißt arroganten Politikernasen das Visier herunter, lädt den Leser ein, über Politik und Verwaltung nachzudenken, ein Stück Wahrheit hinter der deutschen Alltagspolitik zu entdecken. Ein höchst lehrreiches und gleichzeitig in seiner literarischen Form anspruchsvolles Buch über Deutschland und die Deutschen ...«

Wie nicht anders zu erwarten, gab es auch in Münsters »guter Stube«, bei »Phönix« in den Räumen des ehemaligen, traditionsreichen Café Schucan auf dem Prinzipalmarkt, direkt gegenüber dem Rathaus und dem Friedenssaal eine Lesung. Dabei hatte der »Leihbeamte« ein sehr sachkundiges und kritisches Publikum. Wie es sich eben für eine Stadt wie Münster gehört.

4. Wenn es Bindfäden regnet, bleibt der Berliner lieber zu Hause / Eine Rundreise durch die neue, alte Hauptstadt und ihre Umgebung

»Und wo schlafen Sie in Berlin?« fragt der Literaturprofessor aus Westberlin. »Im Gästehaus der Universität.« »Also in Dahlem. Eine schöne Gegend«, sagt der Professor. »Nein, nicht im Gästehaus der Freien Universität, im Gästehaus der Humboldt-Universität.« »Also in der Platte«, kommt geringschätzig die Reaktion. Das hatte ich mir gedacht, der alte Trennstrich, die Mauer, geht weiter durch Berlin. In den Köpfen. Das höre ich auch in der »Ständigen Vertretung« am Schiffbauerdamm. Da sagt mir einer der beiden Gastronomen: »Die meisten Gäste kommen immer noch aus dem Osten. Nach wie vor. Das ist hier keine Kneipe für Westberliner. Die Mauer können Sie hier nicht sehen. Die geht da drüben lang.« Er zeigt in Richtung Bahnhof Friedrichstraße. Das werden wir nicht vergessen: Der Ho-Chi-Minh-Pfad unterhalb der Bahngleise, wo der Westtourist stundenlang auf die Einreiseerlaubnis warten mußte. Bis er dann doch noch gerade nach dem ersten Klingelzeichen das Brecht-Ensemble erreichte.

Also, mit der Ständigen Vertretung war eine Lesung vereinbart. Samstag, mittags um 12 Uhr. Am Vorabend haben wir uns dort umgeschaut und gegessen. Beinahe im Stehen. So voll war es dort. »Ja«, sagte der freundliche Gastwirt aus Bonn, »so ist es nun mal bei uns. Am Abend. Kein Bein kriegen Sie auf die Erde. Aber wehe, wenn Sie mittags reinschauen. Gähnende Leere. Und erstmal, wenn es dann auch noch regnet.« Naja, wenn morgen mittag keiner kommt, dann hat er wenigstens uns, und der »Leihbeamte« kann ihn trösten.

Ohne Scherz: Am Samstag Mittag werden unsere schlimmsten Befürchtungen wahr: Gähnende Leere. Pardon, ich vergesse die Techniker, von denen eine ganze Schar auftaucht, um Mikrofon, Verstärker und alles, was so dazu gehört, zu montieren. Wahrscheinlich denken die, hier ist eine Massenkundgebung mit dem Regierenden, der heute den neuen Bundeskanzler trifft. Ihr Eifer ist rührend.

Als die Lesung beginnt, klappt die Technik so gut wie noch nie. Die paar Gäste, die bis zum Schluß bleiben, erleben den vollen Genuß. Den hat leider der befreundete Kollege vom Schulsenat, der mit Frau pünktlich zum ursprünglich angesetzten Termin um 14 Uhr erscheint, nicht. Gerade als die Techniker abgebaut haben und sich verabschieden. Dem haben wir versäumt, den neuen Termin mitzuteilen. Wahrscheinlich habe ich gedacht: Der kommt doch nicht.

Und dann ist es egal, zu welchem Termin er zu Hause bleibt.
So eine Pleite: Kaum einer hat zugehört, kein Buch ist verkauft worden. Einen Buchhändler habe ich vergeblich in der Kneipe gesucht. Die weibliche Person, an die ich verwiesen wurde, zeigte sich nicht gesprächsbereit. Außer Wortfetzen wie »Fliegender Handel« und »ein Karton mit Büchern ist rangekarrt worden« war nichts herauszukriegen.
»Hab ich mir gleich gedacht, daß es heute schiefläuft«, sagt der freundliche Wirt. »Bei dem Sauwetter.« Es gießt in einem fort. »Da bleibt der Berliner doch lieber zu Hause.«
Die Korrespondentin einer französischen Zeitung macht mit mir ein Interview. Leider habe ich vergessen, sie nach dem Namen der Zeitung zu fragen.
Der Korrespondent der dänischen Zeitung »politiken« meldet sich einige Tage später bei mir zu Hause. Er sei durch die Lesung in der Journalistenkneipe auf den »Leihbeamten« aufmerksam geworden. »Ein bemerkenswertes Buch.« Er wolle uns besuchen und darüber berichten. »Eine ganze Seite«, sagt er.
Der Korrespondent von »politiken« hat seinen Ministerpräsidenten begleitet, der in Bonn den neuen Kanzler trifft. Den Morgen hat er sich frei genommen. Für den »Leihbeamten« in Rheinbach. Bei einer Tasse Kaffee macht er sich eifrig Notizen. Und nach vierzehn Tagen erscheint der Bericht. Eine ganze Seite – beinahe.

Die Lesung im Brecht-Haus auf der Chaussee Straße ist für Berliner Verhältnisse gut besucht. Es kommen meist alte Bekannte und Freunde aus jahrelanger gemeinsamer Arbeit. Besonders freue ich mich über Helga Königsdorf, die trotz schlechter Gesundheit gekommen ist. Der einzige allen unbekannte Gast – ein jüngerer Mann in Springerstiefeln und dazu passender Kluft – kommt nach der Lesung auf mich zu: »Ich bin ganz zufrieden. Die Leute in

Demmin, wo Sie im ›Kuhstall‹ gelesen haben, haben mich auf den ›Leihbeamten‹ aufmerksam gemacht. Ich sollte den ruhig mal einladen. Da habe ich mir gedacht, den guckste dir vorher mal scharf an. Also, ich bin überzeugt. Sie werden von uns hören.«
Ein schöner Erfolg – bei bescheidenen Ansprüchen.
Die Buchhändlerin im Brecht-Haus, nur durch eine Tür vom Leseraum getrennt, hätte gern ein paar Bücher verkauft. Aber sie wußte nichts von der Lesung und hatte daher keine beim Verlag bestellt. »Ich glaubte, Sie machen um 8 Uhr zu«, erklärt die Frau Professor, die das Brecht-Haus betreut. »Aber doch nicht, wenn nebenan gelesen wird«, erwidert die Buchhändlerin verärgert.

Ein Höhepunkt der Berlin-Tournee ist die Lesung in Potsdam, im alten Rathaus. Walter Flegel hat die Betreuung übernommen: vorbildlich in jeder Hinsicht.
Ein sachverständiges Publikum und wieder gute Freunde: Benno Pludra, Peter Abraham, Harald Kretzschmar. Ich habe den Eindruck, daß auch das Buch »Der Leihbeamte« nach dieser Lesung neue Freunde gewonnen hat.

In Hellersdorf hat mich die Alternative Bibliothek eingeladen. In der Diskussion meldet sich ein Teilnehmer zu Wort: »Würden Sie auch über die Mißstände in der Ex-Regierung der DDR berichten? Ich habe dazu eine Menge Stoff gesammelt.« Na klar, da kann ich ihn beruhigen. Aber ich habe mir zum Prinzip gemacht, nur über eigene Erlebnisse zu berichten. »Da kann ich Angriffen auf meine Texte besser begegnen.« Vielleicht ermutigen ihn diese Antwort und meine Lesung, selbst zur Feder zu greifen.

Zuspruch auch in der Friedrich-Wolf-Gedächtnisstätte in Lehnitz. Die Tochter von Markus Wolf hat ein Buch erworben und bittet um eine Widmung – für ihren Vater.
Markus Wolf hat sich später – in Neuwied bei einer Feier

für seinen dort geborenen Vater – mit einem Kochbuch bedankt: »Markus Wolf. Geheimnisse der russischen Küche.«
Den »Leihbeamten« habe er mit Vergnügen gelesen. Bis auf die letzten 40 Seiten, die seien für die Rückreise nach Berlin reserviert. Erstaunt, daß ich sein inzwischen vergriffenes Buch »Die Troika« besitze, schreibt er mir hinein: »Dem ›Leihbeamten‹ der Erstling eines zurückgetretenen Generalobersten. Herzlich Markus Wolf.«

Ich hätte nicht geglaubt, welche Begegnungen mir der »Leihbeamte« verschafft hat und immer noch verschafft. Aber auch alte Bekanntschaften leben wieder auf: Drei Akteure aus dem Buch haben mir geschrieben und sich für das Buch bedankt, das ihnen zufällig in die Hände gefallen sei. Es sind das der »Nowak«, »General Freimuth« und unser VIP, der »Oberschulrat Merker« aus Niedersachsen. Zu ihnen allen hatte ich keine Verbindung mehr. Der »Leihbeamte« hat sie erneuert.

5. Die »falschen« Stadtväter fühlen sich angesprochen / Mißverständnisse im Sauerland

Tief im Sauerland liegt ein verträumtes Städtchen. Und in diesem idyllisch gelegenen Ort verbringt mein Freund Hans Wolf seinen Lebensabend. Er war zuletzt Direktor der Post und gehört fortan zu den Honoratioren. Die haben nicht nur eine ordentliche akademische Ausbildung, was zusammenschließt, sondern sind überdies auch konservativ gesonnen, also in der CDU.
Denen bietet nun Hans Wolf eine Lesung aus dem »Leihbeamten« an. Lange Zeit herrscht tiefes Schweigen. Man will dem Hans nicht so ohne weiteres einen Korb geben. Da bleibt nichts anderes übrig, als diesen Schmöker beim

Buchhändler zu bestellen und sich in ihn zu vertiefen. Wie nicht anders zu erwarten, hat die Altherren-Riege bald das »Haar in der Suppe« gefunden: »Eigentlich würden wir so eine Lesung mit dem Leihbeamten ganz gern machen. Aber das können wir nicht, aus Solidarität zu unseren Parteifreunden in der Stadt Schilda.« Das müssen die mir mal näher erläutern. »Sie schreiben doch über den schrecklichen Filz in Schilda. Den billigen wir ja auch nicht. Aber wir müssen uns solidarisch zeigen und uns nicht noch jemanden bestellen, der daraus ein Buch gemacht hat und daraus vorlesen soll.« Ich sage, sie seien wohl einem Irrtum aufgesessen. Der Filz in Schilda sei gemeint, nicht der in Kleckersbach. Nicht schwarzer, sondern roter Filz wird hier angeprangert. Aber das hat die Honoratioren nicht getröstet und auch nicht ihre ablehnende Haltung geändert.
Fazit: Der »Leihbeamte« kommt vorerst nicht zur Lesung ins Sauerland.
Einer hat's mir verraten: Der Buchhändler hat zwei Exemplare klammheimlich besorgt. Er soll sie unterm Ladentisch führen.
»Bückware« nannten sie das früher in der DDR.

6. Lesung in der »Bunten Stube« in Ahrenshoop / Gegenüber liest Volker Braun

Gelesen wird in der »Bunten Stube«, einem Buch- und Andenkenladen. Eine angesehene Adresse in Ahrenshoop. Seit drei Generationen im Familienbesitz. Meine Frau und ich geraten zunächst mal an die zweite Generation: eine energische Dame hinter der Kasse. Es herrscht Hochbetrieb. Wie gut, da werden sie unseren Hund, die Wally, nicht so schnell bemerken. Da habe ich mich aber gründlich geirrt. Wally ist der diskreteste Hund, den es gibt.

Trotzdem. Diesen scharfen Augen hinter der Kasse entgeht nichts.
»So, Sie lesen heute abend hier. Ich werde meinem Sohn Bescheid sagen, daß Sie eingetroffen sind. Haben Sie nicht das Schild an der Tür gelesen? ›Hunde bleiben draußen.‹ Und was muß ich sehen?« Nun sind manche Menschen bedeutend schwerer zu ertragen als ein kleiner, gesitteter Hund. Der Sohn erscheint, schweigt zum Hund und bittet uns in die Wohnung, wo ein Zimmer für uns bereitsteht.
Ich frage ihn, ob das stimmt, was mir ein Bürger aus Ahrenshoop gesteckt hat, daß ausgerechnet am selben Abend, zur selben Zeit im Nachbarhaus Volker Braun lese. Der Veranstalter findet das nicht weiter aufregend. »Wir bleiben bei unserem Termin.« Mehr hat der schweigsame Küstenbewohner nicht dazu bemerkt.
Tatsächlich füllt sich der Leseraum abends zu unserer Zufriedenheit. Was mich besonders freut: Wolfgang Schreyer, dem es gar nicht sonderlich gut geht, ist mit Frau gekommen, Rolf Schneider begleitet Frau und Tochter, und – dieses Gesicht kennst Du doch! »Sie können ruhig näher kommen und mich begrüßen. Ich bin es wirklich. Mache hier Urlaub.« Elfriede Brüning, die alte Dame aus Berlin. Sie ist in Begleitung der Großnichte von Bismarck heute zur Lesung gekommen. Diese fragt, ob das alles stimme, was im Buch aufgeschrieben sei. Die Auskunft, Christoph Hein sei davon überzeugt (»ein Leihbeamter hat doch nicht die Phantasie, solche Details zu erfinden«), stellt die Dame zufrieden.
Die Lesung verläuft normal. Für den neutralen Betrachter jedenfalls. Für mich nicht. Ich erlebe eine Sternstunde.
Als ich bei den Kapiteln über den Kunstprofessor Beuys angekommen bin, blicke ich auf und sehe Rolf Schneider in der ersten Reihe lachen, daß ihm die Tränen nur so kullern. Wer hat das bei diesem kritischen und spöttischen Geist je beobachtet? Ich kenne keinen.
Ja, und Volker Braun hat nach der Lesung bei uns reinge-

schaut und immer wieder gesagt: »Das wußte ich vorher nicht, daß Sie heute abend auch lesen. Wie leid mir das tut!« Ich weiß nicht recht, was es zu bedauern gibt. Jeder hat seine Lesung und sein Publikum gehabt. Später erklärt es mir der Autor: Die Reaktionen der Hörer, nicht der Text (wie ehrlich und wie schmeichelhaft) hätten ihn gereizt. Die hätte er allzu gern gehört. »Aber meine Leser haben mich nicht losgelassen, obwohl ich ihnen angeboten hatte mitzukommen.« Na, sowas.

7. Die Einwohner von Schilda spielen dem »Leihbeamten« einen üblen Streich / Lesung vor leeren Stühlen

In Schilda erinnern sich viele an den »Leihbeamten«. Deshalb freuen sie sich auch auf die Lesung in der Städtischen Bibliothek. Der Bibliothekar findet auch mühelos eine Buchhandlung, die beim Verlag Bücher und Kataloge besorgt und zusammen mit dem Bibliothekar einlädt. Noch am Vorabend sagt die Presse zu. Sie sei sehr interessiert und werde einen Mitarbeiter schicken.
Der Tag der Lesung kommt. Meine Frau und ich setzen uns in den Wagen und nehmen noch Freunde aus Düsseldorf mit. Die haben bisher noch keine Lesung erlebt, weil die Buchhandlungen entweder umbauen (Stern-Verlag), im Augenblick sehr bedauern, keine Veranstaltungen durchführen zu können (Bertelsmann) oder andere Bücher mit anderem Inhalt lieber präsentieren wollen. Ich erinnere mich an einen Besuch in der Landeszentrale für politische Bildung, bei dem ich die Anthologie »Von Abraham bis Zwerenz« vorstellte. »Sie kennen die Verhältnisse hier nicht«, hat der Herr dort geklagt, »sind zu lange aus dem Landesdienst heraus. Was meinen Sie denn, was ich hier einzig und allein mache? Eine herrliche Broschüre zum

Lobpreis des Ministerpräsidenten und seiner erfolgreichen Regierung. Zum Jubiläumsjahr.« Ich frage erst gar nicht, was für ein Jubiläum das sei. Meine Unkenntnis würde der hohe Beamte, der Tag und Nacht an nichts anderes mehr denken mag, kaum verstehen. »Und da kommen Sie mit Dichtern aus dem Osten. Besten Dank. Kein offizielles Interesse und keine Zeit für so etwas.«
Und da will der »Leihbeamte« nach Düsseldorf kommen und die Landesregierung kritisieren oder den Professor Beuys vorstellen, der wegen unbotmäßigem Schabernack mit der Landesregierung aus der Kunstakademie geflogen ist. So ein Mensch hat doch einfach kein Feingefühl und keinen Sinn für's Machbare.
Also in Düsseldorf: Pleite auf der ganzen Linie. Halt, eine rühmliche Ausnahme am Horizont. Der Chef der Heine-Gesellschaft ist am Telefon: »Also, wo stecken Sie eigentlich? Ich habe Sie mehrfach angerufen. Um was es geht?« Ich erfahre, der Herr Professor war unterwegs. Bei der Rückkehr liegen seine Sekretärin und seine Stellvertreterin auf dem Teppich und krümmen sich vor Lachen. Natürlich nur bildlich gesprochen. Beide haben das Kapitel über Beuys gelesen und wollen eine Lesung. Da sagt der Herr Professor nicht nein. Wo? »Natürlich im Geburtshaus von Heine, in der Bolkerstraße.« Und wann? »Ja, das müssen wir denn noch mal sehen. Auf jeden Fall im nächsten Jahr. Im Januar legen wir die Termine fest. Mal sehen, ob der ›Leihbeamte‹ reinpaßt.«
In der Kneipe im Heine-Haus hat mir der am Buch interessierte Wirt gesagt: »Hier ist kein Klima für das, was Sie schreiben. Wer in die Altstadt kommt, auch zu mir in die Bolkerstraße, der trinkt sich einen an und will dabei nicht durch jemanden gestört werden, der ihm was vorliest. Ja, bei uns in Köln, wo ich herstamme, ist das ganz anders.« Na, dann wollen wir es in Köln mal später versuchen.
Heute nehme ich meine Freunde aus Düsseldorf mit, wo angeblich keiner was gelesen haben möchte. Und was pas-

siert uns in Schilda? Sie werden es nicht für möglich halten. Es wird acht, und kein Gast läßt sich blicken. Das besagt eigentlich wenig: Manchmal kommen die meisten Gäste erst 10 bis 15 Minuten nach dem vorgesehenen Beginn. Aber hier in Schilda blieben wir auch um halb neun noch unter uns. Und so um neun hatten wir Gewißheit: Die Spritkosten hätten wir uns sparen können. Außer zwei Ehepaaren, die sich wohl verirrt haben oder die noch nicht lange in Schilda wohnen und die dortigen Bräuche nicht kennen, kommt keiner mehr. Des Rätsels Lösung: Kurz vor der Lesung hat man eine Parteiversammlung angesetzt, zur Wahl. Eine ganz wichtige Veranstaltung. Da wird doch keiner fehlen dürfen, wenn es um die Bundestagswahl geht.
Die Bevölkerung ist so beeindruckt, daß nicht einmal diejenigen kommen, die nicht in der großen Volkspartei sind, die zur Wahl bläst.
Komisch? Wieso denn. Wir leben doch in Schilda hier. Und da ist manches anders als anderswo.

Ach ja, da meinten einige, der große Boss, der immer noch in Schilda wohnt, habe seine Hand im Spiel. Das mag wiederum ich nicht glauben. Vielmehr denke ich, der hat den »Leihbeamten« überhaupt nicht oder nur quer gelesen. Sonst hätte er gemerkt, daß die wichtigsten Kapitel überhaupt fehlen. Die habe ich auf Empfehlung eines sehr bekannten Kommunalbeamten herausgenommen. Originalton: »Wollen Sie sich denn mit dem mächtigsten Mann des Landes anlegen?« Von »wollen« kann nicht die Rede sein. Aber ich habe dann doch nichts riskiert.
Da sagte unlängst ein Leser zu mir: »Das Buch gefällt mir ja sonst recht gut. Aber der Filz da aus dem Ruhrpott. Was ist denn daran so besonderes? Das gibt's doch überall.« Dem habe ich die weggelassenen Kapitel zu lesen gegeben. Da haben ihm auf einmal die banalen Geschichten aus der Welt der Arbeit und des kommunalen Klüngels richtig Spaß gemacht.

8. Auf Rügen: »Ein guter Beamter pariert und schweigt« / Die Bürger von Puttbus möchten es etwas genauer wissen

An die Lesungen auf Rügen denke ich besonders gern zurück. Man fühlt die Zustimmung der Bevölkerung, hier, wo hautnah und tagtäglich erlebt wird, wie der »Koloß von Rügen« die schönste Badebucht verschandelt. Und daß keiner sich darum kümmert.
Da ist die Dankbarkeit groß für jemanden, der zur Feder gegriffen und den Skandal beschrieben hat. Niemand fragt: »Stimmt das denn auch alles ganz genau oder ist einiges dazu erfunden?« An Ort und Stelle weiß man, was los ist, und ahnt die Hintergründe.

In Binz nieselt es den ganzen Tag. Da wird es nichts mit einem ausgedehnten Strandspaziergang oder wenigstens einem Promenadenbummel. Auf halbem Weg kehren wir beim Italiener ein, bestellen zwei Capuccini und sitzen trokken im Freien, abgeschirmt durch ein Glasdach. Das Ehepaar am Nachbartisch kommt aus dem Bergischen Land. Es hat noch ein Ferienhaus im Niedersächsischen und will sich nun mal in den neuen Bundesländern umsehen. Binz gefällt den beiden gut: »Die Leute sind so emsig und bemüht, überall wird renoviert.« Ich stimme gern zu, daß man hier gut seinen Urlaub verbringen kann. »Aber sagen Sie mal, was ist denn das für eine schreckliche Ruine nebenan in Prora? Da braucht man ja wenigstens ein Fahrrad, um sich den ganzen Komplex anzusehen.« Ich denke, die beiden Landsleute kommen uns gerade recht. Die ködern wir für die Lesung am Abend. Vielleicht tragen sie den Ruhm des »Leihbeamten« nach Niedersachsen, wo noch keiner das Buch gekauft hat – außer dem Ministerialbeamten aus Hannover, der darin vorkommt. Die Urlaubsgäste wissen nicht recht, ob es eine gute Idee ist, sich am Abend etwas vorlesen zu lassen, von dem man nicht weiß, ob es einem gefällt. Man kann doch nicht einfach auf-

stehen und weggehen, wenn man glaubt, die Zeit besser verbringen zu können. Er ist ein biederer, nicht unvermögender Kunsthandwerker und war – wie seine Frau – noch nie bei einer Lesung. »Das ist für uns eigentlich nicht das Richtige.« Aber wenn sie etwas über Prora erfahren könnten? So ganz nebenbei und ohne Mühen? Wo sie denn einen Parkplatz gefunden hätten? Was ich erhofft hatte: Direkt vor so einem Buchladen. Ich schlage vor, sich das Plakat auf der Fensterscheibe näher anzusehen. Das sei die Einladung für den heutigen Leseabend.
Die beiden verabschieden sich. Genervt durch einen aufdringlichen Gast, der ihnen die harmlose Kaffeepause verdorben hat.
»Das kann man auch nicht machen«, sagt meine Frau, die mein Taktgefühl ohnehin für unterentwickelt hält. Ja, wie soll ich denn sonst die Westdeutschen zum Lesen kriegen? Die großen, überregionalen Zeitungen passen. Der Rundfunk zeigt sich uninteressiert, nachdem ein Sender ein Interview abgebrochen hat, weil ich ihm nicht bestätigen konnte, daß der »Leihbeamte« ein Buch gegen die nicht sonderlich beliebten Beamten sei. »Es geht hier um ein paar schwarze Schafe, die es überall gibt. Die den guten Ruf der anderen, anständigen Beamten ruinieren.« Das wollte der Rundfunk jedoch nicht wissen. Der hätte lieber über einen Beamten berichtet, der seine Zunft schlechtmacht. Ohne Wenn und Aber. Pardon, meine Herren, damit kann ich nicht dienen.
Na gut, in der Hitliste ist der »Leihbeamte« zu finden, auf Platz 3. Aber das ist die Hitliste des Landes Mecklenburg-Vorpommern. Erstellt von der Ostsee-Zeitung. Und wer liest die schon in Westdeutschland? Ich kenne keinen.

Am Abend füllt sich allmählich, aber beständig, der Raum für die Lesung. Ringsum an den Wänden hängen die Kopien von Gemälden großer Maler. Täuschend echt nachempfunden und hochversichert.

Als ich leicht angeschlagen nach temperamentvoll geführter Diskussion mein Wasserglas austrinke, da traue ich meinen Augen nicht: Vor mir steht das Ehepaar aus dem Bergischen und bedankt sich aufrichtig für den unterhaltsamen Abend. »Ihr Buch haben wir uns gekauft. Und das können wir Ihnen versichern: Das war heute unsere erste Lesung, aber bei weitem nicht die letzte. Hat das einen Spaß gemacht.«
Na bitte, mein Onkel hat immer gesagt: »Mein Junge, am Schluß siegt doch das Gute. Aber manchmal muß man schon tüchtig nachhelfen.«

Für Puttbus gibt uns unser Mentor, der bekannte ehemalige DDR-Reclam-Chef und Kunstmäzen Dr. Hans Marquardt, der auf Rügen seinen Lebensabend verbringt, eine miese Prognose: »Was ich gar nicht bedacht hatte: Heute abend wird im Fernsehen ein wichtiges Fußballspiel übertragen. Ein Ausscheidungsspiel um die Weltmeisterschaft. Da können wir kaum mit Besuchern rechnen.« Und dabei hat er sich so für die Lesung eingesetzt. Er und die Ernst-Moritz-Arndt-Gesellschaft e.V., der Professor Dr. Ewald Tietz aus Greifswald vorsteht, haben die Lesereise umsichtig und engagiert vorbereitet. Nicht nur auf Rügen. Die Arndt-Gesellschaft hat uns auch die Wege in Stralsund und Greifswald geebnet.
Also schlechte Aussichten für Puttbus? Jemand will mir Trost geben: »Dort wohnen zwei ältere Damen, sehr gebildet und vielseitig interessiert. Mit denen können Sie rechnen.« Ich frage, warum. »Weil die beiden Damen in letzter Zeit nicht mehr so scharf sehen können. Da gehen sie sicherlich lieber zu Ihrer Lesung, als im Fernsehen nur das halbe Fußballspiel mitzukriegen.«

Nach den Unkenrufen hatte ich nicht viel von der Lesung erwartet. Doch ich habe mich getäuscht. Die Bibliothekarin hat die Lage richtig eingeschätzt. Sie ist mit den Inter-

essen der Bürger vertraut und hat 70 Stühle bereitgestellt. Keiner bleibt leer.
Nach der Lesung setzt eine rege und tiefgründige Diskussion ein. Jetzt verstehe ich, warum die Hörer diese Veranstaltung dem Fußball im Fernsehen vorgezogen haben: Die Thematik des »Leihbeamten« geht ihnen unter die Haut. Umweltschützer, Bürgerrechtler und Pastoren melden sich zu Wort. Sie fragen, was Meinungsfreiheit und Gewissensfreiheit in der Bundesrepublik konkret bedeuten. In einem Staat, dem sie ja auch seit ein paar Jahren angehören. Freiwillig, nach Jahren staatlicher Bevormundung. Wir sprechen über die Sonderstellung des Beamten, den Konflikt zwischen seiner Pflicht, sich gegenüber seinem Vorgesetzten loyal zu verhalten, und seinem Amtseid, Schaden vom Staat abzuwehren. Jemand erinnert an ein Wort des Kurfürsten Friedrich Wilhelm von Brandenburg: »Es ist den Untertanen nicht erlaubt, den Maßstab seiner beschränkten Einsicht an die Handlungen der Obrigkeit anzulegen.« Ob dieser Ungeist überwunden sei oder noch in manchen Köpfen spuke? Viele sind davon überzeugt.
Das im »Leihbeamten« verteidigte Berufsbeamtentum hat in Puttbus so wenig Freunde wie anderswo. Für viele verkörpert es die gefürchtete Bürokratie mit ihren undurchsichtigen Hierarchien, den umständlichen Amtsweg und den bürgerfeindlichen Amtsschimmel. Ich bin vom Ernst und dem Niveau der Diskussion beeindruckt. Es wird sehr spät bis wir uns trennen. Dieser Abend hat mich nachdenklich gemacht. Er zeigte mir, wie wichtig es ist, daß der Bürger seine Rechte kennt und mit ihnen umzugehen weiß. Das sollte schon der junge Mensch in der Schule lernen.

Mit der Frage der Bürokratie, dem Beamtentum sowie dem Gehorsam und der Zivilcourage bei Beamten hat sich auch die bekannte Publizistin und Bürgerrechtlerin Daniela Dahn bei der Besprechung des »Leihbeamten« in der Zeitschrift »Ossietzky«, eine der Nachfolgerinnen der

»Weltbühne«, am 13. Juni 1998 kritisch auseinandergesetzt:

»Was für eine Rarität: Da hat ein unangepaßter Ministerialbeamter aus Bonn nach 40 Dienstjahren aufgeschrieben, was hinter den Kulissen passierte. Im Grunde ist es so, wie klein Mäxchen sich das vorstellt: neben zweifellos wichtigen Amtsgeschäften auch viel Wichtigtuerei, Dilettantismus, Karrierismus, Vetternwirtschaft, Korruption und Amtsmißbrauch. So authentisch, stimmig bis ins Detail kann nur jemand erzählen, der dabei war. Und dennoch nie ganz dazugehörte, weil er sich dem Gehorsamsideal des deutschen Beamtentums nur sehr bedingt verpflichtet fühlt ...

Was ihn von vielen seinen Kollegen zusätzlich unterscheidet, ist ein tolerantes, feinsinniges Kunstverständnis ...

Die vom Autor lebensnah wiedergegebenen Dialoge haben für viele Ostdeutsche einen zusätzlichen Informationswert. Glauben viele hierzulande, die weithin üblich gewordene Tonlage von Herr zu Knecht sei eben der kolonialen Situation geschuldet, erleben sie diese Umgangsformen im Buch als Innenansicht der westlichen Bürokratie. In der DDR war das Verhältnis des Vorgesetzten zum Untergebenen oft das eines Erziehungsberechtigten zum Erziehungsbedürftigen, was bei aller Penetranz und manchmal auch Infamie dennoch meist im familiären Ton blieb. Der herablassende Kommandoton aber, der sich durch formale Hierarchien legitimiert glaubt, war im zivilen Leben weitgehend in Vergessenheit geraten oder nie erlebt worden. Ganz unten wird jetzt soviel getreten und gehackt, daß es schon allein deshalb ratsam ist aufzusteigen. (Wieso es in der DDR oft schwer war, für Leitungsfunktionen überhaupt Leute zu finden, wird bald niemand mehr verstehen können.)

Boeger beschreibt, wie man sich mit Zivilcourage dennoch wehren kann. Er konfrontiert seinen Staatssekretär mit komprimittierenden Interna, die er Spitzenpolitikern abgelauscht hat. Danach läßt er durchblicken, was er gern hätte. Nichts mit Privatkonto, sondern ein Ost-West-Schriftstellertreffen in Prora und eine dreibändige Anthologie für den Schulgebrauch, mit meist ostdeutschen Autoren, ein Beitrag zur kulturellen Einheit. Plötzlich loben die Vorgesetzten seine Vorhaben, erleichtert, so billig davonzukommen. Wie das beschrieben ist, gehört zum köstlichsten, was ich in letzter Zeit gelesen habe.«

9. In Schwerin: Wolf Spillner moderiert / Breite Zustimmung in der Bevölkerung / Aber »Der Herr Abteilungsleiter ist gar nicht erfreut über Ihr Buch!«

Zur Lesung im Schleswig-Holstein-Haus hat die Stadt Schwerin eingeladen. Moderieren will der Schriftsteller und Hobby-Ornithologe, der Freund der Seeadler, Wolf Spillner. In Schwerin verkauft sich der »Leihbeamte« gut. Das sagen alle Buchhandlungen. Mehr noch: Das Buch sei der geheime Bestseller.

Schon bald nach dem Erscheinen bekomme ich einen Anruf aus dem Sozialministerium: Ein Kollege aus alter Zeit läßt mich wissen, daß er von der Lektüre des Buches angetan sei. »Das mußte mal alles an die Öffentlichkeit. Wirklich sehr verdienstvoll. Und dann bewundere ich Ihren Mut.« Der Anrufer ist gelernter Lehrer. Er kam nach einer glücklosen Karriere im Westen in den Osten und stieg dort im Eilverfahren auf: Im Westen konnte er nicht Regierungsrat werden, in Schwerin hat er es mühelos und rasch sogar bis zum Regierungsdirektor oder zu noch mehr gebracht.
Bald läßt er jedoch die Katze aus dem Sack. Er habe brisantes Material über seinen Vorgesetzten gesammelt. Das

wolle er mir geben, damit ich es unter meinem Namen veröffentliche. Für ihn sei es besser, sich bedeckt zu halten. Ich empfinde das als eine arge Zumutung und lehne brüsk ab. Der Kollege berichtet weiter, der Abteilungsleiter aus dem Westen, der zungenfertige, alerte Stilkünstler, der im Galopp die Ämterleiter in Schwerin hochgeklettert ist, habe sich über den »Leihbeamten« geärgert und den neuen Staatssekretär gebeten, die Regierung möge gegen den Verfasser ein Strafverfahren einleiten, sozusagen aus dienstlichem, öffentlichem Interesse. Der Staatssekretär habe abgewunken. Ein Gerichtsverfahren erhöhe nur die Auflage. Ob er daran interessiert sei, habe er den zornigen Beamten gefragt.

Und dann ist noch etwas Unangenehmes passiert: Bei einem Empfang der Stadt hat sich jemand mit dem Staatssekretär a. D. aus dem Sozialministerium einen Scherz erlaubt. »Sie sind doch an Büchern interessiert. Da habe ich für Sie eine Lesung. Notieren Sie mal.« Der Angesprochene zückt Notizbuch und Kugelschreiber und bittet um Namen des Buches und des Autors und natürlich auch um den Termin der Lesung. »Da bin ich aber gespannt.« Die Spannung hält nicht lange an, als er hören muß: Der Autor heißt Wilhelm Boeger und das Buch »Der Leihbeamte«. Und nun ereignet sich etwas, was ich nicht glauben mag und das ich auch nur aus zweiter Hand weiß. Dieser damalige Staatssekretär aus Kiel, jetzt Anwalt in Schwerin, soll gesagt haben: »Ich werde dafür sorgen, daß kein Mensch diese Lesung besucht.« Ich kann mir das nicht vorstellen. Das sagt doch kein gesetzestreuer, deutscher Jurist. Und wie wollte er sein privates Leseverbot wohl durchsetzen? Mit den Gerichten? Dann hätte er aber eine schlechte Meinung von unseren Richtern. Mit öffentlichen Aufrufen? Dann werden sogar die Bürger aufmerksam und kommen, die das bisher gar nicht vorhatten. Mit Gewalt? Für einen Juristen undenkbar.

Die couragierte Dame im Kulturamt ist jedenfalls nicht so leicht einzuschüchtern. Sie bleibt konsequent bei der Veranstaltung. Das ist bemerkenswert: Ein westdeutsches Bildungsunternehmen, das sich aktiv an der Lesung beteiligen wollte, sagt ab. »Und was machen Sie, wenn Raufbolde die Veranstaltung stören und Radau machen, vielleicht sogar gewalttätig werden?« fragt mich ein auf mein Wohl bedachter Kollege in Schwerin. Nun, für den Fall ist gesorgt. Jedenfalls ist die Schadensregulierung klar: Im Vertrag mit der Stadt steht eine Klausel, wonach ich für alle Personen- und Sachschäden hafte, die im Zusammenhang mit der Lesung entstehen. Natürlich brauche ich nur dann zu zahlen, wenn ich den Schaden verschuldet habe. Und wer will das hinterher so genau feststellen?
Also dafür reise ich nicht nach Schwerin, um Prügel zu beziehen und der Stadt neue Möbel zu kaufen für die alten, die andere kaputtgeschlagen haben. Aber für einen solchen Lesungsverlauf ist eigentlich kein geeignetes Publikum zu erwarten: Hohe Beamte haben für den Abend zugesagt, deren Anwesenheit allein schon eine Saalschlacht nicht gerade nahelegt.

Am Abend der Lesung erfahre ich, wie wahr der Satz ist: Manche Leute laufen einem immer über den Weg. Wer steht mit besorgter Miene in der Tür des Lesungssaales? Sie haben richtig geraten: Der unerwünschte Informant aus dem Sozialministerium. »Guten Abend, Herr Boeger«, begrüßt er mich. »Der Herr Abteilungsleiter ist aber gar nicht erfreut über Ihr Buch. Das soll ich Ihnen ausrichten.« Es hätte mich auch sehr gewundert, wenn der Spaß an der Lektüre gefunden hätte. Der Kollege hält mich weiter mit Gerede auf. Er hätte auch noch einige Leute aus dem Ministerium mitgebracht, läßt er mich nun wissen. Da erscheint zum Glück mein Freund Wolf Spillner »Ich glaube, es wird allmählich Zeit für uns«, und erlöst mich.
Dem merkwürdigen Kundschafter aus dem Ministerium

gebe ich für seinen Abteilungsleiter an die Hand: »Richten Sie Ihrem Auftraggeber ruhig aus, das Buch sei nicht geschrieben worden, um ihn froh zu stimmen. Er soll lieber mal in sich gehen und nachdenken, wie durch seine Intrigen und Fallen das Großprojekt in Prora gescheitert ist. Und Reue und Leid erwecken.« Und was höre ich da im Weggehen? »Der arme Mann hat doch nur auf Weisung gehandelt.« Sind wir schon wieder so weit?

Die Lesung verläuft wie erhofft. Friedlich, ohne Störungen. Die 70 bis 80 Besucher hören interessiert zu und stellen nach der Lesung sachliche Fragen in einer anregenden Diskussion. Die Leute aus dem Ministerium verziehen keine Miene. Die klatschen nie, auch wenn sie die einzigen sind, die kein Gefühl zeigen, weder Zustimmung noch Ablehnung erkennen lassen.
Woher ich das so genau weiß? Nun, die haben sich in die erste Reihe gesetzt, nebeneinander und mir direkt gegenüber. Immer, wenn ich während der dreistündigen Veranstaltung aufblicke, habe ich deren ausdruckslose Mienen vor mir. Nicht sonderlich angenehm. In früheren Zeiten verteilten sich die Kundschafter über den ganzen Saal. Das ist nicht so belastend und auch viel professioneller. Diese Besucher sind gegangen, ohne »Auf Wiedersehen« zu sagen. Hätte ich auch nicht gern gehört, diesen Abschiedsgruß.

Übrigens: Die Schweriner Volkszeitung hat über die Lesung nicht berichtet. Hatte ich auch nicht erwartet. Aber eine Korrespondentin vom ND hat unter dem Titel: »Die Rückkehr des Leihbeamten« in der Ausgabe vom 17./18. Oktober 1998 geschrieben: »Der ›Leihbeamte‹ ist noch einmal zurückgekehrt. Nach Schwerin nämlich, wohin es ihn nach der Wende verschlagen hatte, wie viele andere, um beim Aufbau Ost zu helfen. Allerdings kam er dieser Tage nur zur Lesung. Ins Schleswig-Holstein-Haus – woanders hätten sie ihn womöglich gar nicht reingelassen. So

mancher aus dem damals für den Ausgeliehenen zuständigen Ministerium in der Landeshauptstadt fühlt sich heute noch beleidigt. Denn Wilhelm Boeger hat aufgeschrieben, was er als Beamter erlebt hat in diversen deutschen Provinzstädtchen, in Bonn und Düsseldorf und in Schwerin eben auch. Wenn der heute 67jährige Boeger aus seinem Buch vorliest, das er aus privaten Notizen im Laufe von 40 Dienstjahren zusammengetragen hat, muß er an manchen Stellen kichern. So, als könne er damit auch für sich erträglicher machen, was eigentlich bitterer Ernst ist.
Der Autor ... will seine Episodensammlung nicht gerichtet wissen gegen Beamte und Politiker im allgemeinen. Aber ein paar schwarze Schafe, sagt er, gebe es schon – die sich manchmal zu kleinen Herden auswachsen. Nicht an den Pranger stellen will Boeger, sondern offen reden über die Ost-West-Verstimmung, die er am eigenen Leibe erfahren hat. Er, der zum zweiten Mal erlebt, wie jüngste deutsche Geschichte unter den Teppich gekehrt werden soll, will beitragen zum notwendigen Dialog.«

10. In Stralsund taucht ein Akteur aus Schwerin auf / Warum aus Prora keine »blühende Landschaft« werden konnte

Ein Mitarbeiter der Ostsee-Zeitung betätigt sich als Detektiv und enttarnt den Rechtsanwalt Neitzel aus Schwerin als den Staatssekretär, der sich so bemüht hat, den »Leihbeamten« in Bonn für die Aufbauarbeit in Prora loszueisen.
Der Verfasser des Artikels heißt Tilo Prase, und ihm sei gedankt, daß er auch die andere Seite zu Worte kommen läßt. Schließlich soll sich der Leser ein objektives Bild machen. Dabei können ihm folgende Zeilen aus der Ostsee-Zeitung vom 13. Juli 1998 / Stralsunder Zeitung vielleicht hilfreich sein:

»Bericht eines Leihbeamten wirbelte viel Staub auf: Wilhelm Boeger, einst Landesbeauftragter für Prora liest heute am Sund ... Der ehemalige Leihbeamte vermeidet es, die Verantwortlichen mit Namen und Hausnummer zu nennen. Wenn er allerdings fürs Jahr 1991 von einem Staatssekretär im Sozialministerium erzählt, kann er eigentlich nur Neithard Neitzel meinen, der damals im Büro vom Minister Dr. Klaus Gollert arbeitete. Neitzel, heute Rechtsanwalt in Schwerin, schüttelt den Kopf über Boegers Erinnerungsroman: ›Total überzogen. Aber was das Schlimme ist: Das Buch bedient alle west-östlichen Vorurteile.‹ Das in Frage stehende Berufsbildungszentrum wäre ein zeitweiliges Projekt in der Umbruchphase gewesen, relativiert Neitzel. ›Wenn Boeger das zur Gesamtlösung für Prora hochstilisiert, dann überschätzt er sich gewaltig.‹ Und was den ›Landesbeauftragten für Prora‹ selbst beträfe: ›Fast immer, wenn wir ihn in Prora telefonisch erreichen wollten, war er nicht da.‹ Überwuchert also Dichtung die Wahrheit?«
Der kritische Leser, dem das Wohl der Region am Herzen liegt, kann nur den Kopf schütteln. Er muß denken: Da haben wir Beamte vom Westen ausgeliehen, die beim Aufbau helfen und blühende Landschaften erschaffen wollen, wie man uns versprochen hatte.
Und was haben sie aus dem millionenschweren Areal auf unserer schönen Ferieninsel Rügen gemacht? Gar nichts. Oder doch: Ein ewiges Groschengrab für die Steuerzahler. Und nun streiten sie in unseren Zeitungen miteinander, wer der größte Versager unter ihnen ist. Der eine hatte Ideen, aber war nie zu erreichen, der andere saß in Schwerin am Telefon, hatte aber wohl dafür keine Ideen.
Dazu möchte ich aus meiner Sicht ein paar Fakten beitragen: Im Jahre 1991 wollte die Landesregierung in Schwerin das millionenschwere militärische Areal in Prora zum Vorzugspreis vom Finanzminister in Bonn, an den es nach der Wende gefallen war, erwerben. Den Ausverkaufsrabatt für Ladenhüter setzte der Finanzminister für Interessenten

fest, die für die Nutzung der DDR-Altlast nach dem Prinzip verfuhren »Schwerter zu Pflugscharen«. Die Regierung in Schwerin dachte an ein Berufsbildungszentrum, vor allem zur Umschulung Arbeitsloser. Da sie dafür keinen Experten zur Hand hatte, holte sie mich als »Leihbeamten« aus Bonn. In wenigen Wochen stand die Konzeption, wurde vom Kabinett im Eiltempo beschlossen und von mir vor Ort auf Rügen in die Tat umgesetzt: Nach wenigen Monaten bildeten 10 Unternehmen in 38 Kursen über 700 Arbeitslose für Berufe aus, die nachgefragt wurden.
Im Juni 1991 entwickelte der Förderverein für Rügen, dem namhafte Politiker, Unternehmer und Verbände angehörten, eine Gesamtkonzeption für die Anlage und wählte mich zum Vorsitzenden mit dem Auftrag, Verbindung mit Investoren aufzunehmen. Dem hat der Vertreter des Sozialministers im Förderverein, im Namen des Staatssekretärs zugestimmt.
Die Vorschläge des Fördervereins schlossen an die Kabinettsvorlage des Sozialministers an, die insbesondere vorsah:
– den Ausbau des Berufsbildungszentrums Prora als Arbeits- und Bildungstätte für jährlich 2 000 Teilenehmer aus Mecklenburg-Vorpommern und als überregionales Angebot für Teilnehmer aus weiteren Einzugsbereichen
– den Aufbau eines Tagungszentrums als Begegnungs- und Tagungsstätte (»Lernen für Europa«), Nutzung für Messen, Tagungen und sonstige Veranstaltungen zusammen mit der regionalen Fremdenverkehrswirtschaft und Touristikunternehmen
– die Einrichtung eines musisch-kreativen Zentrums
– die Nutzung der Sportanlagen für Breitensport, Erlebnissport, Behindertensport und Leistungssport
– die Umwandlung des Erholungsheimes mit seinen 800 Betten in ein Jugend- bzw. Tagungshotel

Der Sozialminister hat sein »Maßnahmenbündel« zur zivilen Nutzung der Militäranlage Prora als beispielhafte und zu-

kunftsweisende Verwirklichung des Regierungsprogramms »Arbeit für Mecklenburg-Vorpommern« bezeichnet und die Schaffung einer Begegnungs-, Arbeits- und Bildungsstätte versprochen, die »im Zeichen des zusammenwachsenden Europas länder- und staatenübergeifend wirkt«.
Mit dieser Planung war der Förderverein einverstanden, der in seiner Gesamtkonzeption insbesondere Wert legte auf: Gastronomiebetriebe, Sportanlagen, Ausbildungsstätten für den Nachwuchs in den Zweigen Gastronomie, ärztliches Hilfspersonal, Ökologie und Touristik, ein Kultur- und ein Tagungszentrum mit europaweiten Aufgaben unter speziel-ler Beteiligung der skandinavischen und baltischen Staaten. Für die Ausbildung des Nachwuchses wurde ein kirchlicher Verband gewonnen, ein anderer kirchlicher Träger bot an, Erholungsurlaube für sozialschwache Familien zu organisieren. Die Vorliebe für Rügen begünstigte die Bereitschaft der Chefmanager in einer weltweiten Hotelkette, sich mit einer stattlichen Investition für einen ganzjährigen Hotel- und Kurbetrieb in Prora zu engagieren. Die damalige Landesregierung hat diese Interessenten verprellt.
Die Bundesregierung hat mit einem Anwalt verhandelt, den ich als Vermittler staatseigener Immobilien kannte und der zum Ankauf die verlangte Kaufsumme von 150 Millionen DM beibringen konnte. Vergeblich, wenige Tage vor dem Abschluß wurde der Beamte ausgewechselt. Der Nachfolger zeigter wenig Interesse. Die Investoren zogen ihr Angebot zurück.
Das Sozialministerium schickte mich mitten im Aufbau nach Bonn zurück, bedankte sich für die geleistete Arbeit und machte Schluß mit der Umschulung, obschon die Zahl der Arbeitslosen weiter angestiegen war.
Ich habe darüber enttäuscht und voll Zorn im »Leihbeamten« alles im einzelnen notiert. Hier muß diese kurze Darstellung genügen, die ausreicht, die Leser des Berichtes in der Ostseezeitung zu informieren, damit sie sich ein eigenes Urteil bilden können.

Mir jedenfalls fällt es schwer, Gerüchten zu widersprechen, nach denen die Anlage in Prora zum Spottpreis erworben, geräumt und auf dem freien Markt an Spekulanten zu Höchstpreisen verhökert werden sollte. Von einer Landesregierung, die längst nicht mehr im Amt ist.
Auf Lesereisen wurde ich häufig gefragt: »Was ist denn nun aus den ganzen Plänen geworden? Wird wenigstens ein Teil der Anlage genutzt?«
Ich habe mich nach dem neuesten Stand erkundigt und erfahren, was Prora heute dem Besucher anbietet: Ein Militärmuseum mit Hinterlassenschaften der Nationalen Volksarmee, eine Jugendherberge, ein Scating-Center in der Sporthalle, eine kleine Bücherstube, ein einfaches Hotel und ein technisches Museum. Zusammen mit der Verwaltung einer Beschäftigungsgesellschaft, die AB Maßnahmen fördert, ist damit allenfalls ein Zehntel der Gesamtanlage genutzt. Der Rest verfällt und verrottet.
Zu meiner Verwunderung bin ich bisher von niemandem auf den Artikel in der Ostsee-Zeitung angesprochen worden. Selbst bei der Lesung in Stralsund ist kein Besucher darauf zurückgekommen. Vielleicht haben die die Tageszeitung nicht gelesen oder – was wahrscheinlicher ist – sie haben die Bemerkungen des Staatssekretärs nicht beachtet, weil sie zu wenig aussagen über den in Prora angerichteten Skandal.
Auf meinen Lesereisen sind die Zuhörer entsetzt, wenn ich aus der Schule plaudere. Im Westen kann man sich nicht vorstellen, daß ausgerechnet Aufbauhelfer solch eine Mißwirtschaft betrieben haben. Da glaubt man schon lieber, die Einwohner selbst seien für den Schaden verantwortlich und schöben ihn nun Wessis in die Schuhe.
Sogar ein Journalist, Angestellter einer Lokalzeitung, konnte es nicht fassen, daß Westbeamte sich so mies verhalten haben und schrieb nach einer Lesung in Bad Münstereifel in der Regionalbeilage des Kölner Stadtanzeiger vom 6. November 1998, man solle das Buch »Der Leihbeamte« besser untertiteln: »Wie mich die Ossis linkten«.

So ähnlich müssen die Veranstalter der Lesung in Bad Münstereifel empfunden haben, als sie mir nach der Lesung – gewissermaßen als Trostpreis – Pralinen schenkten, die der prominente Bürger des Ortes, der Sänger Heino, selbst hergestellt hat. Er ist, wie jeder dort weiß, in Bad Münstereifel als Konditor tätig, wenn er nicht auf Tournee ist. Ich zweifle, ob er noch im Osten auftreten wird, wenn er meine Erlebnisse kennenlernt.

Der Leihbeamte wird jedoch weiterlesen, im Osten und im Westen, wenn nötig auch im Sauerland und Westerwald. Selbst auf die Gefahr hin, daß auch dort manch einer ihn mißverstehen wird.

Die Deutsche Bibliothek – CIP Einheitsaufnahme
Boeger, Wilhelm:
Der Leihbeamte kehrt zurück: neue Berichte aus Deutsch-Deutschland / Wilhelm Boeger. – Halle: Mitteldt. Verl., 1999
ISBN 3-932776-82-8